NARRATIVA

819

Nick Bradley

PER LE STRADE DI TOKYO

Romanzo

TRADUZIONE DI
CLAUDINE TURLA

EDITRICE NORD

Titolo originale
The Cat and the City

ISBN 978-88-429-3340-3

In copertina: illustrazione di Anna Godeassi
Art director: Giacomo Callo
Graphic designer: Davide Nasta

PER LE STRADE DI TOKYO

Ai miei genitori, per tutto...
... e ai miei fratelli, per tutto il resto.

青猫

萩原朔太郎（大正１２年）

この美しい都會を愛するのはよいことだ
この美しい都會の建築を愛するのはよいことだ
すべてのやさしい女性をもとめるために
すべての高貴な生活をもとめるために
この都にきて賑やかな街路を通るのはよいことだ
街路にそうて立つ櫻の竝木
そこにも無數の雀がさへづつてゐるではないか。

ああ　このおほきな都會の夜にねむれるものは
ただ一疋の青い猫のかげだ
かなしい人類の歴史を語る猫のかげだ
われの求めてやまざる幸福の青い影だ。
いかならん影をもとめて
みぞれふる日にもわれは東京を戀しと思ひしに
そこの裏町の壁にさむくもたれてゐる
このひとのごとき乞食はなにの夢を夢みて居るのか。

Il gatto blu
di Hagiwara Sakutaro

Essere innamorati di questa città è bello
Amare gli edifici della città è bello
E tutte le donne gentili
Tutte le vite nobili
Che attraversano queste strade affollate
Costeggiate sui due lati da ciliegi
Sui cui rami cinguettano i passeri.

Ah! La sola cosa che dorme nell'immensa notte cittadina
È l'ombra di un gatto blu
L'ombra di un gatto che racconta la triste storia dell'umanità
L'ombra blu della felicità che vorrei.
Inseguo ogni ombra, per sempre,
Credevo che avrei scelto Tokyo anche in un giorno di neve
Invece guarda, quel mendicante infreddolito nel vicolo,
Appoggiato a un muro: che sogno sta sognando?

TATUAGGIO

Kentaro si portò la tazza di caffè alle labbra e soffiò sul vapore che si sollevava dalla superficie. La stanza sul retro del suo studio di tatuaggi era immersa nella penombra e la luce proveniente dallo schermo del portatile dava alla sua barbetta grigia una sfumatura bluastra. Riflesso nelle lenti degli occhiali, un lungo elenco di link scorreva lentamente verso l'alto. Kentaro teneva la mano su un mouse Bluetooth coi tasti unti. Il caffè era ancora troppo caldo per poterlo bere. Posò la tazza poco a destra di un sottobicchiere abbandonato sulla sua scrivania e si diede una grattatina distratta tra le gambe.

Cliccò su un link e una barra di caricamento si aprì.

Una breve pausa, poi apparve l'immagine in diretta di una webcam. Sullo schermo si vedeva una camera da letto. Un appartamentino con delle librerie colme di testi di diritto: probabilmente la casa di uno studente universitario. Sul letto, un ragazzo e una ragazza si stavano baciando. Nudi. E ignari.

Seduto sulla sua sedia, Kentaro continuò a guardare lo schermo. Poi si slacciò i pantaloni e infilò una mano all'interno.

Il campanello dello studio suonò. Kentaro si bloccò.

« Permesso? » disse una voce femminile dall'ingresso.

« Arrivo subito. » Kentaro chiuse di scatto il portatile, si ricompose e andò ad accoglierla.

Davanti alla porta c'era una studentessa delle superiori. A una prima occhiata, non aveva nulla di speciale. Portava la classica uniforme alla marinara, i capelli tagliati in un normalissimo caschetto e le calze arricciate sulle caviglie. Si era tinta di biondo per distinguersi dalla massa, ma al giorno d'oggi lo facevano tutte. Aveva l'aria di essere all'ultimo anno. Doveva essere entrata per sbaglio.

« Come posso aiutarti, signorina? » Kentaro si sforzò di assumere un tono professionale.

« Vorrei un tatuaggio », disse lei, a testa alta.

« Ah. Scusa, signorina, come hai trovato questo studio? »

« Me l'ha consigliato un amico. »

« E il tuo amico si chiama...? »

« Non ha importanza. Voglio un tatuaggio. » La ragazza avanzò verso il retro del negozio.

Kentaro alzò un braccio per fermarla. « Signorina, non essere sciocca. Sei troppo giovane per un tatuaggio. »

Lei fissò il suo braccio. « Ho diciotto anni. E la smetta di chiamarmi 'signorina'. »

Lui abbassò il braccio con un gesto impacciato. « Ci hai pensato bene? »

La ragazza lo guardò dritto negli occhi. « Sì. Voglio un tatuaggio. »

« Forse dovresti andartene e rifletterci qualche giorno. »

« Ci ho già riflettuto molto. Voglio un tatuaggio. »

« Ma magari ci sono delle cose cui non hai pensato. Non potrai più andare agli *onsen*. »

« Non mi piacciono le terme. »

« La gente penserà che fai parte della *yakuza*. Potrebbe essere un po' inquietante, per una ragazza giovane e carina come te. »

Lei alzò gli occhi al cielo. « Non m'importa di cosa pensa la gente. Voglio un tatuaggio. »

«Le mie tariffe sono alte. Potrebbe costarti anche tre milioni di yen.»

«Posso pagare.»

«Ascolta, io uso solo la tecnica tradizionale, il *tebori*. Faccio tutto a mano. Non sono come quegli impostori di Shibuya, coi loro metodi da quattro soldi. Nemmeno i gangster riescono a sopportare il dolore.»

«Il dolore non mi spaventa.»

Kentaro allora notò qualcosa nei suoi occhi, una luce delicata, una sfumatura limpida di verde, quasi trasparente, mai vista prima in un giapponese.

«Non so.» Girò il cartello appeso alla porta d'ingresso in modo che fuori si leggesse CHIUSO e fece segno alla ragazza di seguirlo. «Vieni di là, così ne parliamo.»

Mentre andavano nel retro, Kentaro accese le luci sul soffitto e nella stanza apparvero il lettino su cui i clienti si stendevano e le foto dei suoi vecchi lavori: draghi sinuosi, carpe koi con la bocca spalancata, donne nude, divinità shintoiste e *kanji* elaborati incisi sulle schiene, sulle natiche, sulle braccia nude dei suoi clienti. Quasi tutti *yakuza*.

Kentaro aveva imparato il mestiere da uno dei vecchi maestri di Asakusa ed era noto per la sua bravura e la sua dedizione all'arte del tatuaggio. Non c'era nulla che gli piacesse di più che disegnare sull'epidermide intatta, tracciare una creazione d'inchiostro su una piccola porzione di pelle nuda. La sola cosa paragonabile alla soddisfazione di creare un'opera d'arte sul corpo di un altro essere umano era il senso di potere che provava mentre lavorava sui gangster.

«Potrebbe fare un po' male», diceva Kentaro.

«Non fa niente», rispondevano loro.

Dicono tutti così. Quindi si metteva all'opera e percepiva il dolore nei loro movimenti, nei fremiti leggeri dei muscoli e dei corpi, nello stridio dei denti digrignati, mentre li infilzava delicatamente coi suoi aghi di metallo, secondo la tecnica tradizionale che aveva appreso dal suo vecchio maestro, imprimendo per sempre il suo segno su di loro. Provava gusto all'idea di dominare i padroni del mondo della malavita. Il suo potere creativo era assoluto: era lui a decidere quali immagini e quali storie sarebbero stati indissolubilmente legati al suo cliente, a volte persino dopo la morte. Se il cliente donava la propria pelle al Museo di Patologia Medica, prima della cremazione questa veniva prelevata dal suo cadavere, trattata adeguatamente e conservata. Molte delle opere di Kentaro erano esposte nelle bacheche del museo.

Sapeva di essere il migliore, e lo sapevano anche gli *yakuza*, che lo consideravano un artista e in quanto tale lo rispettavano. Tra i suoi clienti, però, non c'erano mai state molte donne. Nemmeno le *yakuza* si facevano tatuare da lui. Preferivano tutte andare altrove.

Ma davanti a lui ora c'era una ragazza.

« Dove posso sedermi? » chiese.

« Ah! Aspetta. » Prese una sedia da un angolo. « Ecco, mettiti qui. »

Lei si sedette con circospezione e si posò le mani in grembo.

« Allora, cosa vorresti farti tatuare? »

« La città. »

« La città? »

« Tokyo. »

« Non è una scelta, diciamo... convenzionale. »

« E allora? » Un guizzo di luce le attraversò di nuovo gli occhi.

« Dove lo vorresti? »

« Sulla schiena. »

« Mmm, è complicato. »

«Senta, è in grado oppure no?»

«Certo che sono in grado. Non essere insolente. Devo solo capire come fare.» Si prese il mento con la mano, guardò il portatile chiuso e si ricordò. «Oh! Un attimo solo.»

Aprì il portatile e premette nervosamente un tasto perché si rianimasse, cosa che il computer fece proprio nel momento in cui la webcam inquadrava il viso di una ragazza che veniva sbattuta con forza da dietro. Dagli altoparlanti uscì un gemito.

Kentaro chiuse la finestra del browser più in fretta che poté. Il suo viso era rosso come il fuoco. Lanciò un'occhiata furtiva alla ragazza seduta accanto a lui, che però stava osservando le fotografie dei suoi vecchi clienti appese alle pareti. Forse l'aveva passata liscia. Per un soffio.

Aprì un altro browser e cliccò su un segnalibro che lo portò su Google Maps. L'immagine si caricò e lui digitò Tokyo nella barra di ricerca. La mappa s'ingrandì e la città riempì lo schermo. Cliccò sul tasto che apriva la vista da satellite e ingrandì ulteriormente l'immagine rivelando altri dettagli: una griglia di edifici divisi da strade, i canali che si snodavano tra vicoli sottili, la baia disordinata e le vene e i capillari delle linee ferroviarie che pompavano le persone in tutta la città.

«È bellissimo. Voglio che lo tatui sulla mia schiena», disse lei.

«No, tatuare questa cosa è impossibile.»

Lei sospirò. «Sono venuta qui perché mi avevano detto che lei era il migliore. A quanto pare non era vero.»

«Nessuno lo può fare.»

«Sono sicura che per il giusto prezzo riuscirò a trovare qualcuno.»

«Non è una questione di prezzo, ma di abilità. Sono tra i pochissimi veri *horishi* rimasti a Tokyo.»

« Allora qual è il punto? »

« Ci vorrà del tempo. Un anno, quattro... » Si tolse gli occhiali e si strofinò il viso col palmo sudato.

« Non ho fretta. »

« Sarà doloroso. » Represse un sorrisetto.

« Gliel'ho già detto: il dolore non è un problema. »

« Dovrai spogliarti e sdraiarti a pancia in giù sul lettino. »

« Certo. » Iniziò subito a sbottonarsi la camicetta, senza il minimo accenno di timidezza.

Kentaro sentì un moto di calore torcergli lo stomaco e abbassò gli occhi verso il pavimento. Si precipitò in bagno a prendere dell'olio per bambini. Non ce n'era nessun bisogno, ma gli era venuta l'idea di servirsene come scusa per toccarla. Pensò al suo maestro, che gli aveva insegnato il mestiere quand'era un apprendista: se l'avesse visto usare quel trucco vile si sarebbe rivoltato nella tomba. Quando tornò nella stanza, lei era già nuda e distesa a pancia in giù sul lettino. Kentaro rimase sbalordito. La sua pelle era perfetta, senza l'ombra di un'imperfezione. I muscoli del suo fondoschiena s'incurvavano formando due natiche rotonde, gonfiandosi appena prima di assottigliarsi in due cosce tornite.

Lui deglutì e venne avanti. « Ehm, dovrei strofinarti un po' d'olio sulla schiena. »

« Come vuole. » Si sistemò leggermente.

Lui si versò una goccia d'olio sulla mano destra. Il flacone fece una sorta di scoreggia. Fu lì lì per scusarsi, ma poi ci ripensò. Richiuse il tappo e cominciò a frizionarle la pelle con l'olio. Il suo corpo luccicava sotto le luci e il calore che aveva avvertito nello stomaco cominciò a diffondersi più in basso.

« E... come ti chiami? »

« Naomi. »

« Mmm... Naomi... Bel nome. E... ce l'hai, un fidanzato? »

Lei si girò verso di lui e lo guardò di nuovo coi suoi occhi chiari e luminosi. Le si vedeva il seno. « Senta. Non ho nessuna intenzione d'infilarmi in situazioni strane. Sono venuta per farmi fare un tatuaggio, tutto qui. Ho visto la roba che stava guardando sul suo computer, e mi sta benissimo: sono affari suoi. Anche se non so cosa penserebbero quei due se sapessero che li stava spiando attraverso la loro webcam. Forse dovrebbe rifletterci su. Ma non le permetterò di fare il porco con me. La pago per un servizio, perciò veda di essere professionale. D'accordo? »

Le mani unte di Kentaro rimasero sospese a mezz'aria. « Spiare? Webcam? Ma di cosa stai p... »

Naomi si rimise giù sul lettino. « Mi risparmi le sue balle. Non m'interessano. E, comunque, ha la patta aperta. »

Kentaro si guardò i pantaloni, richiuse la patta e si mise al lavoro.

⁂

Kentaro era sempre stato bravo nel suo lavoro. Era in grado di rimanere concentrato per ore, tanto che erano quasi sempre i clienti a chiedergli una pausa prima che lui fosse stanco. Metteva tutto se stesso nella realizzazione di ogni tatuaggio e i suoi colleghi avevano sempre ammirato la qualità delle sue opere.

Naomi venne nello studio per diversi mesi, ogni volta che riusciva a ritagliarsi un po' di tempo. E lui era sempre felice di vederla. Si era fatto preparare degli aghi ultrasottili dalla migliore coltelleria artigiana di Asakusa appositamente per lei.

Iniziò delineando l'intera città su tutta l'estensione della sua schiena, delle spalle, delle braccia, delle natiche e delle cosce. Cominciò dalle strade, i contorni degli edifici, i fiumi: ne tracciò i profili prima di pensare ai colori. Avrebbe completato lo scheletro spettrale di Tokyo e solo una volta finito avrebbe iniziato a ombreggiare e colorare la città. Per terminare il tatuaggio ci sarebbero voluti un paio d'anni di visite regolari, nel corso delle quali avrebbe lavorato su una porzione alla volta. E c'era anche il problema di quanto dolore Naomi sarebbe riuscita a tollerare in una seduta.

Si dedicò a tatuare la città con tutta la sua maestria, servendosi come sempre della tradizionale tecnica *tebori*, incidendo la pelle di Naomi in profondità e inserendovi l'inchiostro coi suoi aghi di metallo. Di rado aveva avuto clienti così resistenti. Il dolore non le strappava nemmeno una smorfia. Aveva agganciato un paio di lenti d'ingrandimento agli occhiali per poter disegnare persino i dettagli più minuziosi, aggiungendo particolari microscopici alla città, che riacquistava la sua struttura d'insieme non appena allontanava gli occhi.

C'era un solo aspetto che gli dava del filo da torcere: mentre lavorava, non riusciva a ricordare il disegno complessivo della città. Doveva dedicarsi a un frammento alla volta e basarsi sull'immagine ingrandita sul suo computer. Diversamente dai progetti precedenti, di cui aveva sempre avuto un'immagine ben definita anche in corso d'opera, le dimensioni e la complessità della città superavano le capacità mnemoniche di un singolo cervello umano.

Ci vollero diverse sedute per disegnare i contorni. L'ultimo elemento che aggiunse fu proprio il suo studio ad Asakusa. Aveva deciso di lasciare vuoto lo spazio corrispondente al tetto per mettervi la sua firma. Era sempre stato il suo tocco finale.

Una volta terminato d'incidere i contorni della città con l'inchiostro nero, passò alla colorazione, all'ombreggiatura e all'aggiunta dei dettagli. Decise di cominciare da Shibuya.

S'interruppe. « Mmm. »

Naomi alzò la testa. « Cosa succede? »

« Oh, stavo solo decidendo se disegnare le persone che attraversano l'incrocio di Shibuya o se invece farle aspettare ai semafori. »

« Niente persone. »

« In che senso? »

Lei riappoggiò la testa sul lettino e chiuse gli occhi. « Voglio che disegni solo la città. Non voglio persone. »

« Ma senza persone la città non esisterebbe. »

« Non m'interessa. È la mia schiena, è il mio tatuaggio. Sono io che pago. »

« Mmm. »

Kentaro provò una fitta d'orgoglio. Naomi l'aveva pagato regolarmente, era vero, ed era anche un'ottima cliente. Ma lui era uno dei migliori tatuatori di Tokyo. Era lui a concepire i disegni, non i clienti. Nessuno gli aveva mai detto cosa fare. L'artista che era in lui fu travolto dalla collera, ma come un detto giapponese recita, *kyaku-sama wa kami-sama desu*: il cliente è un dio.

D'accordo. Niente persone, dunque. Gli animali non sono persone, giusto?

Sorrise tra sé e disegnò un piccolo felino – due chiazze di colore a definire una minuscola gatta calico – proprio davanti alla statua del cane Hachiko a Shibuya. E poi si rimise al lavoro.

⁂

Fu mentre colorava il disegno che Kentaro iniziò a perdere la testa.

Durante le sedute Naomi parlava, gli chiedeva di descriverle le parti della città su cui stava lavorando. Lei gli diceva in quale stagione desiderava che lui disegnasse ogni luogo e lui allora vestiva di rosso autunnale gli aceri, colorava i ginkgo biloba di giallo brillante, tingeva di delicate sfumature bianche e rosa i *sakura* del parco di Ueno.

« Dove sei ora? » gli chiedeva lei.

« A Ginza. Ho appena finito la torre Nakagin. »

« Bene. A Ginza è inverno. »

« D'accordo. » E si metteva a incidere le ombre e il bianco della neve sottile caduta nella notte. La città stava diventando un patchwork di stagioni.

Spesso, dopo che Kentaro aveva lavorato su una parte di Tokyo, prima della seduta successiva Naomi andava a visitarla. Gli portava un pensiero o un souvenir - dolcetti comprati a Harajuku, *gyoza* presi a Ikebukuro - e lui sentiva il viso diventare rovente d'imbarazzo.

A volte bevevano del tè verde e lei gli parlava delle cose che le erano successe o di quello che aveva visto - come lo Stadio Olimpico, che ogni volta che ci passava davanti cresceva un po' di più -, gli raccontava di tutte le persone che aveva incrociato, che vivevano le loro vite nella città, e lui l'ascoltava in silenzio, senza interromperla.

⁂

Una volta, durante una pausa nel mezzo di una seduta durata ore, mentre Kentaro puliva i suoi attrezzi, Naomi aveva indicato un grande libro d'arte con le stampe *ukiyo-e* di Utagawa Kuniyoshi e gli aveva chiesto di cosa si trattasse. Kentaro l'aveva preso dallo scaffale e lei si era seduta a sfogliarlo su una poltrona. Le opere di Utagawa erano sempre state un'ispirazione per Kentaro. Era stato il suo maestro a fargli conoscere il suo lavoro: prima di autorizzarlo a sfiorare un lembo di pelle, gli aveva assegnato per mesi il compito di copiare le sue stampe.

Col libro sulle ginocchia, Naomi girava le pagine lentamente. «Sono splendide», disse, esaminando le stampe con attenzione, accarezzando ogni tanto il contorno di un gatto o di un demone-scheletro.

Kentaro sospirò. «Era una leggenda.»

«Questa è bellissima.» Naomi picchiettò su una pagina.

Kentaro allungò il collo per guardare una scena di corte sul cui sfondo incombeva la testa spettrale di un gatto. Altri gatti si ergevano sulle zampe posteriori e danzavano come se fossero persone, con la testa coperta da un fazzoletto e le zampe anteriori allargate.

«Già.» Kentaro rise sotto i baffi al pensiero dello scherzo che le aveva fatto tatuandole una gatta sulla schiena.

«E guarda queste: ha trasformato gli attori di *kabuki* in gatti!»

«In realtà, c'è dietro una storia interessante.» Kentaro lasciò i suoi strumenti per avvicinarsi a Naomi e guardare il libro sopra la sua spalla.

Lei alzò i suoi strani occhi verso di lui. «Quale?»

«Dunque, a quei tempi il teatro *kabuki* era diventato qualcosa di sguaiato e decadente, quasi un'orgia.»

«Divertente», disse lei con una risatina sfacciata.

«Be', il governo la pensava diversamente e così vietò di rappresentare gli attori di *kabuki*.»

«Ma è assurdo!»

«Vero. Comunque, Utagawa rimpiazzò gli attori con dei gatti. Era il suo modo per eludere la censura.»

«Ingegnoso.» Naomi riabbassò lo sguardo su un'immagine di tre gatti in kimono seduti intorno a un tavolino basso che suonavano lo *shamisen*.

«Il mio maestro era ossessionato dalle sue opere.»

«Dov'è ora il tuo maestro?»

«È morto.» Kentaro indicò una foto appesa alla parete. «È lui.»

Naomi guardò la fotografia di quell'uomo dall'aria arcigna, in piedi accanto a un giovane Kentaro davanti allo studio nel quale si trovavano. «Sembra un tipo molto serio.»

«Lo era. Era severissimo. Mi costringeva ad alzarmi alle quattro del mattino e a spazzare e tirare a lucido lo studio tutto il giorno. Sono andato avanti così per due anni prima che mi autorizzasse a prendere in mano un ago o a toccare un pezzo di pelle. Quella vecchia carogna svitata.» Scosse il capo e sorrise.

Naomi guardò Kentaro con aria pensierosa. «E come mai tu non hai un apprendista?»

Lui sospirò piano, senza la solita condiscendenza. «Da dove posso cominciare...»

Lei si strinse nelle spalle. «Dall'inizio?»

«Be', un'altra delle belle idee del governo è stata attribuire agli *irezumi* una pessima reputazione, proprio come con la censura del *kabuki*. Il nome di quest'arte è ormai associato alla criminalità, e così c'è sempre meno gente interessata a portare avanti la tradizione. In passato i tatuaggi erano qualcosa di cui andare fieri: erano il segno distintivo dei pompieri. I pompieri erano amati e rispettati dalla gente, non come quei delinquenti volgari che esibiscono i loro tatuaggi oggi. Comunque, sto perdendo il filo... cosa stavo dicendo?»

«Mi stavi spiegando perché nessuno vuole più diventare un *horishi*.»

«Ah, giusto. A Shibuya trovi tutti i tatuatori che vuoi, se ti accontenti di farti tatuare da uno di quei dilettanti con quegli affari moderni. Nessuno vuole più imparare l'antica tecnica *tebori*. Nessuno ha più voglia di fare fatica. Preferiscono tutti scegliere la strada più facile. Ma nessuno di loro è un vero artista.»

«Come te.» Gli sorrise.

Kentaro arrossì e fissò il pavimento. «Vieni, Naomi», disse mentre buttava giù l'ultimo sorso di tè. «È meglio se riprendiamo.»

E fu quel giorno che accadde per la prima volta.

Quando Kentaro aveva colorato più o meno metà del tatuaggio, sorvolò per caso con lo sguardo l'area di Shibuya che aveva già completato. Vide la statua del cane Hachiko e, mentre i suoi occhi scivolavano sulle vie dello shopping di Harajuku, all'improvviso notò qualcosa. I suoi occhi guizzarono di nuovo verso la statua.

La gatta non c'era più.

Sbatté le palpebre e scosse la testa. Forse la stanchezza cominciava a farsi sentire. Guardò di nuovo. Niente da fare, era proprio sparita.

Magari aveva immaginato di tatuarla? Sì, doveva senz'altro essere andata così. Probabilmente aveva sognato di disegnare il piccolo felino e il sogno era stato così vivido da fargli pensare che fosse reale. Già. Non c'era niente di strano. Può succedere che i sogni sembrino veri, no?

Ma quello stesso giorno, quando stava per cominciare a rifinire la zona intorno alla Tokyo Tower, intravide qualcosa che lo fece rabbrividire. Stava percorrendo con gli occhi la strada che dalla stazione di Hamamatsucho portava all'area intorno alla Tokyo Tower. E, in una stradina laterale che si allontanava dalla via principale, la vide. «Ma che...»

«Tutto bene?»

«Oh. Sì, certo.» L'ago che aveva in mano tremava leggermente, ma lui cercò di calmarsi. Forse non si ricordava bene il luogo in cui l'aveva disegnata. La spiegazione era sicuramente questa. Ignorò la gatta e si rimise al lavoro, colorando di rosso e bianco la Tokyo Tower.

Ma la seduta successiva, prima di riprendere il lavoro, la cercò di nuovo nelle strade intorno alla stazione di Hamamatsucho e non riuscì a trovarla. Poi, mentre colorava gli alberi del parco di Inokashira a Kichijoji, la vide appostata vicino al lago al centro del parco.

Non c'erano dubbi. La gatta si muoveva.

Kentaro iniziò a temere le sedute con Naomi. Non riusciva a mettersi al lavoro finché non aveva trovato la gatta e certe volte passava un'ora intera a scrutare la città prima di riuscire a prendere in mano gli aghi e l'inchiostro. Questo, naturalmente, rallentò i suoi progressi col tatuaggio, che cominciò a richiedere più tempo del previsto. Naomi non commentò il rallentamento. A mano a mano che la sua ossessione per il fantasma dell'animale cresceva, le sedute divennero sempre più estenuanti. Sognava di vederla vagare per la città e trascorreva gran parte della notte ostaggio di una sorta d'incubo cosciente, sudando freddo, in una gara disperata per trovare l'inafferrabile felino. *Non mi prendi,* lo scherniva la gatta sbattendo le palpebre e fissandolo coi suoi impassibili occhi verdi. *Stupido vecchio. Non mi prendi, no che non mi prendi.* Avrebbe voluto afferrarla per la collottola e scuoterla, strapparla, tirarla via a forza dalla sua opera: era la *sua* arte, la *sua* Tokyo, e soprattutto, era la *sua* Naomi.

Perché lei era sua, vero? Distesa, abbandonata davanti a lui giorno dopo giorno.

Una volta, passò quasi tutto il pomeriggio a cercare la gatta, setacciò le strade e i vicoli, ma di lei non c'era traccia. Il sollievo lo invase come un fiotto d'acqua calda: doveva aver immaginato la sua esistenza fin dall'inizio.

Ma, mentre sorvolava con lo sguardo il quartiere di Roppongi, il suo cuore sprofondò: ecco la gatta che sbucava da una stazione della metropolitana. Teneva la coda dritta, come per provocarlo.

Quel giorno, riuscì a lavorare solo una mezz'ora scarsa prima che Naomi dovesse andarsene.

▲

Fu quando Kentaro si stava avvicinando alla fine del lavoro che capì cosa doveva fare. Le sue occhiaie erano scure e profonde; aveva perso l'appetito, mangiare era diventato sempre più faticoso e lui si era fatto scheletrico. La peluria sporca che aveva sul mento era cresciuta fino a diventare una barba ispida e i suoi occhi, simili a due punti d'inchiostro nero infossati in profondità nel cranio, fissavano con aria assente le pareti dello studio. Non era mai stato un tipo molto sociale, e anche prima non usciva quasi mai. Passava la maggior parte del tempo su Internet, a sfogliare libri d'arte o a disegnare o dipingere su carta. Ora invece avanzava tra le vecchie strade di Asakusa parlottando tra sé. Camminava veloce e urtò un senzatetto che portava una bandana viola. Perse la calma e si mise a urlare senza una ragione contro lo sconosciuto, che si scusò ripetutamente, finché Kentaro non si decise a proseguire. Comprò un coltello dal famoso mastro coltellinaio di Asakusa da cui si era sempre rifornito. L'uomo lo guardò con diffidenza, ma non fece osservazioni sul suo aspetto trasandato, né sul fatto che Kentaro aveva comprato sempre e solo aghi nella sua bottega, e mai un coltello.

Kentaro portò a casa il coltello e lo affilò. Lo provò su un polpastrello e la lama fece sgorgare del sangue dalla pelle con una pressione minima. Attaccò il coltello con del nastro adesivo sotto il lettino, dove Naomi non avrebbe potuto vederlo. E aspettò.

Naomi venne per quella che entrambi sapevano sarebbe stata la sua ultima seduta. Si spogliò in fretta, come al solito. Kentaro si sforzò di comportarsi normalmente mentre lei gli parlava dello spettacolo estivo di fuochi d'artificio cui aveva assistito e gli mostrava le fotografie dello *yukata* che aveva scelto. Lui annuì e sorrise mentre fingeva di ascoltarla.

Lavorò bene, in preda a una sorta di ebbrezza vertiginosa alla prospettiva che il suo incubo a occhi aperti stesse per finire. Concluse l'ombreggiatura di un ultimo pezzetto di Kita-Senju sul braccio di Naomi e spostò lo sguardo sulla zona di Asakusa, alla ricerca dell'ultimo spazio vuoto rimasto ancora da riempire: il tetto del suo studio di tatuaggi. Superò il Kaminarimon e il tempio Senso-ji fino ad arrivare allo studio. Ecco cos'avrebbe fatto: avrebbe inciso il suo nome sul tetto dell'edificio, confermando che il tatuaggio era finito. Poi avrebbe preso il coltello e avrebbe iniziato.

Ma, mentre stava per firmare, vide la gatta seduta proprio fuori dalla sua bottega.

E in quell'istante capì, con una certezza terrificante, che se avesse staccato lo sguardo dal tatuaggio sul corpo di Naomi e avesse guardato fuori dalla porta, avrebbe visto la gatta seduta lì davanti, che lo guardava coi suoi occhi verdi.

Deglutì e chiuse gli occhi.

Ma la città era ancora lì. Come se la stesse osservando dallo spazio. La sua mente era come una videocamera puntata verso il basso. Poi la videocamera cominciò a zoomare, verso il pianeta, verso il Giappone, verso Tokyo, finché non riuscì a distinguere anche le strade. Attraversò il tetto del suo studio e vide se stesso che lavorava chino sulla schiena perfetta di Naomi, sul tatuaggio della città. L'immagine non si fermò. Aveva perso il controllo. Lo portò di nuovo dentro il tatuaggio e continuò a trascinarlo giù: verso il Giappone, verso Tokyo, verso Asakusa, attraverso il tetto del suo studio e poi di nuovo nel tatuaggio. Ancora e ancora, all'infinito.

Finché non avesse riaperto gli occhi sarebbe rimasto intrappolato. Bloccato in quel vortice interminabile, nella città che s'ingrandiva senza fine, imprigionato. Ma lui li tenne chiusi.

Perché, se li avesse riaperti, si sarebbe accorto che sul tetto del suo studio non c'era più lo spazio per scrivere il suo nome. Avrebbe visto delle vere tegole rosse. Si sarebbe trovato di fronte una città, con milioni e milioni di persone che si muovevano all'interno e fuori dai suoi confini, attraverso le stazioni della metropolitana e gli edifici, i parchi e le autostrade, impegnate a vivere le loro vite. La città ne pompava gli escrementi nelle tubature, ne trasportava i corpi in scatole di metallo, ne custodiva i segreti, le speranze, i sogni. Non sarebbe più stato seduto dall'altra parte a guardarla attraverso uno schermo. Ne avrebbe fatto parte anche lui. Sarebbe diventato una di quelle persone.

Con gli occhi chiusi, allungò il braccio sotto il tavolo cercando a tentoni il coltello.

Quando aprì gli occhi, tremava.

I muscoli della schiena di Naomi si contrassero e presero vita.

E con loro anche la città.

PAROLE CADUTE

« C'era una volta un astuto antiquario di nome Gozaemon. »

Ohashi fece una pausa e i suoi occhi brillarono nella luce fioca. Aveva raccolto i capelli grigi sotto una bandana e il suo viso grinzoso era incorniciato da una barba lunga e disordinata. Era magro per la sua età, nonostante l'accenno di pancia che ne incurvava il profilo.

Era inginocchiato su un cuscino tenendo le mani davanti a sé, nella posa tradizionale del *rakugoka*. « Era un uomo furbo e scaltro, che non si faceva scrupoli a travestirsi da monaco per introdursi nelle case degli anziani e andare a caccia di tesori, che rivendeva nei suoi negozi di antiquariato a prezzi molto più alti. »

La sua voce riecheggiava nella stanza silenziosa. Ohashi si era esibito in luoghi affollati, davanti a ricchi e poveri, e raccontava ogni storia come se fosse l'ultima: come se le parole fossero portate tra la folla dal suo ultimo respiro. Aveva scelto la storia di oggi in onore del suo pubblico.

Si schiarì la gola e proseguì: « Un giorno, dopo avere sottratto con l'inganno a una donna una libreria costosa, quel furfante di Gozaemon si fermò in un locale che cucinava gnocchi dolci per fare uno spuntino. Si sedette su uno sgabello all'esterno e aspettò che gli portassero da mangiare. Mentre attendeva, vide un vecchio gatto spelacchiato che lappava il latte da una ciotola. Ma non era l'animale a interessarlo. La ciotola dalla quale il gatto beveva avidamente era antica: era sicuro di poterla rivendere per trecento monete d'oro. Gozaemon fu attraversato da un brivido e provò il familiare senso di eccitazione che lo invadeva ogni volta che si presentava l'occasione di un furto. Quando l'anziana proprietaria uscì per portargli quello che aveva ordinato, lui si preparò».

Ogni volta che Ohashi entrava nei panni dei suoi personaggi, la sua voce e il suo atteggiamento si trasformavano, come se il personaggio avesse preso possesso di lui. Quando interpretava Gozaemon si voltava verso destra, si stringeva le mani e prendeva una parlantina sciolta. Quando interpretava l'anziana signora si voltava verso sinistra, si curvava e contraeva il viso, invecchiando di trent'anni in un secondo. Tra una battuta e l'altra, si girava verso il pubblico e tornava ad assumere la voce allegra del narratore.

«'Signora, lei ha un gatto davvero adorabile', disse Gozaemon.

«'Cosa? Quella vecchia bestiaccia?' replicò l'anziana donna, stupita.

«'Sì. È un tesoruccio.' Gozaemon s'inginocchiò per accarezzare il gatto, che gli soffiò inarcando la schiena. 'Mi ricorda il mio, che però purtroppo... No, è un ricordo troppo doloroso... I miei figli adoravano quel vecchio micione...' Gozaemon finse di reprimere un singhiozzo e la donna inclinò la testa di lato. 'Forse... Ma no, sarebbe chiederle troppo.'

«'Cosa?' chiese la donna.

«'Mi domandavo... non è che sarebbe disposta a vendermi il suo gatto?'

«'Questo sacco di pulci?'

«'Sì. È una bestiolina dolcissima.'

«'Non lo so. Mi serve per tenere alla larga i topi dal locale.'

«'Sarei disposto a pagarla...' disse Gozaemon con voce tremante.

«La donna alzò un sopracciglio. 'Veramente?'

«'Tre... no, due monete d'oro?'

«'Ha detto tre.'

«'E va bene, lei è un'abile negoziatrice, signora. Vada per tre.'

«'Affare fatto.'

«Gozaemon sorrise. Diede alla donna tre monete d'oro e s'inginocchiò per prendere il gatto, che gli morse la mano. Ma Gozaemon ignorò il dolore e si avventò sul suo vero obiettivo, la preziosa ciotola da cui il gatto stava bevendo.

«'Ehi. Cosa fa?' esclamò la donna.

«'Oh, prendevo la ciotola del gatto.'

«'Perché?'

«'Ne avrà bisogno.'

«'Gliene darò un'altra.' Rientrò nel locale e tornò con una vecchia scodella di nessun valore. La pulì nel grembiule, dove rimase una macchia marrone.

«'Ma il gatto sentirà la mancanza della sua ciotola speciale.'

«'Quel gatto può bere dove gli pare. E comunque non posso darle quella ciotola. Vale trecento monete d'oro.'

«Gozaemon era sconvolto, ma si sforzò di non darlo a vedere. 'Trecento monete d'oro? Ma è una fortuna! Perché usa una ciotola così preziosa per dare da bere a un gatto?'

«L'anziana signora fece un sorrisetto malizioso. 'Perché mi permette di vendere dei vecchi gatti randagi per tre monete d'oro l'uno.'»

Ohashi scandì con intonazione perfetta le ultime parole, poi fece un inchino profondo e sorrise al pubblico. Si asciugò il sudore dalla fronte. Aveva appena concluso un'interpretazione impeccabile di *Neko no sara*: la ciotola del gatto.

Il pubblico reagì con un miagolio.

Ohashi si alzò dal cuscino sudicio e avanzò verso la gatta calico, che era rimasta in silenzio per tutta la durata dell'esibizione. Era lei il suo pubblico, quel giorno. Lo guardava con la schiena dritta e le zampe appoggiate davanti a sé, nella stessa posa in cui Ohashi aveva raccontato la sua storia.

L'uomo le diede una grattatina dietro l'orecchio. «Dai, andiamo a prendere la pappa.»

Lasciarono la sala riunioni dell'hotel a capsule abbandonato e attraversarono i corridoi in rovina diretti verso il luogo dove Ohashi dormiva. L'albergo fatiscente era immerso nell'oscurità, ma Ohashi viveva lì da così tanto tempo che poteva muoversi a occhi chiusi. Nemmeno la gatta aveva problemi a orientarsi al buio. Le tenebre avevano anche il vantaggio di nascondere le brutture dell'hotel: i funghi che crescevano sulle pareti, le assi del pavimento marcite, la carta da parati cadente e i volti demoniaci delle vecchie pubblicità della birra Kirin, facce sorridenti che il tempo portava via un brandello alla volta.

Era stata la gatta a condurlo in quell'albergo vuoto dieci mesi prima, quando vagava senza meta per la città alla ricerca di un posto in cui dormire. In una notte gelida, mentre si trovava sotto un ponte, scosso dai brividi, la gatta gli aveva leccato una mano, l'aveva guardato negli occhi, aveva fatto qualche passo e si era fermata ad aspettare che il vecchio la seguisse. L'albergo aveva chiuso i battenti molti anni prima e da allora nessuno se n'era mai più occupato. Una delle tante vittime dello scoppio della bolla speculativa: troppa offerta a fronte di una domanda troppo scarsa. Se l'avesse raccontato nessuno gli avrebbe creduto, ma quella gatta gli aveva salvato la vita.

La gatta e Ohashi camminavano tra le file di capsule vuote, minuscole stanze da letto impilate l'una sopra l'altra, simili a loculi, chiuse da una tendina da tirare prima di mettersi a dormire. In passato vi si sarebbero potuti trovare dei *salarymen* ubriachi che avevano perso l'ultimo treno per tornare a casa. Ma ora le capsule erano inutilizzate. Tranne una.

Ohashi s'infilò nella sua capsula e accese una lampada a batteria. Circondato da spazi vuoti, aveva decorato l'interno della sua stanzetta con una piccola galleria di fotografie che gli ricordavano i vecchi tempi. Le foto ritraevano un Ohashi più giovane e magro che si esibiva nel *rakugo* vestito con un kimono elegante, firmava autografi, salutava gli ammiratori, appariva in televisione, incontrava personaggi famosi: ricordi degli anni in cui riempiva i teatri e frequentava divi del cinema e grandi artisti. Ricordi della sua vita di prima.

Conservava le vecchie foto di famiglia in una copia dello *Squalificato* di Dazai Osamu, anche se di rado apriva il libro per guardarle. E comunque Dazai Osamu non gli era mai piaciuto veramente.

S'inginocchiò sul futon e si allungò nella capsula per prendere una scatoletta di pesce da un sacchetto della spesa, tirò la linguetta e la posò sul pavimento. La gatta miagolò e cominciò a sbocconcellare il pesce, mentre Ohashi l'accarezzava distrattamente, sfogliando un giornale.

Una volta sazia, la gatta si mise a fissare Ohashi, che teneva in mano il giornale e guardava nel vuoto. Ma lei voleva la sua attenzione. Strofinò la testa contro le maniche e i pantaloni sformati di Ohashi segnandolo col suo odore, un gesto che, come il vecchio sapeva, significava: *Sei mio.*

L'uomo prese un *onigiri* al salmone, lo scartò e cominciò a masticarlo lentamente, mandandolo giù con l'aiuto di una bottiglia di tè d'orzo freddo presa dallo stesso sacchetto.

« Tra un minuto usciamo a fare una passeggiata. Poi magari stasera vado a trovare gli amici », le disse tra un boccone e l'altro.

La gatta si leccò una zampa e sbatté le palpebre.

Ohashi sbucò nel vicolo sul retro passando attraverso la finestra, come ogni volta che entrava o usciva dall'albergo. Era stata la gatta a mostrargli la strada la prima volta. Non aveva mai usato la porta d'ingresso, per non attirare i sospetti della polizia o la curiosità dei vicini. Aspettò che anche la sua piccola amica uscisse. Di giorno la gatta andava in giro da sola, a caccia di un po' di cibo migliore di quello che Ohashi era in grado di darle.

Anche Ohashi usciva ogni giorno per andare a caccia.

Attraversò la strada, scantonò in un vicolo e sollevò il telone cerato blu che copriva il carretto che aveva faticosamente assemblato con pezzi di legno avanzato e le ruote di una vecchia bicicletta. Mentre lo spingeva verso la strada principale, le ruote presero a cigolare, dando vita al brusio familiare che lo accompagnava ogni volta che usciva.

Passava le giornate a setacciare la città alla ricerca di lattine da riciclare. Rovistava nei bidoncini sistemati accanto alle centinaia di migliaia di distributori automatici sparsi per le strade di Tokyo. Svuotava i bidoni e appiattiva le lattine in alluminio con una pesante mazza di metallo, per poterne trasportare di più. Era diventato un gesto automatico, una routine scandita dal cigolio delle ruote del carretto e dal clangore metallico della mazza che schiacciava le lattine sui marciapiedi. Quando il carretto era pieno, le comprimeva ancora di più, le ficcava dentro dei sacchetti e le portava in un centro di raccolta in cambio di qualche soldo.

I primi tempi di quella nuova vita, le strade gli erano sembrate un labirinto. Gli innumerevoli minimarket e le catene di ristoranti si fondevano in un'unica strada che serpeggiava tra le torri di Shinjuku, i negozi di abbigliamento di Harajuku, i grandi magazzini di Ginza, fino ai grattacieli che orlavano la baia di Tokyo. Nella sua vecchia vita non aveva mai camminato molto – si era sempre spostato in taxi o in metropolitana –, ora invece doveva attraversare a piedi tutta la città. Gli ci era voluto del tempo per orientarsi.

Tokyo turbinava intorno a lui con la rapidità tipica di questi giorni. Le macchine gli sfrecciavano accanto, i treni correvano sulla sua testa, persino le persone che sciamavano fuori dalle stazioni della metropolitana scivolavano veloci intorno a lui mentre spingeva lentamente il suo carretto per le strade. Nella sua vita di prima, anche lui era stato una di quelle persone frettolose assorbite dal ritmo frenetico di Tokyo. Ora invece non poteva più salire sui vagoni della metropolitana o farsi portare in cima ai grattacieli da un ascensore per ammirare il panorama. Ora i grattacieli erano solo dei punti di riferimento nel paesaggio urbano. Gli incantevoli tramonti visti dall'alto delle torri erano un ricordo sbiadito. Quando chiudeva gli occhi e immaginava la città, riusciva a vederla solo dal livello della strada.

Dopo una lunga giornata trascorsa a raccogliere lattine, con la schiena curva e i piedi stanchi, si fermò nei pressi di un minimarket Lawson e si avvicinò all'ingresso sul retro. Si sedette sul marciapiede accanto al suo carretto e aspettò con pazienza.

Puntuale come sempre, la porta si aprì e apparve un ragazzo sui vent'anni con la divisa a strisce bianche e blu della catena. « Ohashi-san! »

Ohashi si alzò per salutarlo. « Ah! Makoto-kun. Come stai oggi? Come va lo studio? »

« Oh, bene, bene. » Il giovane aveva l'aria stanca e si passò goffamente la mano tra i capelli spettinati. Ohashi apprezzava che non s'impiastricciasse di gel come la maggior parte dei suoi coetanei. Nell'altra mano, Makoto aveva un sacchetto di plastica che cercava di dissimulare dietro di sé.

« Ottimo. Non ti manca molto alla laurea, vero? » Ohashi si teneva dritto e immobile, con le braccia tese rigidamente lungo i fianchi, coprendo il carretto col corpo come per nasconderlo.

« No. In effetti, mi sono appena laureato. »

« E adesso cosa farai? »

« Ho fatto domanda per uno stage nell'ufficio legale di un'azienda di pubbliche relazioni che si occupa delle Olimpiadi. » Makoto si strinse nelle spalle. « È stata un'idea dei miei genitori. »

« Devono essere molto fieri di te. E anch'io lo sono. »

Makoto sorrise, poi si ricordò del sacchetto di plastica che penzolava dalle dita dell'altra mano. « Ah, le ho portato questo. Non è granché, ma questa settimana non ho trovato altro. » Il sacchetto tintinnò mentre glielo porgeva.

« Makoto-kun! Ma è moltissimo, ti ringrazio davvero tanto. » Ohashi frugò nel sacchetto. Scatolette di pesce, bottiglie di tè d'orzo e *onigiri*, tutti scaduti e destinati alla spazzatura. Poi la sua mano sfiorò una bottiglia di liquore e lui si bloccò. « Ah... Makoto-kun? »

« Sì? »

« Questo *shochu*... Perdonami, ma non mi serve. » Prese la bottiglia dal sacchetto.

« Scusi. Mi ero dimenticato che non... Be', può tenerlo lo stesso, magari i suoi amici apprezzano, no? »

Ohashi porse la bottiglia a Makoto. « Se non ti spiace, preferirei di no. Scusami. Non voglio sembrarti ingrato. Non posso... Perché non lo tieni tu? Sei un... bravo... ehm... »

Ohashi tacque, imbarazzato, mentre fissava il muro per evitare gli occhi di Makoto.

« Be'... se è sicuro che non le interessa. » Makoto prese la bottiglia.

« Grazie mille, Makoto-kun. Passa una bella serata. »

« Anche lei, Ohashi-san. Ci vediamo la settimana prossima? »

« Sarebbe perfetto, se non è un problema. »

« Si riguardi. »

« Ciao. »

Ohashi appese il sacchetto a un gancio del suo carretto e riprese a spingerlo lungo la strada.

Makoto lo guardò allontanarsi e sparire dietro un angolo. Per un istante, rifletté su quanto era triste che un brav'uomo come lui fosse caduto in miseria. Era sempre così gentile e educato. Somigliava un po' a Gen di *Street Fighter II*, coi capelli e con la barba grigia.

Scosse la testa e rientrò nel minimarket.

Di sera, dopo una dura giornata di lavoro, Ohashi raggiungeva i suoi amici al campo, un piccolo villaggio di teloni blu e scatoloni vicino alla ferrovia, nascosto all'interno di un parco che solo i senzatetto frequentavano. Gli abitanti del campo facevano del loro meglio per tenerlo in ordine: un ospite confusionario avrebbe con ogni probabilità finito per farsi cacciare. In inverno l'odore non era troppo insopportabile, ma al culmine dell'estate i residenti si lamentavano del puzzo d'urina. I treni che sferragliavano sui binari erano la loro torre campanaria, scandivano il passare del tempo facendo stridere le ruote sui binari. Gli abitanti del campo se ne stavano per i fatti loro, conducevano una vita tranquilla e la maggior parte del tempo la polizia li lasciava in pace.

Ohashi avanzò tra le file ordinate di casette, alla ricerca dei suoi compagni.

« Ehi, siamo qua! » lo apostrofò una voce.

Si voltò e vide tre uomini seduti intorno a un piccolo falò sotto uno dei rari alberi del parco. Avanzò verso di loro con andatura composta e dignitosa.

« Buonasera, signori. » Ohashi si tolse le scarpe, le mise accanto a quelle degli altri e si sedette sul telone blu che avevano disteso per terra. Sull'erba c'erano quattro paia di scarpe perfettamente allineate.

Shimada salutò Ohashi con un lieve cenno del capo e la sua consueta espressione seria.

« Buonasera, Ohashi-san. » Il viso paffuto di Taka era scaldato dal suo inseparabile sorriso.

« Che hai fatto oggi? » chiese il sottile Hori, mostrando i suoi dentoni.

« Il solito. Voi che avete combinato? » Ohashi prese una bottiglia di tè d'orzo dal suo sacchetto e la offrì agli amici. Loro rifiutarono, e lo conoscevano abbastanza bene da non offrirgli in cambio del sakè.

« Siamo stati in chiesa », disse Shimada.

« Abbiamo trovato un po' di cibo gratis », disse Hori.

« Cibo per l'anima », disse Taka, con aria assorta.

« Già... e anche per la pancia. » Hori fece una risata.

Un treno li superò con un rumore di ferraglia, interrompendo la conversazione.

« Dovresti venire anche tu, Ohashi. Ti danno da mangiare gratis. »

« Sì, Ohashi-san. Nel cuore del Signore c'è spazio anche per te », disse Taka con occhi supplicanti.

« Oh, io sto bene così. » Imbarazzato, Ohashi spostò lo

sguardo sulle fiammelle che danzavano tra loro, come se celassero qualcosa che richiedeva urgentemente la sua attenzione. Si guardò intorno e alla fine i suoi occhi si posarono sul crocifisso che Taka portava al collo.

Ohashi ripensò alla sola volta in cui l'avevano convinto ad andare in chiesa con loro. Hori e Shimada si limitavano a fingere di essere dei buoni cristiani, ma Taka ci credeva davvero. Lo spettacolo di quegli uomini costretti a sorbirsi un teatrino patetico in cambio di un po' di cibo lo aveva rattristato. Prima di mangiare, avevano dovuto ascoltare un predicatore con un completo economico e i capelli leccati parlare di come Gesù era morto per salvare l'umanità. Il predicatore aveva detto, senza il minimo accenno d'incertezza, che gli abitanti di Hiroshima e Nagasaki avevano pagato per i loro peccati. Ohashi non era riuscito a credere alle sue orecchie. Come poteva dire una cosa simile? Sul serio credeva alle parole che aveva pronunciato? Da allora, Ohashi non ci era mai più tornato. L'idea che quei cristiani si approfittassero della debolezza di altri uomini nutrendoli con un po' di brodaglia scadente e idee ancora più stantie gli dava il voltastomaco. I buddhisti non avrebbero mai fatto nulla del genere. Poi erano usciti in cortile, dove donne altezzose gli avevano servito della zuppa di *miso*. Dal modo in cui distoglievano lo sguardo e arricciavano il naso si capiva benissimo che erano disgustate dall'odore e dall'aspetto trasandato dei senzatetto. Servivano la zuppa solo perché volevano sentirsi buone, era evidente.

«Girano strane voci», disse Shimada.

«Ah, sì?» Ohashi guardò Shimada, che guardava fisso per terra col viso serio.

Shimada alzò gli occhi. «Pare stiano prendendo provvedimenti contro i senzatetto.»

Ohashi si sistemò per stare più comodo. «Come mai?»

« Le Olimpiadi. Dai, Shimada. Diglielo tu », disse Hori.

Shimada bevve un sorso di sakè. « Be', le persone stanno iniziando a scomparire. Come Tanimoto, te lo ricordi? Nessuno sa che fine ha fatto. Sparito nel nulla. Non lo vedo da settimane. Si è volatilizzato. Da quando hanno annunciato le Olimpiadi sta succedendo qualcosa. Tirano giù i vecchi palazzi, costruiscono nuovi stadi. Stanno ripulendo le strade. Rimettendo in ordine. Si stanno sbarazzando degli *indesiderabili.* » Sbuffò. « La città sta cambiando. »

La conversazione s'interruppe di nuovo mentre un altro treno passava sui binari, puntualissimo.

« Magari Tanimoto-san è tornato a casa, dalla sua famiglia? » disse Taka riprendendo il discorso.

« Nessuno torna a casa dopo *questa* vita. » Shimada alzò il palmo sudicio. « Questo sporco non se ne va via. Non siamo più esseri umani, nemmeno per le nostre famiglie. »

Ohashi fissò il cielo con aria assente, mentre gli altri tre bevevano.

« Ho sentito che caricano la gente su dei furgoni e la portano via », disse Hori.

« Chi è che lo dice? Tu hai mai visto quei furgoni? » chiese Ohashi.

« Non lo so. Ma girano delle voci, sai. »

« E dove li portano? »

« Boh... » disse Shimada.

Ohashi guardò l'orizzonte. « La cosa mi puzza. »

« Come l'alito di Taka. » Hori ridacchiò coi suoi dentoni.

Si sedettero tutti e quattro intorno al fuoco, continuando a bere e a fissare pensierosi le fiamme. Una voce forte proveniente dalle tenebre li riscosse dalle loro riflessioni.

« Ehi, voi! »

« Oh, cazzo », mormorò Shimada.

« Uff. » Hori scosse la testa.

L'umore di Ohashi precipitò.

« Allora, facce di merda, che state facendo? » Una sagoma tarchiata avanzava con passo sgraziato verso il fuoco, seminascosta dall'oscurità.

« Niente », disse Hori.

« Come 'niente'? A me invece sembra che state facendo qualcosa. Cosa state bevendo? »

« Io qui ho un po' di tè d'orzo, se ti va, Keita-san », disse Ohashi.

« Pfff. Tè d'orzo! Che me ne faccio di quella schifezza? A meno che non ci hai messo dentro qualcosa. » La figura massiccia di Keita ora era pienamente visibile. La sua pelle butterata tremolava alla luce delle fiamme. Lanciò un'occhiata a Ohashi, che continuò a fissare il vuoto.

« Mi spiace, ma io non bevo », disse Ohashi, benché fosse certo che Keita lo sapesse già.

« Stronzate. Ti ho visto in giro ubriaco come una spugna che ti pisciavi nei pantaloni », disse Keita.

« Devi esserti sbagliato », disse Ohashi in tono freddo.

« Mi stai dando del bugiardo? » Keita era arrivato alle spalle di Shimada e aveva trovato la grande bottiglia di plastica piena di sakè economico che gli uomini stavano dividendo. « Oh, eccola qua. Proprio quello che mi ci voleva. » Prese la bottiglia, tolse il tappo e tracannò delle lunghe sorsate di liquore. La mano che teneva la bottiglia aveva due dita mozzate: il mignolo e l'anulare.

« Ehi, vacci piano! È per tutti quanti », disse Hori.

Keita si staccò dalla bottiglia e si pulì la bocca con la mano, lanciando un'occhiata irritata a Hori. « Già, stavo solo prendendo la mia parte. Stronzi spilorci. »

Ohashi alzò la mano. « Dai, sono sicuro che ce n'è abbastanza per... »

« Chi ti ha chiesto qualcosa? Chi cazzo ti credi di essere? »

«Stavo solo cercando di...»

«Tu nemmeno vivi qui. Guarda che ti vedo, eh, che te ne vai in giro a fare quello che è meglio degli altri. Vieni qui a darti delle arie da pezzo grosso.»

«Veramente io...»

«Credi di essere chissà chi. Poi di notte sparisci senza dire a nessuno dove vai. Sei un senzatetto, almeno? Scommetto che in realtà una casa ce l'hai, che magari hai pure una mogliettina che ti fa da mangiare, che vieni qui solo per scroccare qualcosa a noi poveracci.»

Ohashi aveva iniziato a tremare impercettibilmente.

Taka intervenne in sua difesa: «Keita, non era intenzione di Ohashi essere scortese. Stava solo...»

«Me ne frego delle sue intenzioni. Dovrebbe stare attento a quello che fa.»

«Mi stai minacciando?» Ohashi guardò Keita negli occhi.

Keita richiuse la bottiglia di sakè e la buttò per terra. Si tirò su le maniche rivelando un tatuaggio da gangster. Poi infilò una mano in tasca e ne estrasse un cellulare enorme, che aveva l'aria di essere una reliquia degli anni '80. Ogni volta che tirava fuori il cellulare gli occhi di Keita erano attraversati da un luccichio inquietante. C'era qualcosa di molto convincente nel modo in cui recitava la parte del gangster. «Sto solo dicendo che non ti conviene fare il furbo con me, okay? Mi basta fare una telefonata alla famiglia per sistemarti.» Lo fissò finché Ohashi non abbassò gli occhi, scuotendo la testa.

«Signori, credo sia arrivato il momento che me ne vada. Vi auguro una buona serata.»

«Resta ancora un po', Ohashi. È presto», disse Shimada.

«Grazie, ma sono stravolto, oggi ho lavorato tanto.» Ohashi si rimise le scarpe e raccolse il suo sacchetto. «Buona serata.»

Mentre si allontanava, sentì le loro voci affievolirsi a poco a poco.

« Keita, ma perché devi sempre fare così? »

« Cosa? È lui che ha cominciato! Ma quanto se la tira quello? Si crede migliore di noi. »

« È un uomo gentile. »

« Mi mette i brividi. Non mi fido della gente che non beve. »

« Oh, piantala. »

« E poi perché porta quella bandana viola? Lo fa sembrare un coglione. »

Ohashi tirò il fiato solamente dopo aver attraversato le vie deserte, essere sgattaiolato di nuovo nell'albergo ed essersi infilato nella sua capsula. Si rintanò sotto le coperte e si addormentò.

⁂

Ohashi diede da mangiare alla gatta e buttò giù la sua modesta colazione a base di *onigiri* e tè d'orzo, poi sgusciò fuori dall'albergo, pronto per un'altra giornata di lavoro.

Le ore passate a trascinarsi per le strade erano sempre faticose per Ohashi. L'atto di camminare, il ritmo dei passi sbalzavano la sua mente da un ricordo all'altro. Le scene dell'infanzia si sovrapponevano a frammenti degli anni del liceo e si riversavano nella sua vita come in quella di un apprendista *rakugoka*.

La recitazione era stata tutta la sua vita, e ora quella vita non esisteva più. Che cos'avrebbe pensato di lui il vecchio maestro, l'uomo che gli aveva insegnato tutto?

Ohashi cercava di evitare quel tipo di pensieri. Tutti i ricordi lo conducevano nello stesso abisso. E, per non esserne risucchiato, si sforzava di pensare agli amici del campo.

Ognuno aveva una storia, ognuno aveva dei segreti. Ma nella comunità c'era una parola d'ordine: *il passato è passato*. E nessuno di loro ne parlava mai. Avevano già pagato ogni debito per ciò che avevano fatto. La vita ai margini era un modo per scontare la pena giorno dopo giorno. Era quello il loro castigo.

Ma c'erano delle cose che continuavano a sfuggirgli.

Christian Taka dormiva con una bambola e ogni tanto dal suo accento cittadino traspariva qualche inflessione del dialetto di Kyushu. Ohashi aveva dei sospetti sulla bambola di Taka, ma preferiva non pensarci troppo. Il serio Shimada parlava poco, e solo se aveva qualcosa d'importante da dire, una qualità che Ohashi apprezzava molto. Hori, il dentone di Osaka, scherzava sempre su tutto. Ma era una figura importante del gruppo. Se non potevano ridere un po' della vita, che senso aveva?

E poi c'era Keita... Già, Keita. Anche se gli spiaceva ammetterlo, Ohashi avrebbe preferito che Keita non facesse parte del gruppo. I tatuaggi e le dita mozzate rivelavano che a un certo punto della sua vita era stato uno *yakuza*. Il cellulare che portava sempre con sé per minacciare chiunque gli desse fastidio era così grosso da essere quasi ridicolo. E poi perché non lo usava mai, nemmeno quando i giovani lo aggredivano? Keita comunque era un lottatore fiero e si difendeva molto meglio di tutti gli altri senzatetto.

Già, perché a volte venivano pestati.

Non era poi così tremendo. Ogni tanto, qualche teppistello ubriaco veniva a cercarli per divertirsi. Il peggio era quando ti sorprendevano da solo. Quelli erano i pestaggi più duri. I ragazzini si coalizzavano contro un senzatetto e lo tempestavano di calci e pugni. Andavano avanti finché non si stancavano. Al suo primo pestaggio, Ohashi aveva notato che col passare dei minuti le botte diventavano sempre meno dolorose. Era come trovarsi in mezzo a una tempesta: prima o poi vento e pioggia si sarebbero calmati. Qualcosa a un certo punto cominciava ad attutire il dolore, o forse i ragazzi si stancavano.

Comunque fosse, il dolore diminuiva a mano a mano che il pestaggio andava avanti. La strategia migliore era sciogliere il corpo e non fare resistenza, per minimizzare il rischio di fratture. Il peggio era quando ti rompevano un dente. Mangiare diventava un dramma. Ohashi cercava di proteggersi la testa come poteva. Ma poi un piede, o un pugno, o un gomito lo colpiva nei testicoli. E un dolore lancinante gli torceva le viscere dall'interno.

Ogni volta che usciva per raccogliere lattine, Ohashi scrutava con attenzione le strade e osservava quello che aveva intorno. Cercava di coglierne la bellezza, di notare tutti i piccoli dettagli capaci di dargli un po' di gioia. Il sole che sorgeva al mattino facendo capolino nei ritagli di cielo tra un palazzo e l'altro, la foschia che velava le cime dei grattacieli in lontananza, i cumuli disordinati di nuvole, simili a gatti che si azzuffavano. La vita gli riservava ancora una parte di gioia, per quanto piccola.

Guardava anche i passanti. Si sforzava di rendersi invisibile, e molti da parte loro distoglievano lo sguardo quando gli passavano accanto. Qualcuno, ogni tanto, si metteva a fissarlo, come se avesse fatto qualcosa di male, o mormorava a mezza voce «Trovati un lavoro», o cose simili. Ma la maggior parte delle persone che incrociava per strada si limitava a vivere la propria esistenza solitaria nella grande città. C'era un che di rassicurante in questo.

Alle undici del mattino Ohashi, già stanco, spuntò dalle parti di Shimbashi. Comprò una lattina di caffè a un distributore automatico, tirò la linguetta e si sedette per terra, vicino al suo carretto, a guardare il mondo andare avanti. Due tassisti fumavano e bevevano caffè vicino al distributore automatico. Uno era basso e grassoccio, l'altro alto e smilzo; entrambi gli sorrisero e lo salutarono. I tassisti lo facevano sempre pensare a suo fratello, Taro. Chissà come stava in quel momento. Un altro ricordo che lo colmò di vergogna.

Il tassista rotondetto si avvicinò e diede tre lattine vuote a Ohashi, che lo ringraziò. Finita la pausa, schiacciò le quattro lattine, inclusa la sua, e le gettò con le altre prima di rimettersi in cammino. Quando arrivò a casa, nascose il carretto nel vicolo per la notte e andò a trovare i suoi amici.

⁂

Mentre si avvicinava al campo, capì immediatamente che c'era qualcosa che non andava.

Si accovacciò dietro un cespuglio, acquattato come un gatto, e osservò la tendopoli da lontano.

Un uomo in divisa aveva preso la bambola di Taka e la teneva vicino alla gamba. Vide qualcuno che veniva portato via in manette. Gli uomini in divisa stavano sradicando le tende, tiravano via i teloni blu e li gettavano nei cassoni di alcuni pick-up parcheggiati lì accanto. Facevano a brandelli i cartoni e li accatastavano.

Alcuni senzatetto cercavano di ribellarsi, ma gli uomini in divisa erano più forti, meglio nutriti e sobri, e avevano i manganelli telescopici. Ohashi trattenne il fiato quando un uomo in divisa allungò il manganello con un gesto agile del polso e avanzò lentamente verso uno dei senzatetto che protestavano, dando le spalle a Ohashi. *Bum.* Un colpo secco al ginocchio e l'uomo crollò a terra. L'uno dopo l'altro, i senzatetto furono trascinati via tra i resti del campo e spinti nel retro di un veicolo.

Ehi, un attimo. Quello non era un mezzo della polizia.

Era un semplice furgone. Non aveva nemmeno la sirena. Ohashi aguzzò la vista per leggere la scritta sul veicolo. *Piazza pulita,* c'era scritto. In caratteri neri molto leggibili.

Meglio tagliare la corda.

▲

Ohashi corse. Sentiva i sottili rotolini sulla pancia rimbalzare ogni volta che uno dei suoi piedi toccava il marciapiede e la pelle flaccida che gli penzolava dai capezzoli oscillare al ritmo della corsa. I muscoli di colpo dimenticarono la fatica della giornata e ogni singola cellula del suo corpo si concentrò sull'obiettivo di mettere più distanza possibile tra lui e lo smantellamento graduale della città di teloni blu.

Mentre correva, gli tornò in mente uno strano ricordo. Una lezione di biologia degli anni del liceo. Il professore aveva spiegato alla classe che, quando un uomo o una donna in perfetta forma saltavano sul posto, la sola parte del corpo che doveva oscillare erano gli organi sessuali. Il resto era grasso indesiderato. Tutto doveva essere utile, tutto doveva essere muscolo. Pensò al campo: era il grasso superfluo nella città? Doveva essere eliminato, come il tessuto adiposo viene eliminato da un corpo con la liposuzione? Era stato separato e raschiato via dal muscolo? Liquidato. Poi tutto ciò cui riuscì a pensare fu una sequenza di parole scandite dal ritmo del suo respiro: indesiderato, intoccabile, indifferente, inutile, inetto, invisibile, inesistente, inconsiderevole... un attimo, questa non era una parola, anche se avrebbe potuto...

« Ehi! » disse una voce.

Ohashi si lanciò un'occhiata dietro la spalla senza smettere di correre.

« Ohashi! »

Di nuovo la voce. Stavolta però distinse chiaramente il suo nome. Si voltò.

Vide una faccia con dei dentoni familiari sbucare da un vicolo. « Di qua! »

Ohashi si precipitò verso di lui incespicando. Mentre si avvicinava, un braccio ossuto lo trascinò in un vicolo secondario. Appena in tempo. Un attimo dopo un'auto della polizia sfilò accompagnata dalla risata distorta della sirena, che sembrava sghignazzare per qualche battuta che quei vecchi non avrebbero mai capito.

Appoggiato al muro scalcinato del vicolo, Ohashi riprese fiato.

« Ohashi-san! Grazie a Dio sei salvo. »

Magari il dio di Taka vegliava su di lui. Ohashi smise di ansimare e si raddrizzò. « Gli altri stanno bene? »

Hori aveva gli occhi grigi e l'aria più magra del solito. « Hanno preso Shimada. Taka era in chiesa e io ero andato a farmi un bicchierino. Quando siamo tornati, avevano già iniziato a tirare giù il campo e a portare via le persone. »

Il dio di Taka a quanto pareva non si era preso la briga di proteggere Shimada. Forse non lo considerava degno.

« Ora cosa facciamo? » chiese Hori.

« Forse potremmo rifugiarci in chiesa? » Taka li guardò speranzoso.

Ohashi esitò. « Ho un'idea migliore », sussurrò.

« Quale? » Hori sorrise, impaziente.

Ohashi deglutì. « Conosco un posto dove possiamo nasconderci. C'è un sacco di spazio. »

« Dov'è? »

« Però dovete promettermi di non dire niente a nessuno. »

« Certo, Ohashi. Non diremo niente. Saremo muti come pesci. »

« D'accordo. Seguitemi. »

Ohashi sperò che dalla sua voce non trasparisse la sua riluttanza. Stava commettendo un errore?

▲

« Ma dove diavolo...? »

Ohashi tenne aperta la finestra mentre Hori e Taka si arrampicavano. « State attenti. Mettetevi lì, vicino al muro. Ora entro anch'io e vi faccio strada. »

« È tutto buio, Ohashi. Dove siamo? »

« Un attimo. » Atterrò nel bagno e accostò delicatamente le ante della finestra, lasciando aperto solo uno spiraglio. « Un po' di pazienza. »

« Non la chiudi? » chiese Hori.

« C'è qualcuno che viene a trovarmi la mattina. Domani vedrete. »

« È la tua ragazza? » chiese Hori con una risata.

« Lo scoprirete domani. » Ohashi sorrise, infilò la mano in tasca ed estrasse una torcia elettrica.

« Di qua. » Accese la torcia e la puntò verso l'uscita del bagno.

« Oh, cielo! Ma dove siamo? »

« Sembra un *sento*. Siamo in un bagno pubblico? »

« No, in un vecchio hotel a capsule. »

« Wow! Quindi per tutto questo tempo hai abitato in un albergo! Ma sei un re, Ohashi-sama! » disse Taka con voce intrisa di rispetto, senza un'ombra d'invidia.

« Ehi! Come mai non ci hai mai parlato di questo posto? » chiese Hori alzando la voce per l'emozione. « I bagni funzionano? Quanto mi piacerebbe farmi un tuffo. »

Ohashi puntò la torcia sulla faccia di Hori, che strizzò gli occhi e fece una smorfia.

«Ehi, sta' attento a dove punti quell'affare!»

«Oh, scusa!» Ohashi ruotò la torcia nella stanza, illuminando le mattonelle grigie e consunte del bagno pubblico e il muro in fondo, decorato con un mosaico in via di sgretolamento del monte Fuji circondato da boschi, laghi e nuvole. Molte delle tessere erano cadute, tanto da farlo sembrare un puzzle incompiuto. «Non c'è acqua corrente nel palazzo, quindi no, mi spiace, non possiamo fare il bagno. Seguitemi.»

I tre uomini si fecero strada nell'hotel. Ci volle più tempo del normale, dato che Hori e Taka si fermavano ogni due per tre ad ammirare a bocca aperta tutti i dettagli affascinanti e spettrali dell'albergo in rovina: le porte scardinate degli armadietti, la carta da parati cadente, lo spesso strato di polvere e sudiciume che ricopriva il pavimento dei corridoi. Particolari cui Ohashi non faceva più caso da tempo.

Una volta arrivati alle capsule, Ohashi indicò la sua. Hori e Taka annuirono rispettosamente prima di sistemarsi ai due lati della sua. Entrambi lasciarono una capsula vuota tra la sua e la loro. Volevano stare vicini, ma avevano tutti bisogno di un po' di privacy.

«Allora, signori, vi andrebbe di cenare?»

«Oh, sì, grazie! Davvero molto generoso da parte tua.»

«Muoio di fame!»

Si sedettero e consumarono una cena frugale a base di *onigiri* e tè d'orzo, che Ohashi prese dalle sue scorte personali e divise coi compagni. Mentre erano seduti nella penombra, la preoccupazione a poco a poco disegnò dei profondi solchi sui loro volti.

Fu Ohashi a rompere il silenzio. «Allora, qual è il piano?»

«E se andassimo in chiesa?»

«Mi sembra un po' rischioso, con l'aria che tira», disse Hori.

«Il Signore veglierà su di noi...»

«Scusa, Taka-san. Ma io la penso come Hori. Non sappiamo se in chiesa saremo al sicuro. Magari stanno collaborando con la polizia. Dobbiamo essere cauti», disse Ohashi in tono solenne.

Taka guardò il soffitto. «Ma come faremo a trovare del cibo?»

«Posso procurarmelo io», disse Ohashi.

«E basterà per tutti e tre?» chiese Hori.

«Credo di sì.»

«'Non di solo pane vive l'uomo'», disse Taka.

«Già, ma cosa dice la Bibbia degli *onigiri*? Te lo immagini Gesù che cerca di aprire uno di questi cosi?» disse Hori.

Persino Taka rise.

Quella sera, Ohashi si congedò presto dai suoi amici. Era stata una giornata estenuante. Si augurarono la buonanotte e ognuno si rifugiò nella propria capsula di solitudine. In compagnia dei loro pensieri, si abbandonarono faticosamente al sonno, perseguitati da una ninna nanna dissonante di preoccupazioni e angosce che agitò i loro sogni inquieti.

Al mattino, dalle alte finestre dell'albergo filtravano delle piccole pozze di luce. Nelle giornate nuvolose la luminosità era scarsa, ma quando il sole splendeva le capsule erano immerse in un bagliore caldo. In giornate come quelle, la gatta si spostava da una chiazza di luce all'altra e si sdraiava allungando la pancia sul pavimento.

Ohashi si alzò presto e andò a salutare la sua amichetta pelosa. Si distese per terra perché la gatta potesse arrampicarglisi sullo stomaco. La micia affondò le zampe e avanzò dondolando sulla pancetta morbida di Ohashi. Lui le grattò il mento e con l'altra mano accarezzò la schiena inarcata. La gatta emise un ronzio felice, come il motore di un'auto ferma al semaforo. Lui osservò il suo musetto, il mento leggermente rosso, la saliva all'angolo della bocca. Quante cose avevano visto quei meravigliosi occhi verdi? Come gli capitava spesso, Ohashi pensò a suo padre. Suo padre era un maniaco dei gatti, ce n'era sempre almeno uno che gironzolava per il suo studio mentre scriveva. Da bambino, uno dei suoi passatempi preferiti era rannicchiarsi in un angolo dello studio del padre, con un gatto da coccolare, e leggere in silenzio una raccolta di storie di *rakugo*.

Cos'avevano visto quegli occhi verdi? Da dove veniva quella gatta? Chissà quante bugie, quanti segreti conosceva, tra le cose che le persone fanno quando pensano che nessuno le guardi.

« Allora è lui il tuo amico? »

La gatta girò la testa verso Hori, che stava uscendo dalla sua capsula. Ohashi la sentì affondare leggermente gli artigli mentre soppesava la situazione. Doveva scappare da quell'uomo coi dentoni, o anche lui le avrebbe portato del tonno, come il suo amico con la testa viola?

« Non avere paura. Lui è Hori-san. Di' ciao a Hori-san. »

« Bravo micio. » Hori le diede una grattatina tra le orecchie e Ohashi la sentì ritrarre gli artigli. « Che gattino delizioso. Guarda che bei colori ha sulla schiena... hanno una forma così familiare. È un maschio o una... »

Si sentì il rumore di qualcosa che si rompeva provenire dall'ingresso principale, seguito dal suono di due voci maschili che percorrevano il corridoio nella loro direzione. Ohashi non si serviva mai di quel corridoio. Un energumeno irruppe nella stanza e Ohashi sentì lo stomaco torcersi. Keita. Dietro di lui c'era Taka.

« Brutti infami. Siete stati nascosti qui tutto il tempo! Come topi in un buco! »

« Ohashi-san! Il Signore ci ha benedetti facendoci incontrare una persona stamattina. » Taka sorrideva, a disagio.

Ohashi si alzò e mise giù la gatta. « Prego, signori, accomodatevi. In futuro però vi chiedo per cortesia di non usare l'ingresso principale. Passate dalla finestra, come vi ho mostrato. »

« Sì, sì, va bene, non ti scaldare. » Keita si buttò in una capsula vuota e si sdraiò come se fosse a casa sua.

« Scusami, Ohashi-san. Gli ho chiesto di seguirmi nel vialetto sul retro, ma lui ha puntato dritto verso l'ingresso senza darmi retta », bisbigliò Taka.

« Non ti preoccupare », disse Ohashi a bassa voce.

« Cos'avete da sussurrare voi due? » sbraitò Keita dalla sua capsula.

Ohashi si coprì la faccia con la mano.

« Non c'è niente da mettere sotto i denti, qui? Sto crepando di fame », disse Keita facendo capolino. Accennò alla gatta. « Di chi è questa bestiaccia rognosa? »

Ohashi pescò un po' di cibo dalla sua scorta sempre più esigua di provviste. Lo divise equamente con gli altri e diede da mangiare alla gatta. Presto sarebbe dovuto tornare da Makoto.

⁂

Quella sera, quando Ohashi tornò a casa, si trovò di fronte una scena inaspettata.

Capì che c'era qualcosa che non andava già mentre si arrampicava attraverso la finestra. Fin dal vicolo sentì un rumore di risate e di voci. Più si avvicinava, più lo schiamazzo aumentava.

Qualcuno aveva acceso un fuoco al centro della stanza e intorno alle fiammelle tremolanti si era riunito un folto gruppo di uomini. Riconobbe Keita, che tracannava una grossa bottiglia di *shochu*, ma c'erano molte persone che Ohashi non aveva mai visto prima. Parlavano a voce alta e sembravano su di giri. Taka e Hori ridevano insieme con gli altri. Quando alzarono lo sguardo e videro Ohashi, i loro ampi sorrisi lasciarono il posto a una smorfia imbarazzata.

«Guardate un po' chi c'è.» Ubriaco, Keita lanciò un'occhiata storta a Ohashi.

«Signori. Posso chiedervi cosa sta succedendo?» disse Ohashi a Taka e Hori.

«Solo una festicciola, nient'altro», disse Taka.

«A te comunque che ti frega?» lo provocò Keita.

«Be', questa è anche casa mia. Era casa mia prima che arrivaste. Gradirei che la trattaste con un po' di rispetto.»

Keita sbuffò. «*Casa tua*. Questa sì che è bella. E cos'avresti fatto per meritartela? Sei passato di qui una volta e hai trovato un palazzo abbandonato. Chiunque sarebbe in grado di farlo. Ma guardatelo, con la sua bandana da frocetto. Che se ne va in giro a fare il re del suo castello, senza amici a parte uno stupido gatto.»

Il gruppo esplose in una risata. Persino Hori e Taka si unirono agli altri.

«Comunque, vi sarei grato se poteste abbassare la voce. Non è il caso di attirare l'attenzione.» Ohashi si diresse verso la sua capsula.

«Dai, Ohashi. Bevi qualcosa con noi», sussurrò Hori.

« No, grazie. Sono stanco. » Ohashi entrò nella sua stanzetta, tirò la tenda e si mise a rileggere la sua copia logora di *Neve sottile* ignorando il baccano.

« Ehi, Ohashi. » Era Keita.

Abbassò il libro e lanciò un'occhiata di sbieco alla tenda. Forse se non avesse risposto quell'idiota se ne sarebbe andato.

« Ohashi. »

« Che c'è? »

Keita aprì la tenda. « Ascolta. Mi spiace. Non volevo essere maleducato. Tieni. » Gli porse un bicchiere scheggiato con dentro un liquido marrone limpido.

« Cos'è? » chiese Ohashi, osservando preoccupato la faccia di Keita.

Keita sorrise. « La tua bevanda preferita. Tè d'orzo. Puoi berlo qui mentre leggi il tuo libro, oppure se ti va puoi venire a fare due chiacchiere con noi. Come preferisci. Volevo solo fare pace. »

« Grazie, Keita. Sei gentile. D'accordo, perché no, vi raggiungo. » Ohashi strisciò nella capsula e prese il bicchiere di Keita, quindi entrambi si unirono al gruppo.

Hori era al centro e stava raccontando una barzelletta su un samurai e un sacerdote. Era quasi alla fine. Ohashi si sedette e ascoltò. La barzelletta era divertente, ma il modo in cui la raccontava non era all'altezza degli standard di Ohashi: sbagliava i tempi comici e divagava troppo. Hori arrivò alla battuta finale e gli uomini scoppiarono di nuovo in una risata sonora. Ohashi sentì lo stomaco torcersi in una fitta di panico mentre la risata risuonava nei corridoi. Immaginò il furgone con la scritta nera che girava nelle strade intorno all'albergo. Si ricordò del bicchiere di tè e ne bevve un sorso.

Quel sapore.

Stava per ingoiarlo, ma riuscì a sputare. Scagliò per terra il bicchiere, che si ruppe in mille pezzi. Tremava dalla testa ai piedi. Poi sentì la rabbia montare da dentro. La rabbia per quello che aveva fatto, per le cose che quel sapore gli aveva fatto fare. Alla sua famiglia, a se stesso, alla sua vita. Era tutta colpa sua. Guardò Keita, che sussultava scosso dalla sua disgustosa risata singhiozzante. «Io ti ammazzo», sibilò.

Keita continuò a ridere.

Ohashi gli si scagliò contro. Hori allungò le braccia e afferrò il polso di Ohashi, ma lui si divincolò. Le mani di Ohashi si avventarono sul collo di Keita e cominciarono a stringere. Poi su di lui piombarono altre braccia che cercarono di trascinarlo via, ma non erano abbastanza forti. Lui continuò a stringere, con tutto l'odio, il rimpianto, la disperazione che teneva chiusi nel profondo di sé. Guardò la faccia paonazza di Keita diventare blu e continuò a stringere e schiacciare.

E avrebbe continuato ancora se una forza irresistibile non l'avesse tirato via bruscamente. Si ritrovò con le mani dietro la schiena mentre qualcosa lo trascinava lontano da Keita, che boccheggiava in cerca d'aria. Poi sentì il metallo freddo delle manette chiudersi sui polsi e quando si guardò intorno era circondato dal blu. Blu come le divise portate dalle persone senza volto accalcate intorno a lui, che lo sovrastavano e lo guardavano minacciose. Quando riuscì a mettere a fuoco i volti dei suoi amici, vide che erano spaventati: ma spaventati dalle divise blu oppure da Ohashi e da quello che aveva tentato di fare?

«Lui... lui... ha cercato di uccidermi!» Le labbra di Ohashi erano cerchiate di viola e le sue narici erano spalancate.

«Portateli via tutti. E spegnete quel fuoco», tuonò una voce possente dall'ombra.

E strattonandoli, spingendoli e trascinandoli brutalmente li pigiarono dentro alcuni furgoni che li portarono via tra i sobbalzi, mentre lo sguardo di Ohashi si perdeva nell'oscurità della notte.

▲

« Buongiorno. »

Ohashi socchiuse gli occhi e guardò l'ombra sfocata davanti a lui.

La figura gli porse una tazza di caffè fumante. « Tenga. Beva. »

« Grazie. » Ohashi prese la tazza con cautela e si stropicciò gli occhi con l'altra mano. Aveva il corpo indolenzito per la notte passata sulla rigida panchina della cella.

« Le lascio un minuto per svegliarsi, ma poi le devo chiedere di seguirmi nella sala degli interrogatori. »

Ohashi alzò lo sguardo e sulla soglia vide un poliziotto giovane. Doveva avere suppergiù venticinque anni. Aveva una faccia gentile, che gli ricordò vagamente Makoto. Ohashi si portò alle labbra la tazza di caffè bollente e vi soffiò sopra prima di berne un sorso. « Dove mi trovo? »

« In un centro di custodia. Dobbiamo solo farle qualche domanda, una pura formalità, dopodiché dovrebbe essere libero di andare. »

« Grazie. »

« Dobbiamo muoverci, signore. Abbiamo una marea d'interrogatori da fare e non vogliamo accumulare ritardi. Può portare la tazza con sé, se vuole. » Il poliziotto indicò la porta aperta.

Ohashi si alzò e seguì con passo incerto il poliziotto in corridoio. Il rumore dei suoi passi rimbombava sulle pareti e gli ricordò lo scalpiccio metallico della mazza per schiacciare le lattine che rimbalzava sul marciapiede. L'eco si fece strada fino al suo stomaco, dandogli un leggero senso di nausea.

La sala interrogatori era spoglia: pareti gialle, un tavolo al centro, una luce al neon sul soffitto e due sedie ai lati del tavolo, l'una di fronte all'altra. Il poliziotto fece cenno a Ohashi di sedersi.

« Aspetti qui. Tra un istante qualcuno verrà da lei. »

Bevve un sorso di caffè e fissò il muro, mentre cercava di capire cosa gli sarebbe successo.

La porta si aprì, strappandolo ai suoi pensieri, e un poliziotto più anziano entrò nella stanza portando con sé un piccolo fascio di fogli. « Buongiorno. No, stia comodo. Io sono Fukuyama e ho alcune domande da farle. »

« Piacere di conoscerla, Fukuyama-san. » Ohashi fece un lieve inchino.

Il poliziotto si sedette e avvicinò la penna a un modulo. « Allora, cominciamo dalla parte più importante. Ha dei documenti d'identità? »

Ohashi scosse la testa e guardò il pavimento.

« Non si preoccupi. Vediamo di compilare insieme questo modulo. Cognome? »

« Ohashi. »

« Nome? »

« Ichiro. »

Il poliziotto annuì e prese rapidamente nota. « Età? »

« Sessantaquattro anni. »

« Occupazione? »

« Ehm... Credo che... »

Il poliziotto alzò lo sguardo. « Ha un lavoro? »

« Ehm, raccolgo lattine. Ma non credo che... »

« Mmm... forse può rientrare nello smaltimento rifiuti. Il nome del suo datore di lavoro? »

« Non ho un vero e proprio datore di lavoro... »

« Mmm. Posso scrivere 'disoccupato'? Forse è più semplice. »

« Va bene. »

« Indirizzo? »

« Oh. Ehm... »

« Dorme per strada? »

« Diciamo di sì. »

« Non c'è problema, Ohashi-san. Dovrebbe solo fornirci l'indirizzo di un parente. Un parente qualsiasi andrà bene. Ah, e anche il suo numero di telefono. Dovremo chiamarlo perché venga a prenderla. »

« Ehm... »

« Un parente qualsiasi, Ohashi-san. »

« Ho perso i contatti con tutti. »

Il poliziotto si tolse gli occhiali e si strofinò gli occhi. « Ascolti, Ohashi-san. Capisco quanto possa essere difficile per lei. Magari ha litigato con la sua famiglia, magari non vuole più parlarci. La capisco perfettamente. Ma è davvero importante che lei ci dia questa informazione, altrimenti... Be'... »

« Ho un fratello minore. »

« Benissimo! » Il poliziotto sembrò rallegrarsi. « E qual è il suo indirizzo? »

« Non lo sento da anni. »

« Conosce il suo indirizzo? »

« Credo di sì. »

« Ottimo. Può scriverlo qui. » Il poliziotto gli allungò una penna e un foglietto di carta.

Ohashi scrisse l'indirizzo della casa di Nakano che aveva

frequentato tanti anni prima. Ripensò alle riunioni di famiglia, a lui che salutava la cognata, che giocava con la sua nipotina. Suo fratello, Taro, era sempre così contento. Non aveva molti soldi, eppure era felice, con la sua bellissima moglie, la raggiante piccola Ryoko e il vecchio ciliegio in giardino. Taro era sprecato come tassista. Aveva sempre scritto versi meravigliosi, onirici e ricchi d'immagini poetiche. Loro padre era sempre stato fiero di lui.

Sotto quel ciliegio, Ohashi si era esibito davanti alle due famiglie in spettacoli privati di *rakugo*. Ripensò al pubblico e gli occhi gli si riempirono di lacrime: suo fratello Taro, sua cognata, sua nipote Ryoko e la moglie e la figlia di Ohashi. Ripensò alle loro facce sorridenti mentre raccontava le sue storie. Ma, quando le sue esibizioni avevano iniziato a farsi sempre più offensive, loro padre aveva smesso di venire.

Se l'avesse visto oggi, Taro si sarebbe vergognato di lui.

Restituì il foglio al poliziotto, che gli diede un'occhiata e lo fece di nuovo scivolare verso di lui. « Potrebbe scrivere anche il suo nome? »

Ohashi tracciò i caratteri 大橋太郎. Ohashi Taro.

« Lei ha una calligrafia stupenda, se posso permettermi. Bene. Vado un attimo a verificare l'informazione. Stia tranquillo, si risolverà tutto. »

Che modo orribile di riallacciare i rapporti con suo fratello dopo tanti anni. Sollevò distrattamente la tazza di caffè e la inclinò verso le labbra, ma tutto ciò che ne uscì fu un goccio di acquetta polverosa e fredda che gli lasciò un sapore amaro in bocca.

Una decina di minuti più tardi, il poliziotto rientrò nella stanza insieme con un uomo in giacca e cravatta. Lo sconosciuto gli fece subito una brutta impressione. Non avrebbe saputo dire perché, ma in lui c'era qualcosa di falso, sebbene si sforzasse di essere cortese. Tanto per cominciare, aveva i capelli impomatati di gel, cosa che Ohashi detestava. Il suo aspetto viscido gli ricordò il prete che aveva detto quelle orribili cattiverie su Hiroshima e Nagasaki.

«Temo di avere brutte notizie, Ohashi-san. Ho telefonato all'indirizzo che mi ha fornito, ma suo fratello purtroppo non vive più lì. Il proprietario attuale non ha saputo dirmi dove si sia trasferito e noi non abbiamo modo di rintracciare la sua nuova residenza.»

«Ah...»

«Ora, Ohashi-san. Si sforzi di ricordare se le è rimasto qualche altro parente. Uno qualsiasi. Uno zio, un cugino alla lontana. Chiunque.»

«Non mi è rimasto nessuno.»

«Ci pensi bene, Ohashi-san. È importante.»

«Mi dispiace. Non c'è nessun altro.»

Il poliziotto sospirò. «Allora non mi rimane altra possibilità che dichiararla 'senza fissa dimora' e affidarla a quest'uomo, Tanaka-san.»

«Piacere di conoscerla, Ohashi-san. Non abbia paura, ci prenderemo cura di lei.» Il tizio viscido gli rivolse un sorriso accondiscendente e spostò lo sguardo tra Ohashi e il poliziotto, come lo spettatore di una partita di tennis tra due bambini imbranati.

«Mi spiace, Ohashi-san. Ho le mani legate.» Il poliziotto si alzò e se ne andò.

Ohashi rimase solo con l'uomo in giacca e cravatta, che si sedette sulla sedia lasciata vuota dal poliziotto.

«Dunque, Ohashi-san. Ora la porteremo nella nostra bellissima struttura, che si trova poco distante da qui e che da oggi diventerà la sua nuova casa...»

Ohashi ascoltò la sua lunga e tortuosa spiegazione, concepita appositamente per ingannare. Ma capì benissimo cosa stava accadendo: gli stavano rubando l'ultimo bene che possedeva, la sua libertà.

▲

La gatta zampettò leggera nel vicolo, diretta verso la finestra. Poi rallentò il passo. C'era qualcosa di diverso nell'aria, un odore... fumo? Era successo qualcosa. La finestra del bagno era ancora aperta, così s'intrufolò dentro.

I corridoi erano silenziosi e lo strano odore si faceva sempre più forte mentre avanzava veloce. Quando si avvicinò alle capsule, notò le ceneri di un falò, e poi la stanza vuota. Un silenzio spezzato solo da un miagolio inquieto.

L'uomo con la testa viola non era nel suo letto. Le sue cose non c'erano più, ma era rimasto il suo odore.

La gatta piagnucolò.

Dov'era andato l'uomo con la testa viola?

Dov'era la sua colazione?

La gatta aspettò qualche minuto, sbadigliò e poi tornò lentamente sui suoi passi.

Vagò incerta nel vicolo, con la pancia che brontolava, alla ricerca di cibo. C'era come un tentennamento nella sua andatura, che tradiva l'indecisione di una routine infranta. L'uomo con la testa viola le sarebbe mancato. Ma, per qualche ragione, sapeva che sarebbe andato tutto bene. La città era sua amica. La città l'avrebbe protetta.

▲

L'uomo con la testa viola non aveva più la testa viola.

Gli avevano tolto la bandana, dato una tuta arancione e gli avevano mostrato la sua nuova casa. Non appena la porta si richiuse alle sue spalle, notò che la cella era più spaziosa della capsula in cui si era abituato a vivere. Il pavimento era rivestito di *tatami* e c'erano due *futon* srotolati. Uno dei due era già occupato da una figura massiccia che dormiva avvolta nelle coperte russando fragorosamente. La nuova capsula era sicuramente più pulita e più grande della vecchia, ma aveva le sbarre alle finestre e la porta era chiusa a chiave.

Ohashi si lasciò cadere sul *futon* vuoto e sospirò. In quell'istante, la persona sotto le coperte smise di russare. Quando Ohashi si voltò, le coperte si sollevarono rivelando due occhi assonnati, che si spalancarono di colpo. Ohashi arretrò per lo stupore.

«Ah, sei tu», disse una voce roca da sotto le coperte.

«Ciao, Keita.» Ohashi fece un altro sospiro.

«Non te l'ho ancora perdonata.» Keita scostò le coperte e si mise a sedere.

«Neanch'io», sibilò Ohashi a denti stretti.

«Comunque, dove diavolo siamo finiti? In prigione?» Keita sbadigliò e si stropicciò gli occhi.

«Non credo sia una prigione. La polizia ti ha rilasciato, no?»

«A me questa sembra proprio una prigione.»

«Sì, ma non lo è.»

«E va bene, vedi di stare tranquillo, parruccone.»

Ohashi si toccò la testa. Senza la bandana gli si vedeva la sommità pelata del cranio. «Se questo è quello che hai da dirmi, Keita-san, preferisco se stiamo zitti.»

«Senti chi parla, non sei tu che hai cercato di ammazzarmi?»

«Non ho cercato di ammazzarti, Keita.»

«Sì, invece.»

« Be', tu non avresti dovuto fare quello che hai fatto. No? »

« Era solo uno scherzo. Non pensavo che avresti sbroccato in quel modo, se no avrei lasciato perdere. »

« Senti, Keita. Non ho nessuna voglia di stare in questa stanza con te, e immagino che lo stesso valga per te. Ma non abbiamo scelta. Che ne dici di lasciarci tutto alle spalle? »

« Mi sta bene. »

Ohashi chiuse gli occhi.

« Muoio dalla voglia di farmi un goccio di sakè », mormorò Keita.

Ohashi rifletté sulle parole di Keita. Non gli disse che era quasi sicuro che non ne avrebbe mai più bevuto. Rimasero entrambi in silenzio, osservando la loro strana e asettica nuova casa.

⁂

« Argh. »

Ohashi guardò la montagnola di coperte sul *futon* accanto al suo. Keita si stava rigirando, avvolto nelle lenzuola visibilmente sudate.

Era sera, poco prima che le luci venissero spente. Ohashi sentì lo scricchiolio degli stivali di cuoio della guardia in corridoio. La loro non era una prigione – i parenti potevano venire a trovarli e portarli via quando volevano –, ma come la voce cerimoniosa del direttore della struttura, il sempre cravattato Tanaka, ricordava loro ogni sera prima che si sedessero in mensa: « Per voi questo è un posto migliore della strada, qua siete più al sicuro ».

Era lì solo da pochi giorni, ma aveva già avuto modo di

accorgersi che il cibo era abominevole, persino peggio della sbobba che gli davano in chiesa. Se il direttore ti sorprendeva a rigirare troppo il cibo nel piatto, potevi beccarti un'occhiataccia, o peggio ancora una nota di biasimo, che ti privava di alcuni diritti, come l'accesso al cortile di ciottoli della struttura. Ohashi si era guardato intorno più volte durante i pasti e nell'ora d'aria alla ricerca di Taka e Hori, ma di loro non c'era traccia. Forse si trovavano a un piano diverso: a quanto aveva capito, avevano accesso ai vari servizi secondo turni prestabiliti. Le finestre avevano tutte le sbarre, e quel dettaglio gli faceva pensare a quando giocava con la gatta nelle delicate chiazze di luce che filtravano dalle finestre sudicie del vecchio albergo. Chissà dov'era adesso, la sua gatta. Gli mancava. La notte portava sollievo, perché almeno per un po' poteva dimenticare dove si trovava. Ma ora Keita aveva ricominciato a lamentarsi.

«Ti senti bene?» chiese Ohashi.

«Lasciami stare!»

«Cosa c'è?»

«Com'è possibile che in questo cesso di merda non ci sia neppure un goccio d'alcol?»

«Tieni, bevi questo.» Ohashi gli portò un bicchiere d'acqua.

«'Fanculo. Non mi serve il tuo aiuto.»

«Bevi. Tra un po' ti passerà.»

«E tu che ne sai, signor No-Grazie-Io-Non-Bevo.»

«Una volta bevevo, Keita. Molto più di te. E ne sono uscito.»

Keita scostò le coperte e lanciò a Ohashi un'occhiata diffidente. Aveva la fronte imperlata di sudore. «Sicuro che passerà?»

«Sicurissimo. Ci vuole qualche giorno, e lo so che è orribile. Ma presto ti sentirai molto meglio. Però devi mantenerti idratato.»

Keita allungò una mano tremante e cercò di prendere il bicchiere che Ohashi gli porgeva. Per poco non lo fece cadere. «Cazzo.»

«Dammi qua, ti aiuto io.» Ohashi gli portò il bicchiere alle labbra, con delicatezza.

Keita buttò giù faticosamente qualche sorso d'acqua con l'aria mite e spaurita di un neonato.

«Ora riposati.»

Spensero le luci e la stanza fu illuminata solo da un bagliore pallido.

Ohashi si era quasi addormentato quando Keita lo chiamò di nuovo.

«Ehi.»

«Cosa c'è?»

«Sei sveglio?»

«Tu che dici?»

«Scusa. Ti ho svegliato?»

«Dormi, Keita.»

«Non ce la faccio.»

«Che c'è che non va?»

«Non riesco a smettere di pensare.»

Ohashi grugnì. «Be', sforzati.»

«Non ce la faccio.»

«Cerca di pensare in silenzio, almeno.»

«Scusa.» Keita tacque per qualche secondo. «Ma a te non succede mai?»

«Cosa?» Ohashi si mise a sedere e scostò le coperte.

«Di non riuscire a controllare i pensieri. Di ripensare alle decisioni che hai preso nella tua vita e vedere solo gli errori che hai commesso. Le cose che hai fatto, quelle per cui alla fine ti ritrovi qui.» Keita fissò lo sguardo davanti a sé, come se osservasse qualcosa che Ohashi non riusciva a vedere. «E di dirti che se avessi agito diversamente, se avessi preso delle decisioni migliori, ora saresti in un posto migliore.»

Ohashi si lasciò cadere sulla schiena e si girò dall'altra parte, senza rispondere.

«O forse siamo stati solo sfortunati», disse Keita.

«Io so di non essere stato sfortunato.»

«Perché?»

«Perché una volta ero l'uomo più fortunato del mondo.»

«In che senso?»

«Ho ricevuto una buona educazione. Sono stato cresciuto da una madre amorevole e da un padre intelligente che mi ha sempre incoraggiato.» Ohashi deglutì. «In seguito ho sposato una donna bellissima, ho avuto una figlia adorabile e sono riuscito a fare il lavoro dei miei sogni.»

«E poi cos'è successo?»

«Non importa.»

«È stato l'alcol?»

«Non mi va di parlarne.»

«Come ti pare.» Keita fece una pausa, ma poi proseguì: «Io so di aver sbagliato. I miei genitori mi avevano detto di non unirmi alla *yakuza*. Ma io ero giovane e stupido. M'interessava solo sbronzarmi ed essere figo. Ricordo quando sono andato ad Asakusa a farmi tatuare. Volevo fare colpo su una ragazza. Pensavo che unendomi alla *yakuza* sarei diventato ricco e la gente avrebbe avuto paura di me. Comunque, lei alla fine si è messa con un altro. Diceva che era più *rispettabile*. Come fai, sbagli». Keita sospirò. «Avrei dovuto dare retta ai miei genitori. Gli *yakuza* avevano promesso di occuparsi di me, ma non l'hanno fatto. Sono bastati un paio di errori. Due dita. E mi hanno sbattuto fuori. E ora non ho più nessuna famiglia. »

« Non dire così. »

« È la verità. So di essere rozzo e sgradevole. Nessuno mi sopporta. »

Ohashi si girò sul *futon* e guardò la sagoma scura e massiccia di Keita. « Tu sei uno di noi, Keita. Io, Shimada, Taka e Hori. Siamo una famiglia, adesso. »

Ohashi vide la sagoma della testa di Keita voltarsi verso di lui. « Davvero? Dici sul serio? »

« Certo che sì. » Non era vero, ma Ohashi avrebbe detto qualsiasi cosa pur di riuscire a dormire.

« Grazie. »

« Figurati, Keita. Ora però riposiamoci. »

Ci fu una breve pausa, poi Keita, con voce ovattata e assonnata, disse: « Sono sicuro che tua figlia ti vuole ancora bene, Ohashi-san ».

Un nodo gli chiuse improvvisamente la gola. Ohashi deglutì. « Buonanotte, Keita. »

⁂

Quella notte, come molte altre notti, Ohashi sognò Tokyo.

Ma la città stavolta era diversa. Camminava col suo carretto, ma il cielo era viola e arancione. Le strade erano deserte, non c'era nessuno in giro. Avanzava tra grattacieli in rovina e coperti di polvere e vedeva gli edifici sprofondare in lontananza, verso la baia. La terra tremava e i palazzi si sgretolavano e sparivano. Liquefazione. Così si chiamava. Poi il terremoto finì e tutto tornò immobile.

I treni erano vuoti e arrugginiti sui binari. I minimarket avevano l'aria di essere stati saccheggiati. Gli alimenti erano caduti dagli scaffali ed erano finiti in strada, ma erano marci e immangiabili. C'erano montagne di lattine di caffè vuote accatastate e spazzatura e detriti ovunque. Ma non c'erano persone.

Continuò a camminare finché non si trovò faccia a faccia con la sua vecchia amica.

«Seguimi», disse la gatta, balzando su un muro alto. «Vieni.»

«Non ce la faccio.»

«Sì, invece. Prova a usare quattro zampe invece che due. È più facile.»

Si lasciò cadere sulle mani e sulle ginocchia e di colpo si sentì più agile e leggero. Balzò sul muro e atterrò accanto alla gatta, che lo guardò soddisfatta. Intravide il proprio riflesso nei suoi occhi. Era diventato un gatto anche lui e non avevano più bisogno di parlare per capirsi.

Si arrampicarono insieme sui tetti, fino alla sommità dei grattacieli in disfacimento. Salirono sugli alberi, s'infilarono negli anfratti, inseguirono i topi e corsero nelle strade vuote.

La città era loro.

▲

«Allora, cosa gli è successo?»

«A chi?»

«A tua moglie e tua figlia.»

Ohashi ignorò la domanda.

«Hai detto di avere una figlia, no?» insistette Keita.

Ohashi lanciò un'occhiata veloce a Keita. Nel suo tono non c'era malignità, ma ciò non toglieva che la sua fosse una domanda sgradita. «Possiamo parlare d'altro?»

«Perché eviti sempre l'argomento?»

«Quale argomento?»

«Il tuo passato.»

« Perché non sono affari tuoi, Keita. »

« Capisco perché se ne sono andate. »

« Cos'hai detto? »

« Ho detto che capisco perché se ne sono andate. »

« Come ti permetti? »

« Cosa? Tu non parli mai di niente. Sei solo un vecchio presuntuoso che si crede superiore agli altri. Non ne posso più di essere bloccato in questo buco con un pallone gonfiato come te. »

« Perché io, invece, costretto a sopportarmi le lagne di un delinquente fallito... »

« Va' al diavolo, vecchio. »

Qualcuno diede un colpo violento alla porta e nello stesso istante la aprì.

« Perché bussi se tanto poi entri lo stesso? » si lamentò Keita.

« Sta' zitto », disse Ohashi.

Un tizio dall'aria truce li guardava torvo dalla soglia. « Chi è stato a dirlo? »

« Lui. » Keita indicò Ohashi.

La guardia si voltò verso di lui. « Vedi di non fare lo strafottente. »

« Ma io non... »

« Non m'interessa. Vi siete guadagnati entrambi una nota di biasimo. Domani non potrete lasciare la stanza. » Sbatté la porta dietro di sé e tutto tacque.

« Pezzo di merda », sussurrò Keita.

Ohashi si girò nel letto, ma era troppo arrabbiato per dormire.

Dopo un po', si mise a sedere e assunse la posizione che conosceva bene. « E va bene, Keita. Vuoi sentire una storia? Te la racconto io. C'era una volta un uomo di nome Ohashi, un uomo che ha avuto tutto quello che desiderava e che in seguito ha perso ogni cosa...» Ohashi era seduto dritto sul letto, con le gambe piegate e le mani appoggiate davanti a sé, nella posa fiera del *rakugoka*. Perché quello era, e quello sarebbe sempre stato.

E, questo, nessuno avrebbe mai potuto toglierglielo.

STREET FIGHTER II (TURBO)

Livello di Guile / Sonic Boom / Tiger Uppercut / Yoga Flame / Yoga Fire / Spinning Bird Kick / Hadoken / Dragon Punch / Round 1 / Start

« Non trovi che sia *identico* a Dhalsim? » Kyoko si chinò verso di me e mi sussurrò nell'orecchio in tono d'intesa.

Sentii il calore del suo respiro sul collo e colsi una traccia del suo profumo in mezzo all'odore di tabacco e alcol scadente che impregnava il salottino del karaoke. Era la prima volta che mi rivolgeva la parola. Lavoravamo nello stesso ufficio dell'azienda di pubbliche relazioni da un po' di tempo, ma non ci eravamo mai parlati. Per lei ero trasparente, e neppure io l'avevo mai presa in considerazione. Era come se fino a quel momento fossimo stati invisibili l'uno all'altra.

Mi voltai verso l'uomo cui si riferiva. In una mano ossuta aveva un bicchiere di *shochu* e con l'altra stringeva il microfono.

« Come, scusa? » Avevo sentito benissimo, ma non riuscivo a credere alle mie orecchie.

« E dai, Makoto-kun! Dhalsim! Hai presente, quello di *Street...* »

« *Street Fighter II.* Allora avevo capito bene. »

Lei ridacchiò. « Ah, sì? »

Guardai di nuovo il tizio. Dondolava la testa calva di qua e di là mentre biascicava le parole della canzone, rovesciando di tanto in tanto un po' di *shochu* sulla ragazza che sonnecchiava accanto a lui. Ora che me l'aveva fatto notare, in effetti... La sua espressione era identica a quella di Dhalsim. Ne era la copia sputata. Aveva la stessa faccia di quando un uppercut lo faceva volare all'indietro lasciandolo stordito.

«Yoga flame.»

A Kyoko uscì il drink dalle narici. «Piantala!»

«Non sapevo ti piacessero i videogiochi.» Il tono non era quello che speravo. Volevo sembrare contento e incuriosito, invece sembravo solo un cretino.

Lei bevve un sorso dal suo bicchiere e guardò il testo della canzone scorrere sullo schermo del karaoke. «Oh, in realtà no. Cioè, a parte *Street Fighter II.*» Piegò la bocca in un sorrisetto storto. «È il mio guilty pleasure.»

«Quale? Ce ne sono varie versioni.» Mi raddrizzai sul divanetto.

«*Turbo.*»

Mi avvicinai. «Quando ci giocavi?»

«Mio fratello aveva una *Super Famicom.* Ci giocavamo da bambini.» Il riflesso dello schermo del karaoke le fece brillare gli occhi.

«Ehi, voi due, di che state confabulando?» Ryu, il nostro responsabile, superò Dhalsim e venne a sedersi in mezzo a noi. Puzzava come se dormisse nel suo completo da una settimana e aveva una macchia di salsa di soia sulla camicia, cosa tutt'altro che rara. «Makoto, non le starai mica dando fastidio?» farfugliò, prima di passare un braccio intorno alle spalle di Kyoko. «Kyoko-chan! Metti una canzone. Non hai ancora cantato stasera. Una ragazza carina come te deve avere una voce angelica.»

«Oh, Ryu-kun. Lo sai che non mi piace cantare.» Si versò altra birra nel bicchiere vuoto da una grande bottiglia di Kirin ghiacciata e si asciugò con cura le mani dalla condensa con un piccolo asciugamano che estrasse dalla borsa. « Tu, piuttosto, che hai una voce così... virile. Perché non ci canti un'altra canzone? »

Mi accesi una sigaretta e guardai dall'altra parte.

Quelle serate coi colleghi erano una palla. Quanto mi sarebbe piaciuto riuscire a evitarle come faceva quella Flo, la traduttrice americana. Le bastava dire che non si sentiva bene e tutti la lasciavano in pace. Perché non potevo farlo anch'io? La triste realtà è che io non posso farlo perché sono giapponese. Qui, il chiodo che sporge va preso a martellate.

In quelle serate però nessuno parlava o socializzava veramente coi colleghi. Ci limitavamo a sbronzarci e cantare al karaoke. Poi ci toccava sorbirci gli sproloqui dei superiori su quanto erano bravi e su quant'era dura la vita quando loro erano entrati nell'azienda. Noi invece avevamo trovato la strada spianata e bla bla bla. Da quel che ne so, sono stati loro a prendersi tutti i vantaggi della bolla economica. La mia generazione invece è stata fottuta in partenza.

Il Grande Capo aveva preso il microfono e si stava esibendo in una spaventosa versione di *London Calling* dei Clash. La stava letteralmente martoriando. Coi ciuffi di capelli che gli sventolavano sulla pelata somigliava a un bambino gigante. Non sembrava nemmeno che cantasse in inglese. Io me ne stavo seduto ad annuire, sorridere e ridere al momento opportuno. E a bere fino allo stordimento. La sola cosa che volevo era uscire da quel salottino e buttarmi nel mio letto. Eppure, non riuscivo a smettere di pensare a quello che aveva detto Kyoko. Da bambina giocava a *Street Fighter II*.

Turbo, per di più.

Ora morivo dalla voglia di farmi una partita a *Street Fighter II Turbo*.

▲▲▲

La notte proseguì serpeggiando come una frase contorta, punteggiata di ali di pollo, patatine fritte, *onigiri*, birra e *kimchi*. E *shochu* miscelato con ghiaccio, *shochu* miscelato con tè oolong, *shochu* miscelato con acqua, *shochu* miscelato con *shochu* miscelato con *shochu*. A un certo punto, durante *Hey Jude*, un coglione si tolse i pantaloni, prese un tamburello e si mise a battermelo così forte vicino alla testa che le orecchie presero a ronzarmi a tempo di musica.

Ogni tanto lanciavo un'occhiata furtiva a Kyoko. Indossava un maglioncino Polo rosa e dei pantaloni color crema e i capelli lunghi le cadevano sulle spalle. Di solito portava la coda? Cos'aveva di diverso? Ero io che ero ubriaco? Voglio dire, era una ragazza bellissima. Troppo bella per uno come me. L'avevo sempre considerata una delle tante *office ladies*, che usciva a pranzo con altre *OL* per parlare di shopping, trucchi o delle altre cose di cui parlano le donne. Non mi fraintendete, anche i maschi parlano di un mucchio di cazzate, come il baseball o i *kyabakura*. È una cosa che detesto. Parlare di quello di cui *si deve* parlare per non sembrare diverso.

Doveva essere stata quell'osservazione su *Street Fighter II*, perché ora non riuscivo a pensare ad altro che a sfidarla.

E picchiarla a sangue. Nel gioco, ovviamente.

Mentre la guardavo bere e dondolare la testa in silenzio davanti al Grande Capo che cantava *With or Without You* degli U2, cominciai a immaginare di giocare una partita contro di lei.

Forse avrebbe scelto Chun-Li. Io ovviamente avrei preso Ken. Avremmo selezionato il livello di Guile, perché la musica è la migliore, c'è il caccia sullo sfondo e poi nel pubblico si vede quel tizio che sembra menarselo. Parte la musica (quel motivo è fantastico), il commentatore dice: «*Round 1. Fight*» e scatta il conto alla rovescia.

Lei avrebbe fatto la prima mossa, veloce come un fulmine, mi avrebbe scagliato addosso una palla di fuoco e io avrei lanciato un *hadoken* per respingere il suo. Sono sempre stato un giocatore paziente. Avrei continuato a lanciare palle di fuoco in attesa che lei commettesse l'errore fatale in cui prima o poi cadono tutti. Avrebbe iniziato a spazientirsi e avrebbe deciso che era arrivato il momento di attaccare. Sarebbe balzata in aria per colpirmi la testa con un calcio. E chiunque avesse visto la scena avrebbe pensato: *Bene, per Ken è finita. Game over. La sua testa sta per saltare.*

E si sarebbe sbagliato. Persino un'appassionata di *Street Fighter* avrebbe pensato che avevo aspettato troppo, che avrei dovuto rispondere, parare o schivare l'attacco. Ma questo è perché sono sempre stato bravissimo a fare una cosa (tutti abbiamo qualcosa in cui siamo bravissimi, no?) Sono sempre stato capace di fare la mossa più devastante di Ken più rapidamente di qualunque avversario. Forse, se fossi nato in un'altra epoca, sarei stato uno di quei samurai entrati nella leggenda per la loro velocità (come Toshiro Mifune nella *Sfida del samurai*), o se fossi nato nel Far West sarei stato una sorta di Butch Cassidy (o il più rapido era Sundance Kid...?)

Insomma, lei sarebbe stata lì a mezz'aria, diretta verso la mia testa, e i miei pollici d'un tratto di sarebbero mossi così velocemente che si sarebbe sentito solo il *clic* dei tasti (gli occhi non sarebbero riusciti a cogliere il movimento). Ma ecco cosa sarebbe successo:

→ ↘ ↓ ↘ → + pugno forte

Ken si sarebbe lanciato in aria (ha una portata più ampia rispetto a Ryu, ed è per questo che lo scelgo sempre) puntando verso di lei un pugno di fuoco. Il pugno l'avrebbe colpita sulla coscia e lei sarebbe volata all'indietro. Io le avrei assestato un calcio volante, l'avrei buttata per terra e l'avrei colpita con la gamba proprio mentre lei si rimetteva in piedi, facendola cadere di nuovo. Lei si sarebbe alzata, stordita, con le stelle (o gli uccellini) che le ruotavano intorno alla testa e io allora l'avrei afferrata e scagliata in aria. Chun-Li sarebbe caduta e scivolata sul terreno facendo alzare la polvere fino a fermarsi, e l'immagine sullo schermo avrebbe iniziato a vibrare. Poi Ken avrebbe alzato il pugno in segno di trionfo e si sarebbe sentito il trillo del mio contatore che incassava i punti – tutti e trentamila – mentre il commentatore americano annunciava: « *You win! Perfect!* »

Non so che cos'avrei ottenuto. Di sicuro non avrei fatto colpo su di lei. So perfettamente che non è così che si fanno nuove amicizie.

La guardai ancora. Aveva davvero catturato la mia attenzione.

Come avrebbe reagito alla sconfitta? Si sarebbe arrabbiata, avrebbe gettato a terra il joystick e mi avrebbe tenuto il muso? Avrebbe provato a distrarmi nell'incontro successivo per cercare di battermi? O magari era uno di quei giocatori che non se la prendono, che restano calmi? Magari a forza di fregarsene sarebbe riuscita a farmi innervosire.

Di una cosa ero praticamente sicuro: non mi avrebbe mai battuto. A meno che io non gliel'avessi lasciato fare.

A ogni modo, comunque fosse andata a finire, sapevo di doverla sfidare.

Peggio delle serate passate al karaoke c'è solo il momento in cui si esce dal karaoke.

La notte era ancora giovane, ma noi eravamo troppo vecchi per Shibuya. Ce ne stavamo lì, in cerchio davanti al karaoke Manekineko, in attesa di vedere cosa sarebbe successo. Era uno di quei momenti in cui nessuno ha il coraggio di dire quello che vorrebbe fare. C'è chi non vede l'ora di correre a casa ma non vuole che gli altri lo sappiano. C'è chi muore dalla voglia di continuare a bere e proseguire la festa con un *nijikai*. Forse hanno paura che, se esprimessero la loro preferenza e il gruppo decidesse altrimenti, tutti capirebbero che non contano nulla. Chissà.

Io avevo altri piani. Mi ero piazzato vicino a Kyoko e stavo aspettando il momento giusto per attirare la sua attenzione senza farmi notare dagli altri. Il momento dell'applauso *tejime* si stava avvicinando e io dovevo assolutamente trovare il modo di parlarle.

«Grazie a tutti di essere venuti.» L'uscita era stata organizzata da Dhalsim. La sua pelata rifletteva i neon di Shibuya e lui dimenava le braccia in modo scomposto. «E sono sicuro che siamo tutti d'accordo nel dire che la serata è stata un successo. Ora, se volete unirvi a me per concludere...»

«Aaaaaaaaaaaaggggghhhhhh!» Ci girammo tutti verso il Grande Capo, che aveva allargato le braccia e lanciava contro il cielo notturno un ululato primitivo, battendosi il petto come Donkey Kong. «Aaaaaaaaaggggghhhhhhh!»

«Tutto bene, Grande Capo?» Dhalsim allungò un braccio e gli posò la mano sulla spalla.

Il Grande Capo si divincolò. «*Baka yaro!*»

«Grande Capo!» esclamarono altre voci, mentre tutti si voltavano per assistere alla scena.

Era la mia occasione. «Kyoko!» sussurrai.

Lei girò lentamente la testa verso di me e mi guardò con occhi spenti.

Mi slacciai il colletto. «Mi stavo chiedendo se... Se non ti andrebbe di... e capisco perfettamente se non ne hai voglia... »

Mi guardò con diffidenza. « Sì? »

Dovevo sbrigarmi. Il Grande Capo aveva preso per le spalle una delle nuove arrivate e le stava dando delle ginocchiate sul sedere fingendo di picchiarla. Gli altri si erano precipitati per cercare di fermarlo (ma senza mettere in discussione la sua autorità). Ogni tanto si sentiva qualcuno urlare: « Basta, Grande Capo! La smetta! »

La nuova arrivata era sbigottita. Il capo dell'azienda continuava a darle delle ginocchiate sul sedere urlando cose incomprensibili al cielo.

« Ti andrebbe di giocare a *Street Fighter II* con me? »

Lei alzò un sopracciglio. « Dove? »

« In una sala giochi. Ce ne sarà sicuramente una nei dintorni. »

Sentimmo un colpo di tosse. Lei si girò dall'altra parte e indicò con la testa Dhalsim, che era riuscito a sedare la zuffa. Il Grande Capo si era miracolosamente calmato e ora gli altri erano di nuovo in cerchio con le mani tese in avanti. Tutti mi guardavano, in attesa.

« Ah, scusate. » Allungai le mani davanti a me e insieme facemmo l'applauso *tejime*.

E così era finita.

Niente *Street Fighter II* quella sera.

▲

Quando il cerchio si ruppe io sarei voluto tornare a casa, ma poi vidi che Kyoko si fermava per il *nijikai* e così decisi di restare anch'io. Ci dirigemmo verso un locale per cui il nostro *senpai* andava pazzo. Io camminavo in disparte fumando una sigaretta, quando sentii una mano afferrarmi la spalla e trascinarmi nell'ingresso di un palazzo.

« Ma che... » Mi voltai e vidi Kyoko che si premeva un dito sulle labbra. Mi coprì la bocca con la mano.

Rintanati dietro l'angolo, guardammo gli altri proseguire verso il locale, tra schiamazzi e conversazioni su di giri.

Quando l'ultimo dei colleghi fu scomparso, Kyoko mi tolse la mano dalla bocca. « Vieni. »

« Dove? »

« Qui dentro. » Si diresse verso la porta doppia dietro di noi, che si aprì per farci entrare.

Non appena la porta si scostò fui travolto da un frastuono di zombie spappolati, power-up, monete raccolte, turbo accelerazioni e spari. Seguii Kyoko sotto i neon abbaglianti della sala giochi. Un arcobaleno di pixel colorati scintillava tutt'intorno a noi proiettandoci addosso dei bagliori verdi, rossi e blu. I chiassosi effetti sonori erano sovrastati dall'ancora più chiassosa musica di Kyary Pamyu Pamyu pompata dalle grandi casse appese alle pareti. Superammo una fila di giocatori che picchiavano sui taiko e strimpellavano chitarre dando una sorta di ritmo coerente al frastuono danzante degli uzi degli sparatutto. Non sembrava la prima volta che Kyoko entrava in quel posto. Puntò con sicurezza un vecchio arcade cabinato sulla parete in fondo.

Una volta arrivata lì, si fermò. « Ecco qua. »

« Wow! È un pezzo d'epoca. » Presi il portafogli e tirai fuori due monete da cento yen.

« No, devi farti dare dei gettoni, là. » Kyoko indicò una macchinetta appoggiata alla parete.

« No problem. » Con l'aria da grand'uomo infilai una banconota da mille yen nella macchinetta e raccolsi i gettoni. « Direi che dovrebbero bastare. »

« Altroché. » Lei posò i gettoni sul piano dell'arcade, ne prese due, si accovacciò e li fece scivolare uno alla volta nella fessura.

La macchina emise un suono familiare e festoso e indicò la presenza di due crediti. Le cedetti la sinistra. Io presi la destra. Eravamo vicinissimi e, ma forse era la mia immaginazione, mi sembrò che alcune parti dei nostri corpi si sfiorassero. Provavo una strana euforia, come se tra noi scorresse una specie di elettricità.

Lei mi guardò, con la mano sopra il tasto start del giocatore uno. « Pronto? »

« Prontissimo. » Posai la mia sul tasto del giocatore due. Era appiccicaticcio.

« Al mio tre. » Espirò piano. « Uno, due, tre! »

Prememmo il tasto start contemporaneamente.

Lo schermo si bloccò, diventò bianco e poi apparvero due parole.

GAME OVER

« Ma che cazzo! » Diedi un pugno sul lato della macchina. « E dai! »

« Non importa, sarà rotta », disse lei a bassa voce.

« Merda. C'è qualcuno da cui possiamo protestare? »

« Che io sappia, no. »

« Accidenti. Morivo dalla voglia di farmi una partita. »

« Non fa niente. »

« E ora che ce ne facciamo di tutti questi gettoni? »

« Potremmo giocare a qualcos'altro? » propose lei con aria allegra.

« Ma io volevo giocare a *Street Fighter*... » Sembravo un moccioso frignone.

Lei tirò su la manica del maglioncino rosa e guardò il suo piccolo orologio argentato. « Si sta facendo tardi. »

« Già. Forse dovremmo andare a casa. » Ero sconsolatissimo.

Il frastuono della sala giochi e gli urli dei clienti mi riempirono le orecchie dandomi la nausea. Le luci lampeggianti e la musica stridente di colpo divennero insopportabili.

« Ti spiace se usciamo? » Mi avviai verso l'uscita.

« E che ne facciamo di questi? » chiese lei indicando i gettoni.

« Lasciali lì. »

Una volta fuori, mi appoggiai al muro e inspirai qualche boccata d'aria fresca.

« Ti senti bene? » Le porte scorrevoli si richiusero alle spalle di Kyoko, che mi guardava, col soprabito perfettamente piegato che pendeva dal braccio.

« Sì, tutto a posto. Volevo solo riprendere fiato. » Cercai di nasconderle la mia delusione.

« Quindi... »

« Quindi... »

« Sei stanco? »

Mi accesi una sigaretta. « Non molto. »

« No perché, be', è un po' assurdo, lo so, e magari è troppo lontano, ma... » Si morse il labbro.

« Cosa? » Feci un tiro e soffiai una nuvola di fumo dall'altra parte, verso la strada animata e intasata di neon.

« C'è un bar che conosco. Cioè, in realtà è il bar di un mio amico. »

« Sì? »

« È un bar a tema *Street Fighter*. »

« Non ci credo! »

« Sì, si chiama Yoga Flame. È tutto decorato con statuine

e oggetti di *Street Fighter II*. C'è uno schermo gigante collegato a una Super Famicom e i clienti possono giocarci quanto vogliono, basta che consumino.»

«Fantastico. Andiamo!»

«Sono contenta che l'idea ti piaccia. C'è solo un problema...» Si grattò la testa.

«Quale?»

«È a Chiba.»

«Chiba?»

«Sì. Troppo lontano, vero? Lascia stare. Sarà per un'altra volta.»

«No. Possiamo andarci stasera. Chiba non è *così* lontano.»

Il suo sguardo s'illuminò. «Davvero? Non ti pesa?»

«Certo che no. Se c'è *Street Fighter II*.»

Lei batté le mani. «Magnifico! Bene, l'ultimo treno parte tra poco. Facciamo un salto al *konbini* a comprare un po' di birra e qualche snack per il viaggio.»

Ci sedemmo sul treno col sacchetto di polietilene del minimarket pieno di lattine di birra ghiacciate, *onigiri* di maiale e *kimchi* (la versione speciale con alga nori salata) per me e una confezione di sandwich (senza crosta e con burro d'arachidi cremoso) per lei.

Dovevamo cambiare un paio di treni in città, ma io mi limitai a seguire Kyoko. A giudicare dalla velocità con cui prendeva le coincidenze, doveva fare spesso quel tragitto. Avanzava sicura nelle stazioni e sui binari, evitando gli ubriachi che barcollavano in attesa dell'ultimo treno. Quando ci sedemmo sul treno *kaisoku* diretto a Chiba, potemmo finalmente rilassarci e aprirci una birra. Tenevo in mano il sacchetto del minimarket. Feci un colpetto nervoso di tosse e dissi a Kyoko che avevo lavorato part-time da Lawson mentre finivo Legge.

Il suo sguardo s'illuminò e mi disse in inglese: « Non sai che è contro la *Law... son*? » Poi riprese a parlare in giapponese. « L'hai capita? Contro la *Law... son*! »

Tra di noi calò un silenzio imbarazzato e lei diventò rossissima in faccia. Avrei dovuto ridere. Perché non stavo ridendo? Era una battuta carina... ma la verità era che ero rimasto stupefatto dalla sua pronuncia inglese. Il suo accento era perfetto. Io non me la cavavo male con l'inglese – avevo passato l'Eiken e il TOEIC e avevo una buona padronanza grammaticale e lessicale –, ma il mio accento era terribile. Non ero mai riuscito a perdere quella pronuncia *katakana* che mi portavo dietro dai tempi della scuola. Ma, a parte tutto, perché me ne stavo lì imbambolato? Avrei dovuto ridere per la sua battuta.

« Divertente », dissi in tono piatto.

Lei mi diede un pugno sul braccio. « Non serve che fai finta. »

« No, davvero. » Dio, sembravo proprio un coglione.

« Quindi anche tu hai lavorato in un minimarket, eh? » Rise. « Di notte sogno ancora di dover riempire quei maledetti scaffali. »

« Io odiavo aprire questi cosi. » Sollevai il sacchetto che avevo in mano, poi lo legai con un nodo preciso e lo infilai in tasca. Cercai di farla ridere raccontandole qualche stupido aneddoto del periodo in cui facevo il commesso al minimarket, le parlai della gente buffa e assurda che veniva in negozio ogni giorno. Quante vite. La ragazza con quegli strani occhi verdi e il tatuaggio inquietante, il tassista che comprava sempre un *bento* per pranzo. Chissà se qualcuno di loro si era accorto che non lavoravo più lì. Avevano mai fatto caso a me, o per loro ero una specie di robot? E cos'era successo a quel vecchietto gentile con la bandana viola? Ci vedevamo sul retro del negozio e io gli regalavo il cibo destinato alla spazzatura. Poveretto. Aveva smesso di venire di punto in bianco, prima ancora che lasciassi il lavoro.

«*Kanpai*», disse lei facendo tintinnare la sua lattina di Asahi contro la mia e riportandomi nel presente. Stava attenta a tenere la sua lattina più in basso della mia, e la cosa m'irritava un po'. Era come se volesse anticiparmi.

«*Kanpai.*» Buttai giù un sorso di birra e feci schioccare le labbra.

«Quindi...»

«Quindi...»

«Mi sa che non ce lo siamo ancora detti, ma *yoroshiku onegai shimasu.*» Chinò la testa.

«*Kochira koso, yoroshiku onegai itashimasu*», dissi con un inchino più profondo e un tono più formale, nel tentativo di recuperare dopo essermi fatto battere sul fronte *kanpai.*

«Quanto sei formale.» Prese l'asciugamano dalla borsa e lo avvolse intorno alla lattina.

«Allora, com'è che sei così preparata sui treni per Chiba?» dissi, attaccandola con un calcio volante.

«Perché ci vivo.» Colpo parato.

«Come mai abiti in un posto così sperduto?» Spazzata con calcio basso.

«L'affitto costa meno.» Mi saltò sulla gamba e proseguì con un calcio in faccia. «Tu dove abiti?»

«Ehm...» Ero intontito.

«Scusa, non volevo essere indiscreta.» Arretrò con un balzo agile nella sua parte dello schermo, con la barra della vita ancora piena. «Quando hai cominciato a giocare a *Street Fighter*?»

Ecco un tipo di domanda su cui mi sentivo più sicuro. «Da bambino. Ci giocavo coi miei fratelli.»

«Minori o maggiori?»

«Tutt'e due. Io sono il fratello di mezzo.»

«Ah, di mezzo? Anch'io. E chi di voi era il più forte a *Street Fighter*?»

«Be'... È una domanda difficile.»

«In che senso?» Bevve un sorso di birra e diede un paio di morsetti al suo sandwich.

«Quand'eravamo piccoli il più forte era il mio fratello maggiore. Ci massacrava.»

«Poi? Cos'è successo?»

«Non lo so, però un giorno l'ho battuto.»

«Oh, wow. Bravo.»

«No... Non è stato bello.» Ripensai a quello che era successo il giorno in cui l'avevo sconfitto. Al mio fratellino entusiasta perché avevo vinto, alla sua risata. Il mio fratello maggiore era furibondo. Tremava di rabbia, ma, invece di prendersela con me, aveva afferrato il nostro fratellino e l'aveva preso a pugni in faccia. Io avevo assistito alla scena, inorridito, senza sapere cosa fare. «E tu? Come te la cavavi col tuo fratello maggiore? Hai detto che giocavate insieme. Chi era più forte?»

«Io, ovviamente.»

«Cosa fa adesso tuo fratello?»

«È morto.» Kyoko guardò fuori dal finestrino.

«Oh... Mi spiace. È terribile.»

Lei abbassò lo sguardo sul suo sandwich e strizzò gli occhi e la bocca. «No. Scusami tu.»

«Cosa vuoi dire?»

« Pfff. » Scosse la testa e poi si batté una mano sulla fronte. « In realtà non è morto. Non so perché l'ho detto. Mi spiace. Era una cazzata senza senso. »

« Oh... » Bevvi un lungo sorso di birra. Era fuori di testa?

Mi mise una mano sul braccio. « Senti, non so perché l'ho detto. Possiamo fare finta che non sia mai successo? »

Buttai giù il sorso di birra che avevo in bocca. « Tranquilla. »

« Il mio fratello maggiore non è morto. E non abbiamo neanche litigato o roba del genere. Andiamo abbastanza d'accordo, in realtà. Vive a Gunma. È sposato. Sua moglie è simpatica. Ha due bellissimi bambini. Vado a trovarli spesso. Ma... » Guardò di nuovo il buio oltre il finestrino. Al di là del vetro, le onde si muovevano lentamente all'orizzonte, invisibili ai nostri occhi. Era come se il dondolio del treno ne imitasse il movimento.

« Ma? »

« Ma... Non lo so. È stupido. Non ti capita mai di avere l'impressione che le cose siano cambiate? Voglio dire, anche se nella tua vita non succede niente di clamoroso o di orribile, il semplice fatto d'invecchiare è una specie di trauma devastante. Se penso a me e mio fratello seduti sul *tatami* da bambini, provo un dolore insostenibile all'idea che quel momento non si ripeterà mai più. Quell'onda di nostalgia che ti ricorda che non potrai mai tornare a casa. Che quei due bambini seduti per terra, così giovani e felici, sono morti e sepolti per sempre. Non esistono più. Per non parlare del mio fratellino, che è molto più piccolo di me... Ha abbandonato le scuole elementari e non vuole più parlare con nessuno. E io non posso fare niente per aiutarlo. Era un bambino così allegro, ma è come se il semplice fatto di crescere lo stesse lentamente uccidendo... »

Non sapevo cosa dire, così mi limitai a stare zitto. Non riuscivo a credere che si fosse confidata in quel modo.

«Scusami. Sto dicendo delle stupidaggini.»

«No, non è vero. Ti capisco benissimo. I rapporti con la famiglia sono difficili.» Che schifo. Stavo di nuovo facendo la figura dell'idiota.

«Grazie.» Lei si voltò e mi sorrise, frugò nel sacchetto e mi allungò un *onigiri*. «Sei bravo ad ascoltare.»

«Buon appetito.» Mentre prendevo l'*onigiri*, le dita delle nostre mani si sfiorarono e lei alzò di scatto gli occhi verso di me. Dissi la prima cosa che mi venne in mente. «Allora, qual è il tuo personaggio di *Street Fighter* preferito?»

Lei rimase impassibile. «Ken. E il tuo?»

Perché avevo dato per scontato che fosse Chun-Li? Dio, sono proprio sessista. «Ken.»

«La scelta del giocatore vero.» Sorrise.

«Usi il codice per aumentare la velocità quando giochi?» chiesi per metterla alla prova.

«Ovviamente.»

«Ti ricordi come si fa? Perché a volte me lo dimentico...»

«Giù, R, su, L, Y, B. Devi farlo col secondo joystick.»

Cazzo, la ragazza sapeva il fatto suo. «Ehi, conosci la storia di M. Bison...»

«Intendi il fatto che il pugile Balrog all'inizio si sarebbe dovuto chiamare M. Bison in America perché il nome era ispirato a Mike Tyson, ma la Capcom aveva paura che Tyson le facesse causa e così hanno invertito i nomi?»

Ero stupefatto. «C'è qualcosa che *non sai* su *Street Fighter*?»

«Come faccio a sapere se lo so o non lo so?» Fece una risatina.

«Posso confidarti una cosa?»

«Spara.»

«Ci sono due mosse che non sono mai riuscito a fare.»

«Davvero?»

«Già. Non sono mai riuscito a fare lo Yoga Teleport di Dhalsim e lo Spinning Piledriver di Zangief. Ho un po' paura a chiedertelo, ma... tu sei capace?»

«Mi ci è voluto parecchio allenamento. Sono mosse difficili.»

L'avevo decisamente sottovalutata.

«Ti spiace se mi riposo un po'?» chiese lei.

«Figurati.»

«Ti dà fastidio se appoggio la testa sulla tua spalla?»

«No, tranquilla.»

Adagiò la testa sulla mia spalla e io sentii i suoi capelli soffici sfiorarmi il collo sopra la camicia.

«Svegliami quando arriviamo.»

«Certo.»

I passeggeri si diradarono a mano a mano che ci allontanavamo da Tokyo. La carrozza era quasi vuota. Eravamo seduti l'uno accanto all'altra davanti ai finestrini scuri. Le luci all'interno della carrozza rendevano impossibile vedere fuori. Io riflettevo. Sapevo che non avrei mai battuto Kyoko a *Street Fighter II*. Ero sicuro che mi avrebbe stracciato così come che quel treno sarebbe arrivato alla stazione di Chiba.

Mentre pensavo a queste cose ci fermammo in un'altra stazione, dove non salì nessun passeggero. Si sentì il *bip* familiare che annunciava la chiusura delle porte e, un attimo prima che la fessura tra i battenti sparisse, una gatta calico si tuffò tra le porte e balzò su un sedile di fronte a noi.

«Wow!» dissi, senza riuscire a trattenermi.

Kyoko si agitò leggermente, ma non si svegliò.

Feci scivolare la mano sinistra verso la tasca, cercando di muovermi il meno possibile, per prendere il cellulare e fotografare quella gatta pendolare.

La gatta teneva la schiena dritta e mi guardava.

Nei suoi occhi luminosi vidi qualcosa. Qualcosa di caotico. Una città riflessa nelle sue iridi. Era come se la gatta ci vedesse muoverci, tutti quanti e, così come l'immagine della città rimbalzava sui suoi occhi, anche lei respingeva qualsiasi forma di controllo umano. Quella gatta non aveva padroni, e io la invidiavo per questo.

La testa di Kyoko era ancora appoggiata alla mia spalla e il suo petto si alzava e si abbassava al ritmo delicato del suo respiro. Le mie dita erano nella tasca, strette intorno al cellulare, ma non appena lo estrassi il treno si fermò alla stazione successiva. Le porte si aprirono e, con naturalezza, come se sapesse esattamente dove voleva andare, la gatta saltò giù dal sedile e scese dal treno. Guardai la foto che avevo scattato: una porcheria sfocata e mossa. La gatta era una chiazza confusa di colore che lasciava il treno. Toccai l'icona del cestino sullo schermo e l'immagine sparì nel nulla. Alzai lo sguardo dal telefono e oltre i finestrini vidi la gatta zampettare sulla banchina con la coda dritta. Mentre il treno si rimetteva in movimento, mi rilassai e chiusi gli occhi.

Certe volte ho l'impressione che questa città sia un unico, immenso organismo. È come un essere umano di cui tutti facciamo parte. Ma dobbiamo muoverci entro i limiti delle strade, dei canali, delle gallerie, delle linee ferroviarie. È come se i nostri percorsi fossero già stati tracciati e noi non avessimo modo di deviare. Per questo la gatta è diversa da noi. Può salire e scendere dai treni liberamente. Noi esseri umani invece siamo legati al destino della città. Nessuno può sottrarsi alla sua morsa. Mi piacerebbe mollare tutto e andare in campagna, ma non riesco a scappare. Sono bloccato qui. Scuola materna, scuole elementari, medie, superiori, università, tirocinio, dal tirocinio al lavoro, dal lavoro alla pensione, dalla pensione alla tomba. La mia vita è questa ed è già tracciata davanti a me. La mia e quella degli altri milioni di persone che incrocio ogni giorno. La città ha bisogno di noi e noi abbiamo bisogno della città. In un fottuto, sterminato scambio simbiotico.

▲▲▲

Permettetemi di mettere in pausa un secondo.

Vi sarete accorti che finora ho raccontato questa storia al passato. *Com'è andata a finire?* si staranno forse chiedendo alcuni di voi. Be', la verità è che sto raccontando questa storia proprio adesso. E con «adesso» intendo qui sul treno con Kyoko. La gatta è appena salita e balzata giù dalla carrozza facendomi riflettere sugli avvenimenti di questa sera.

Chissà se qualcuno di voi ha mai provato la strana sensazione che sto provando adesso, quella di sapere cosa sta per accadere. È come il treno su cui mi trovo: non c'è possibilità di deviare dai binari. Seduto qui, mi sembra di sapere con esattezza come proseguirà la serata. In realtà, ne sono sicuro. Ecco cosa succederà:

Arriveremo a Chiba. Kyoko e io saremo entusiasti di essere arrivati.

Ci dirigeremo verso il bar del suo amico impazienti di giocare.

Decideremo quante stelle impostare, quale livello scegliere e cose simili.

Poi ci avvicineremo al bar e vedremo l'insegna sopra la porta con la scritta a grandi lettere YOGA FLAME. Ma poi i nostri occhi si poseranno sul foglio di carta attaccato alla porta ed entrambi ci zittiremo.

Prima ancora di leggerlo, sapremo che c'è scritto qualcosa come:

Oggi siamo chiusi per motivi familiari. Ci scusiamo.

E inizieremo a vagare cercando di farci venire un'idea. Magari andremo in un locale a bere qualcosa in attesa di decidere cosa fare. E io forse me ne uscirò con una proposta cretina come: « Ehi! Potremmo andare in un love hotel! »

Lei mi guarderà schifata e dirà: « Per che tipo di donna mi hai preso? »

Io capirò di aver presentato male la mia proposta e dirò: « No, no. Volevo dire che in alcuni love hotel ci sono delle console per i videogiochi. Potremmo cercare su Internet se a Chiba ce n'è uno con una Super Famicom. Così potremmo giocare a *Street Fighter* ».

Lei continuerà a sentirsi offesa e dirà qualcosa come: « Guarda che non sono una puttana ».

Io mi arrabbierò e mi sentirò in imbarazzo, perché non era quello che intendevo dire.

Litigheremo e lei capirà che mi sono espresso male. Io farò una faccia dispiaciuta e triste. Si scuserà anche lei. Poi aggiungerà qualcosa come: « Casa mia non è lontana da qui. Se vuoi puoi fermarti da me stanotte ».

E io dirò: « Hai *Street Fighter II*? »

E lei dirà: « No, ma... »

E io dirò: « Non fa niente. Me ne torno a casa ».

Lei dirà: « Ma non ci sono più treni fino a domattina ».

Io dirò: « Non fa niente, aspetterò ».

Lei dirà: « Be', lascia almeno che ti faccia compagnia ».

Io dirò: « No, non occorre. Va' pure a casa ».

Rimarremo un attimo in silenzio.

Lei dirà: « D'accordo. Ciao ».

Io dirò: « Ciao ».

Ci volteremo e andremo ciascuno per la propria strada.

E, quando la rivedrò lunedì mattina, lei continuerà a guardarmi come se fossi invisibile.

Niente di tutto questo è ancora successo. Sono ancora seduto sul treno a immaginare il futuro. Ma perché mi sembra che sia già accaduto? È come se fosse successo migliaia di volte, come se fosse destinato a succedere per sempre, come un filmato della città catturato da una telecamera a circuito chiuso che si ripete sempre identico. Lei sta ancora dormendo appoggiata alla mia spalla e io riesco solo a chiedermi se abbiamo un qualche tipo di controllo sulle nostre vite. Come posso cambiare il futuro? Perché cos'è il destino, se non quel momento in cui, mentre giochi al computer al livello massimo di difficoltà, dopo aver quasi esaurito le forze vitali, commetti un errore fatale? Momenti strazianti che si dilatano fino a sembrare eterni prima del colpo finale. Tu sai di aver mandato tutto a puttane, ma non puoi fare nulla per tornare indietro. Puoi mettere in pausa quanto ti pare, non riuscirai a evitare quello che sta per succedere.

È ora di premere di nuovo start, di togliere il gioco dalla pausa e giocarlo sino alla fine.

Lei alza la testa e apre gli occhi. « Siamo già arrivati? »

SAKURA

« Ueno, per favore », dice la donna chinando la testa e salendo sul sedile posteriore.

Io annuisco e tiro la leva sotto il volante, che chiude automaticamente le portiere posteriori. Ci muoviamo senza dire nulla. Lei indossa un kimono rosa con un motivo di fiori di ciliegio: davvero raffinato. A giudicare dalla pettinatura tradizionale, non dev'essere di qui. Le donne di Tokyo non portano più i capelli in quel modo. Probabilmente viene da una città storica, un posto come Kyoto, forse. Ricca, o comunque molto benestante. Non tento d'indovinare la sua età, non sarebbe educato. A volte, quando mi annoio e la giornata sembra non voler passare più, cerco di capire che tipo di persona è il mio passeggero. Mi piace osservare i clienti mentre salgono a bordo, indovinare chi sono, cosa fanno e dove stanno andando. Non che abbia l'abitudine di ficcare il naso nelle loro vite. La maggior parte del tempo, mi limito a pensare alla strada. Cerco di non essere indiscreto. Non m'impiccio degli affari altrui.

« Che splendida giornata primaverile, vero? » dice lei.

« Bellissima, sì. »

Lei sospira. « Erano anni che non vedevo i ciliegi in fiore a Tokyo. »

« Viene da lontano? »

« Da Kanazawa. Non mi capita spesso di essere a Tokyo. Per me è sempre un'occasione speciale. »

« Allora le auguro una buona permanenza. »

Colgo il suo sorriso nel retrovisore. « Grazie. Sono venuta a trovare un'amica americana, di Portland, Oregon. Prima abitava a Kanazawa, ma si è trasferita qui per fare la traduttrice. »

Sorrido. I forestieri riescono sempre a stupirmi. Nessun abitante di Tokyo rivelerebbe mai tutte quelle cose di sé a una persona appena incontrata.

Rimaniamo zitti per alcuni istanti, poi lei riprende la conversazione. « È mai stato a Kanazawa? »

« No. Non ho mai viaggiato granché, in verità. »

« Immagino che il lavoro le porti via molto tempo. »

« Un bel po', sì. »

« Ha figli? »

Wow. Questa è una domanda personale. « Sì, una femmina. »

« Dove vive? »

« A New York. »

« Che bello! E cosa fa? »

Il semaforo diventa rosso e io freno dolcemente. « Ha sposato un americano che si chiama Erik. Un ragazzo perbene. Gran bevitore. Ama la birra americana e lo *shochu* giapponese. Ci siamo divertiti molto quando sono venuti per Capodanno. È sempre molto triste vederli ripartire. Lei tra poco avrà un bambino. Riesce a crederci? Sto per diventare nonno! »

« Sembra un po' giovane per essere nonno. Quanti anni ha? »

« Sessanta. »

« Lei e sua moglie andrete a trovarli quando il bambino sarà nato? »

Non so cosa dire. Non voglio intristire la conversazione. « Speriamo. »

« Vi divertirete molto. »

Sì, lei si sarebbe divertita. « Speriamo. »

Arrivati a Ueno, lei estrae delle banconote dal portafoglio e me le porge ringraziandomi. Io le do il resto e tiro la leva per aprirle la portiera. Che comodità questi sportelli automatici. Scommetto che i taxi gialli di New York non li hanno. Lei mi fa un inchino con la testa e io ricambio. Infila sapientemente una mano sotto il kimono mentre scende dal taxi e si unisce ad altre tre donne, tutte vestite con un kimono intonato ai colori della primavera. Vedo l'amica americana di cui parlava, una ragazza bionda e con gli occhi azzurri. Il kimono che indossa le dona moltissimo. Si tuffano immediatamente in una conversazione entusiasta: l'americana parla un giapponese sbalorditivo. Poi si dirigono verso il parco. Le loro voci si affievoliscono mentre mi allontano.

Oggi le strade sono piene di persone in festa. Siedono sotto gli alberi in fiore a bere birra, mangiare *bento* e passarsi scatolette di pollo fritto comprate ai minimarket. Alcuni degli uomini più anziani sono già ubriachi: dormono sopra dei teloni blu distesi per terra. Ognuno ha allineato con precisione le proprie scarpe vicino ai teloni. Centinaia e centinaia di scarpe: per lo più le calzature nere dei *salarymen,* ma ci sono anche sandali, décolleté e scarpe da ginnastica. Chissà quante persone avranno perso le proprie scarpe nella confusione dell'*hanami*.

Vorrei potermi unire a loro e bere anch'io sotto gli alberi. Ma devo pranzare e fare un sonnellino. Riposare dopo pranzo è il solo modo che ho per arrivare alla fine del mio lungo turno di lavoro: dalle otto del mattino alle quattro del mattino seguente. Passo pochissimo tempo a casa, ma mi va bene così. Non mi piace restare là da solo. Le stanze vuote mi ricordano quello che c'era prima. Lo spazio negativo. Il posto vuoto nel letto, la sedia su cui nessuno si siede più, le bacchette abbandonate nel cassetto, la ciotola del riso posata sulla mensola, accanto alla ciotola per la zuppa, entrambe coperte di polvere. È strano, anche se mi sono trasferito in una nuova casa, lontano da quella di Nakano, non sono ancora riuscito a buttare via le sue cose.

Mi fermo al minimarket Lawson dove vado quasi ogni giorno e compro un *bento* e una bottiglia di tè verde. Faccio un cenno al nuovo cassiere e gli sorrido. Il personale qui cambia spesso, i lavoratori vanno e vengono di continuo. Negli ultimi tempi, ho notato che molti dei dipendenti vengono da altri Paesi asiatici, come il Vietnam o la Cina. Probabilmente sono studenti. È bello che vengano in Giappone per imparare la nostra lingua. Tutte le confezioni di cibo e di bevande del negozio sono decorate con fiori di ciliegio e i coloratissimi disegni rosa delle lattine di birra mi tentano. Bah, meglio lasciar perdere, devo lavorare.

Di solito pranzo in macchina. Poi, se mi va, ascolto un po' di musica. In questo momento, nell'autoradio c'è un CD di Cat Stevens. Ogni tanto lo faccio partire mentre guido, ma a volte i clienti si lamentano. Meglio ascoltare la musica nelle pause o quando in auto non c'è nessuno.

Mentre percorro una strada secondaria, vedo un posticino perfetto per fermarmi a pranzare: sotto i rami fioriti di un ciliegio che si allungano sulla strada offrendo un po' della loro ombra. Seduto in macchina, faccio partire *Father and Son* e inizio a mangiare il mio *bento*, bevo un po' di tè e di tanto in tanto alzo gli occhi per guardare i fiori di ciliegio. È il mio piccolo *hanami* solitario.

Quand'ho finito di mangiare abbasso lo schienale del sedile, incrocio le mani sulla nuca e guardo i fiori. Un colpo di vento scuote i petali, che cadono sul parabrezza come una tormenta di fiocchi di neve rosa. Chiudo gli occhi e mi sembra quasi di sentire i petali che mi cadono sul viso.

Sto sognando. So che sto sognando, perché sono nello studio di mio padre e lui è ancora vivo. Lo guardo scrivere i suoi racconti. Sta usando la vecchia stilografica che mi ha regalato prima di morire. Sta tracciando con cura dei *kanji* – caratteri cinesi – con dell'inchiostro blu acceso su dei fogli a quadretti. Quando entro nello studio, lui alza gli occhi e sorride. Ovunque ci sono pile ordinate di fogli pronte per essere spedite a redattori e editori. Libri che formano piccole torri malferme. La parte inferiore della sua libreria è piena dei libri di *rakugo* che il mio fratello maggiore, Ichiro, leggeva e rileggeva instancabilmente. Lui è raggomitolato per terra con uno di quei libri, di nuovo bambino.

Ho ancora la penna che mi ha dato mio padre, ma adesso è chiusa in un cassetto. Non la uso da anni. Gli ho promesso che avrei continuato a scrivere poesie. Non l'ho più fatto, non dopo averla incontrata. Da quando l'ho conosciuta, non ho più sentito il bisogno di scrivere. Poi, quand'è nata Ryoko, il mio solo pensiero è stato lavorare, guadagnare soldi per loro. Per renderle felici.

Guardo di nuovo mio padre, ma il suo viso si è trasformato in quello di mio fratello. Indossa un kimono ed è seduto in posizione *seiza*. Ha le mani posate con compostezza davanti a sé, come se stesse per iniziare un'esibizione di *rakugo*.

Ichiro è sempre stato il nostro cantastorie, la celebrità della famiglia.

E adesso anche lui non c'è più.

Non ho nemmeno potuto chiamarlo quando lei è morta.

⁂

La sveglia del cellulare mi strappa al mio sogno. Il sole batte sul finestrino e io sto sudando. La schiena mi fa un male atroce. Apro il cassetto del cruscotto e frugo all'interno per prendere le mie pastiglie. Le dita trafficano col tappo e con fatica afferro una pillola. La poso sulla lingua e ne sento il gusto amaro, che lavo via con ciò che resta del mio tè. Poi m'infilo un paio di guanti bianchi puliti, raddrizzo il cappello, controllo il mio aspetto nel retrovisore e metto in moto.

Quando passo davanti alla stazione di Ueno, uno strano tipo sulla trentina mi fa cenno di fermarmi. Ha i capelli lunghi e scarmigliati e non è rasato. A giudicare dai vestiti e dall'aspetto, sembrerebbe un operaio nel suo giorno libero. Sale in auto senza dire nulla e partiamo.

« Dove la porto? »

« Akihabara », dice guardando il finestrino.

Fuori, i palazzi si accavallano e scorrono intorno a noi. Il sole è alto e il calore del meriggio arroventa l'asfalto. Serpentelli d'aria calda tremolano a mezz'aria. Accendo il condizionatore. Gli alti edifici di vetro del distretto elettrico riflettono il blu intenso del cielo, ciuffi di nuvole soffici scorrono sulle finestre dei parallelepipedi di cemento. Se avessi la mia penna, scriverei queste impressioni. Mio padre sarebbe stato contento.

Quando superiamo un gruppetto di turisti stranieri sul marciapiede, l'uomo si fa scrocchiare le nocche e dice: « È una mia impressione, o ultimamente questa città si è riempita di *gaijin*? »

Io rabbrividisco. « Sì, è un onore che... »

« Mi fanno vomitare. » Non mi ascolta.

« Oh? »

Sbuffa. « Non hanno nessun rispetto per la nostra cultura. Non parlano nemmeno giapponese. »

« Ah, sì? »

« Vengono qui e invadono i nostri templi, i nostri santuari e le nostre tombe. Non hanno nessun rispetto né per la nostra storia né per la nostra cultura. Vengono nei nostri locali, si ubriacano e molestano le nostre donne. Ci trattano come imbecilli. »

« Mi scusi, *Kyaku-sama*, ma... Be', forse sono io che non capisco, ma a me sembra che vengano qui perché sono interessati alla nostra cultura... »

« Ah, lei crede? » Fa una specie di risata strozzata, come se avessi appena detto la cosa più stupida del mondo. « Gli americani ci hanno tirato le loro bombe, ci hanno mutilato, ci hanno costretto ad accettare la loro pace. Non la nostra pace, la *loro*. E ora ce ne stiamo qui a guardare mentre i cinesi si prendono le isole Senkaku e i coreani cercano di rubarci le isole Takeshima. A forza di farci mettere i piedi in testa da chiunque, siamo diventati lo zimbello dell'Asia. I *gaijin* non rispettano né il Giappone né la nostra cultura. E questo mi fa vomitare. »

Che mucchio di stronzate, penso, ma dato che è un cliente lo tengo per me. « Capisco », mi limito a dire.

« Grazie. Scendo qui. »

Fermo l'auto e lui mi paga la corsa.

Mentre gli do il resto, mi allunga un biglietto da visita. « Se le interessa. »

Guardo il biglietto mentre lui si allontana. Stampate su

un cartoncino economico e consumato leggo le parole: NON DIVENTARE ANCHE TU UNA FORMICA! Che cos'è questa roba? *Uyoku dantai.* Un'organizzazione di destra? Guardo fuori dal finestrino e lo vedo sparire in uno di quei « bar » dove lavorano le ragazze straniere. Scuoto la testa e lascio cadere il biglietto nel sacchetto della spazzatura accanto ai pedali.

Nelle ore successive raccolgo qualche cliente qua e là: un gruppo di studentesse delle superiori dirette al karaoke, due lottatori di sumo che fanno cigolare l'auto e la sbilanciano leggermente all'indietro, un cordialissimo professore in pensione con una pila di libri usati comprati nelle librerie di Jinbocho. Al tramonto, mi ritrovo nella zona intorno alla stazione di Tokyo. Gli uffici di Marunouchi si stanno svuotando, la giornata lavorativa è finita. La maggior parte dei lavoratori più anziani è stata fuori tutto il giorno a bere sotto i fiori di ciliegio, ma ora anche i più giovani stanno lasciando gli uffici per unirsi alla festa. Raccolgo un giovane alla fermata dei taxi fuori dalla stazione di Tokyo e lo porto a Shimbashi. Forse ha già bevuto sul treno. Potrebbe essere un forestiero venuto in città per un viaggio di lavoro.

« Scusi, potrebbe rallentare un po'? » dice, con un colpo di tosse.

« Certamente. Mi scusi. »

« Si figuri, è solo che... che... »

« Si sente bene? » Mi avvicino al marciapiede.

« Devo... » Sento il rumore di un conato e lo vedo coprirsi la bocca con la mano.

Estraggo un sacchetto dal portaoggetti del sedile e glielo passo più in fretta che posso. Mi giro dall'altra parte mentre vomita. Sento lo schizzo di liquido denso colpire la base del sacchetto di carta. L'odore acre mi penetra nelle narici, mi porto la mano al naso con discrezione e abbasso leggermente il finestrino.

«Mi scusi.»

«Non fa niente. Sono cose che capitano. Non ha motivo di scusarsi.» Gli sorrido e vedo un lungo filo di bava che dalle labbra scende fino al bordo del sacchetto. Gli passo uno dei fazzoletti di carta che tengo nel vano della portiera per questo tipo d'incidenti.

Si pulisce il viso. «Grazie.»

«Se la sente di proseguire?»

«Credo di sì. Possiamo andare un po' più piano?»

«Certamente. Le piace Cat Stevens?»

Sorride. «Lo adoro.»

Premo il tasto play dell'autoradio.

▲▲▲

Di notte la città scivola silenziosa. Di giorno, nel traffico a passo d'uomo, sembra quasi che balbetti. Ma di notte le strade si svuotano e il mio taxi avanza fluido da una corsa all'altra. L'asfalto intona una melodia tranquilla sotto gli pneumatici. È come se l'intera città scorresse intorno a me su dei cuscinetti a sfera e io fossi l'elemento al centro che tiene insieme tutto. È una sensazione piacevole. Mi ricorda una cosa che penso ogni volta che mi addormento: lo faccio da sempre, fin da quand'ero bambino. Il mio *futon* si trasforma in un tappeto volante e io plano sulle strade mentre sono sdraiato. Quando passo, le persone mi guardano e m'indicano, e io a volte rallento per fare due chiacchiere.

Prendo un'altra pillola perché la parte bassa della schiena ha ripreso a pulsare, poi faccio una sosta a una fermata dei taxi per prendere un caffè. Vedo Wada e Yamazaki che fumano accanto al distributore automatico. Wada è ingrassato ancora, mentre Yamazaki è sempre più magro. Visti da lontano sembrano i due buffi animaletti di quel film della

Disney sui leoni che guardavo con Ryoko quand'era piccola. Com'è che si chiamavano? Uno era un facocero e l'altro un topolino con la battuta pronta, o qualcosa del genere.

«Ehi, guarda chi c'è, Taro-san! Come stai?»

«Abbastanza bene, Yamazaki-san. E tu?»

«Lavoro come un mulo, ma non mi lamento.»

Infilo centoventi yen nella macchinetta e raccolgo la lattina di caffè freddo. La apro e butto fuori un sospiro liberatorio.

«Taro-san. Sigaretta?» Wada agita il pacchetto nella mano paffuta.

«*Arigato.* Ti sono debitore.» Prendo una sigaretta.

Yamazaki ha già allungato il braccio e acceso l'accendino, mostrando i denti ingialliti in un sorrisetto. «Non dire stupidaggini, Wada non fa altro che scroccarti sigarette. È un parassita.»

Wada si finge offeso, poi mi fa l'occhiolino. «A proposito di parassiti, tuo figlio che combina?»

Yamazaki alza gli occhi al cielo. «Oh, no, non cominciare. Ci pensa già mia moglie a darmi il tormento. Non vi ci mettete anche voi due. Per fortuna ho un lavoro che mi tiene lontano da casa tutto il giorno, così mi tolgo dai piedi la famiglia per un po'.»

Wada si gira verso di me. «E la tua famiglia come sta, Taro-san?»

Yamazaki gli lancia un'occhiataccia.

Io mi giro dall'altra parte con la scusa di non soffiargli il fumo in faccia. Non voglio mettere in imbarazzo Wada. Forse non ha saputo di mia moglie. Cambio argomento. «Sapete cos'hanno fatto i Giants?»

«Ti pare che abbia tempo per il baseball?» dice Yamazaki, che però sembra sollevato di parlare d'altro.

«Io quest'anno non lo voglio nemmeno sentir nominare.

I Carp mi fanno venire la depressione.» Wada è di Hiroshima e ne va molto fiero. «Ehi, perché non ti bevi qualcosa con noi qualche volta, Taro-san?»

«Non lo so...»

«Dai! Sarebbe divertente», dice Yamazaki.

«Conosco un posto che fa degli *okonomiyaki* fantastici. Lo gestisce un mio amico», dice Wada.

«Wada, Taro-san è nato e cresciuto a Tokyo. È un tipo sofisticato. Ti pare che abbia voglia di mangiare delle porcherie da campagnoli zoticoni?»

Wada dà uno schiaffo sulla nuca a Yamazaki e tutti quanti scoppiamo a ridere. Rimaniamo lì ancora un po', a chiacchierare e fumare, e loro si assicurano di avere il mio numero di cellulare per organizzare un'uscita uno di questi giorni. Poi si crea quel silenzio imbarazzato di chi sa che, per quanto sia bello stare lì a fumare e bere caffè, il tempo è denaro. Mi scuso e Wada prende gentilmente la mia lattina con la sua mano paffuta, come ogni volta. Io faccio un inchino con la testa e torno al mio taxi. Mentre mi allontano, li vedo accendersi un'altra sigaretta. Ridacchio tra me. Lavorano mai, quei due?

È appena calata la sera e il cielo senza stelle copre di nero il vortice di neon della città. Le strade si aggrovigliano e s'intrecciano slanciandosi nei cavalcavia e rintanandosi nelle gallerie. Tutto s'interseca e si attorciglia come i fili bianchi degli spaghetti in una ciotola di *udon*. Più la sera avanza, più la città inizia a sudare ed emanare fetori nascosti. Il fumo delle bancarelle di *yakitori* sale dalle bocche di aerazione della stazione di Shimbashi e si diffonde tra le lanterne coloratissime e le locandine ingiallite del periodo Showa che si staccano dai muri. Fuori, gli impiegati sono seduti su casse di birra capovolte trasformate in sgabelli di fortuna. Fumano e parlano, mangiano spiedini *yakitori* e annaffiano il tutto con bicchieri di birra ghiacciata.

Col passare delle ore, gli ubriachi si diradano e diventano più chiassosi. Vedo una fila di giovani *salarymen* abbracciati gli uni agli altri che gridano canzoni nell'aria della notte. E c'è un giovane che piscia sulla strada da una passerella pedonale. I suoi amici lo applaudono. La scena mi strappa una risata. Hanno bisogno di sfogarsi. Sono incatenati da mattina a sera alle loro scrivanie, rinchiusi dentro uffici microscopici. A servizio dell'azienda. Poveracci. Io non ce l'avrei mai fatta. È per questo che ho scelto di fare il tassista. Qua fuori, sono il capo di me stesso. Tutto dipende da me.

Più tardi carico dei clienti a Roppongi. Due uomini e una donna. Gli uomini indossano completi neri e camicie bianche: sicuramente degli impiegati. Lei ha un aspetto un po' diverso. Il suo maglioncino rosa mi fa pensare alla donna che ha preso il mio taxi alcune ore fa: è lo stesso rosa dei fiori di ciliegio del suo kimono. Ma questa donna è molto più giovane e ha i capelli raccolti in una coda. Uno dei due uomini e la donna salgono a bordo senza dire nulla. Lui indossa la giacca e ha un'aria gentile e intelligente, la sua pettinatura è semplice, non piena di ciuffi appuntiti come usano i giovani al giorno d'oggi. L'altro uomo ci mette un po' a salire, perché è impegnato a inveire contro qualcuno che non vedo. Quando infine si siede, mi accorgo che si è tolto la giacca e ha la camicia fuori dai pantaloni. Ha una macchia di salsa di soia sotto il taschino. La povera ragazza è intrappolata nel posto centrale.

«Shibuya», dice il tizio trasandato.

«Nah. Scusa, Ryu. Io mi sa che passo. Non ce la faccio più a bere. Torno a casa», dice l'altro uomo.

«Dai, Makoto! Non fare il guastafeste! Kyoko, tu hai ancora voglia di bere, giusto?»

« Be', abbiamo già bevuto parecchio... » risponde la ragazza.

« Cazzate! La serata è appena iniziata. Tassista! Ci porti a Shibuya! »

« D'accordo. »

Mi avvio verso Shibuya, ma qualcosa mi dice che questa corsa non sarà semplice. Tre ubriachi sul taxi sono una garanzia di rogne.

« In che locale andiamo? » dice il tizio ubriaco di nome Ryu.

« Io sono senza soldi », dice l'altro, Makoto.

« Scusi, lei accetta le carte di credito? » chiede Ryu.

« Sì. Ma se potete pagarmi in contanti preferisco. L'azienda scarica su di me i costi delle commissioni », rispondo.

« Non c'è problema. Può portarci a un bancomat? Tanto devo prelevare comunque. »

« Certamente. »

Ci fermiamo a un bancomat e Ryu scende dal taxi stringendo la sua carta di credito. Gli altri due restano in auto. Li sento sussurrare tra loro sul sedile posteriore.

« Come facciamo a liberarci di lui? » dice Makoto.

« Oddio, non lo so. È insopportabile quand'è ubriaco », dice la ragazza, Kyoko.

« Che ne dici di scendere prima, dove c'è una fermata della metro? Potremmo prendere un treno per andare da qualche altra parte. Tornare a Chiba, magari? »

« Perfetto. »

« Scusi, potrebbe lasciarci alla prima stazione della metropolitana prima di portare il nostro amico a Shibuya? » chiede Kyoko alzando la voce.

« Non c'è problema. »

Sento che i guai si avvicinano, che il pericolo è imminente. Una parte di me vorrebbe dire a tutti e tre di crescere, di parlarsi chiaramente. Dire quello che vogliono. Forse a New York, dove vive Ryoko, i tassisti possono intervenire e dire la loro, ma in Giappone il cliente è un dio. E come fai a dire a un dio cosa deve fare?

Ryu risale in auto ficcando in malo modo un fascio di banconote da diecimila yen nel portafoglio.

« Okay! Andiamo a divertirci! »

Mentre arriviamo nei pressi della stazione della metropolitana, sbircio nel retrovisore.

Makoto ha infilato una mano in tasca e sta estraendo delle banconote che poi porge a Ryu. « Tieni, dovrebbero bastare. »

« Perché me li stai dando? » chiede Ryu.

« Noi scendiamo qui. »

« Cosa? Dove andate? »

Mi fermo davanti alla stazione della metropolitana e apro la portiera dal lato di Makoto. Lui scende per primo e Kyoko lo segue. Gli sta vicinissima, ma i loro corpi non si toccano.

« Dove andate? » ripete Ryu.

« A casa », dice Kyoko.

« Credevo stessimo andando a bere una cosa a Shibuya... »

« Scusa, Ryu. Siamo stanchi. Va' pure avanti senza di noi. »

« E se ci bevessimo un'ultima cosa qui e poi ve ne tornate a casa? Tassista, grazie, scendo anch'io. » Ryu mi porge le banconote. Io sto allungando il braccio per prenderle, ma poi mi volto.

« No, Ryu. Noi torniamo a casa », dice Makoto.

« E va bene. » Porge i soldi a Makoto. « Riprenditeli. Non li voglio. »

« Non fare lo stupido, tienili. Ti bevi una cosa a Shibuya e poi vai a casa. »

« Non ho bisogno dei tuoi soldi. Mi bastano i miei. »

« Be', se sei proprio sicuro. » Makoto si riprende le banconote.

Ryu si acciglia.

« Ci vediamo domani », dice Kyoko. Gli sorride e lo saluta con la mano.

« Sì, vabbe'. »

Chiudo le portiere e ripartiamo per Shibuya.

« Brutti stronzi », mormora tra sé sul sedile posteriore. « Bastardi traditori. »

Io rimango in silenzio. So come trattare gli ubriachi. Ho molta esperienza. Non solo sul lavoro, ma anche a casa. Ho affrontato Ichiro nel suo momento peggiore. Gestire questo tizio non mi preoccupa.

« 'Fanculo. »

Faccio partire Cat Stevens. Spero che lo tiri su.

« Spenga quella merda. »

« Mi scusi. » Spengo la radio.

« Teste di cazzo. È andato tutto a puttane. »

« Vuole sempre che la porti a Shibuya, signore? »

« Certo che sì! Che razza di domanda è? »

Mi tocco il cappello e faccio un cenno con la testa. « Scusi, volevo solo essere sicuro. Chiedo scusa. »

« Si limiti a fare il suo lavoro. Guidi e si faccia i cazzi suoi. »

« Mi scusi. »

Guarda fuori dal finestrino scuotendo la testa. Ci avviciniamo al grande incrocio di Shibuya. È mezzanotte e i giovani sono tutti fuori, pronti a bere fino all'alba.

« Accosti. »

«Sì, signore.»

«Tenga.» Mi porge una carta di credito.

«Scusi, le spiacerebbe pagarmi in contanti, è che...»

«Mi sta dicendo cosa devo fare?»

«No, signore. È solo che...»

«Perché a me sembra proprio che mi stia dicendo cosa devo fare. Come si chiama?»

«Se guarda dietro il poggiatesta, signore, può vedere il mio nome e il mio numero di...»

«Non è quello che le ho chiesto. Le ho fatto una domanda. Come si chiama?»

«Ohashi Taro.»

«Bene, Taro.» È così vicino che riesco a sentire la puzza d'alcol del suo fiato. «Hai un'idea di chi sono io, di cosa faccio, di chi è mio padre? Potrei farti licenziare su due piedi. Pezzo di merda.»

Penso a Ichiro e ad alcune delle cose orribili che ha detto quel giorno, sotto il ciliegio in giardino. «Mi scusi, signore. Non intendevo mancarle di rispetto», dico in tono calmo.

«Già. Ma ricordati. Il cliente sono io. Non tu.»

«Sì, signore.»

Striscio la sua carta di credito più velocemente che posso. Poi apro la portiera per lasciarlo scendere.

«Vaffanculo, Taro. Tassista di merda testa di cazzo.» Scende dal taxi.

«Grazie, signore. Le auguro una buona serata.» Chiudo la portiera e mi allontano.

Di notte, mentre guido, a volte guardo fuori dal finestrino e vedo una faccia che si muove alla mia stessa velocità. In quell'istante è come se fossimo immobili, due visi spettrali sospesi nell'aria. A volte mi guardano, altre volte fissano qualcosa d'invisibile in lontananza. Solo un viso sospeso nell'oscurità, come fosse un riflesso. Ma, non appena lo scorgo, quello inizia ad allontanarsi. La faccia sale su un cavalcavia, io m'inabisso in una galleria. E ci separiamo.

▲

È l'una di notte. Faccio una sosta al McDonald's di Shibuya, dove mi fermo ogni volta che mi trovo in zona a quest'ora. Se confidassi a qualcuno perché mi fermo sempre qui, penserebbe che sono strano. Fatico quasi ad ammetterlo a me stesso, ma vengo qui per vedere una delle ragazze che fa il turno di notte. Lavora anche stasera, come sempre. Mi metto in fila e lascio passare alcune persone. Calcolo i tempi in modo che sia lei a servirmi.

«Oh, bentornato! Come sta?»

«*Genki.* Per un vecchio come me.»

Lei ride e i suoi occhi verdi scintillano. «Cosa prende?»

«Solo un caffè.»

«Nient'altro?»

«Facciamo anche un paio di questi Brown Hashes.» Indico le crocchette di patate.

Lei fa una risatina. «Intende gli Hash Browns?»

«Sì, esatto.»

La guardo comunicare la mia ordinazione, sorrido e la ringrazio quando mi passa il vassoio. Mentre si allunga verso di me, il tatuaggio le spunta da sotto le maniche, ma cerco d'ignorarlo. Guardo la sua targhetta, come sempre, osservo la N, la A, la O, la M, la I, e l'assenza di stelle accanto al nome. Mi siedo vicino al bancone, girato verso la finestra, per vedere il suo riflesso senza che lei si accorga di essere osservata. Mi sorride sempre. A volte mi chiede come sto. Ma negli ultimi tempi mi sento in imbarazzo quando mi riconosce. Si allarmerebbe se sapesse che vengo qui solo per vederla? Ha gli stessi zigomi pronunciati e lo stesso sorriso con le fossette che aveva mia nipote Sonoko. Sonoko è morta tanti anni fa, quand'era ancora una bambina. Ma mi piace pensare che, se fosse cresciuta e arrivata a vent'anni, ora somiglierebbe alla ragazza che lavora qui. Bevo il mio caffè e mangio mezza crocchetta di patate, e lei mi saluta con la mano mentre esco. Ricambio il saluto. Risalgo in taxi e svolto in una strada secondaria di Shibuya, lontano dalla confusione dei locali. Accosto e mando giù un paio di antidolorifici prima di schiacciare un altro pisolino.

⁂

C'è un ciliegio. Nient'altro. Solo un ciliegio, come quello del nostro vecchio giardino. Quello sotto il quale Ichiro si esibiva, prima che cominciasse a bere così tanto da non riuscire più nemmeno a raccontare una storia. Una volta ho dovuto trascinarlo in casa a forza sotto gli occhi di Sonoko e Ryoko, mentre lui mi copriva di sputi e mi urlava oscenità.

L'albero è completamente fiorito e il mio sguardo è ipnotizzato dallo strano colore dei fiori: un bianco tinto di rosso sangue.

Ora i petali stanno cadendo dall'albero. Si accasciano soavi a terra come tanti fazzolettini coperti di sangue. Sbatto le palpebre e quando le riapro i fiori sono spariti. E tutto quello che vedo è un vecchio albero secco e isolato coi fiori che marciscono sopra le radici.

⁂

L'icona della segreteria telefonica lampeggia sul mio smartphone. Un numero di Tokyo. La chiamata è arrivata a inizio serata. Sarà Wada o Yamazaki che chiamava per uscire a cena. Tocco l'icona e ascolto.

«Pronto, sono il sergente Fukuyama della polizia metropolitana di Tokyo. Sto cercando di contattare Ohashi Taro-san. Ho avuto questo numero dalla compagnia di taxi. Ora sto per lasciare l'ufficio, ma se possibile mi richiami a questo numero, altrimenti la ricontatterò io domani. Grazie.» Il messaggio è finito.

Cosa vorrà da me? Ma sono troppo stanco per pensare. Ho bisogno di andare a casa, farmi una doccia e riposare.

Le strade sono vuote e i lampioni gialli sfilano veloci mentre sfreccio verso la periferia ovest. In lontananza un lampione sfarfalla e mentre mi avvicino i miei occhi iniziano a lacrimare. Sbatto le palpebre e mi strofino gli occhi, ma la luce continua a lampeggiare. È fastidiosa. Probabilmente basterebbe cambiare la lampadina. Mi strofino di nuovo gli occhi e all'improvviso vedo qualcosa muoversi. Una piccola ombra si lancia sulla strada e si ferma proprio davanti a me. I suoi occhi riflettono la luce dei miei abbaglianti, sospesi nel buio come un viso orrendo uscito dagli inferi. Non si muove e io sono troppo vicino. Perché non si muove? Freno ma sono troppo vicino, sto per travolgerlo. Non voglio, non voglio distruggere una vita. Allora sterzo. Il gatto non si muove ma io ho perso il controllo dell'auto, le gomme stridono e invece che contro il gatto sto per andare a sbattere contro un'auto parcheggiata, è sempre più vicina ma io non riesco a fermarmi, è la fine, il latte nel mio frigo andrà a male, bisognerebbe portare fuori la spazzatura, telefoneranno a Ryoko a New York per darle la notizia e non potrò andare a mangiare gli *okonomiyaki* con Wada e Yamazaki, forse è meglio così, forse finalmente potrò rivederla.

Poi sento un rumore di vetro che s'incrina, si spacca, esplode e un dolore alla testa quando il mio naso sbatte contro un palloncino bianco che sbuca dal volante e un terribile suono di metallo lacerato e schiacciato e deformato e... ed è solo nebbia e silenzio. E un dolore atroce alla gamba.

« Ehi? »

Mi sforzo di alzare la testa dal volante e guardo i miei guanti da guida bianchi. Sul dorso di uno c'è una grande chiazza rossa e tonda, che lo fa sembrare una bandiera Hinomaru. La sola cosa che riesco a pensare è che sono da buttare, che dovrò comprarne degli altri. Il mio cellulare è sul sedile del passeggero, distrutto.

« Sta bene? »

Alzo leggermente la testa e vedo un viso spettrale fluttuare nell'aria. È così vicino che riesco a vedere la sua preoccupazione, la sua pietà, il suo affetto, la sua compassione, tutti sentimenti che una volta mi erano così familiari. E temo che io e il volto inizieremo lentamente ad allontanarci: sparirà e mi lascerà di nuovo da solo, a volare sul mio *futon* incantato, lontano dalla città, nell'oscurità che sovrasta la baia. Sbatto le palpebre e attraverso il sangue distinguo i lineamenti di una donna bionda occidentale con un cagnolino. È un angelo? Sono morto? Si è sporta attraverso il finestrino infranto. Cerco di dire qualcosa, ma le parole non escono.

« Non si muova. Chiamo un'ambulanza », dice una voce in un giapponese con un forte accento.

E poi tutto diventa bianco e si tinge di rosso.

DETECTIVE ISHIKAWA: APPUNTI D'INDAGINE I

La prima volta che vennero nel mio ufficio, stavo giocando a *shogi* online sul mio portatile contro un ex compagno di università. Era già piuttosto tardi e il lavoro scarseggiava.

I soli casi di cui mi ero occupato di recente, a parte il flusso costante d'incarichi alimentato dalle infedeltà coniugali, riguardavano gatti scomparsi. Per qualche ragione, negli ultimi tempi c'era stato un drastico aumento delle sparizioni di felini. Una volta, un bambino mi aveva portato dei fumetti che aveva disegnato lui stesso in cui si vedeva la sua gatta scomparsa. Gli avevo chiesto se avesse delle foto, ma no, aveva solo i fumetti. Un tipo strano.

Cani e gatti scomparsi sono sempre stati ciò che permette ai detective di Tokyo di campare, ma di recente il numero di animali spariti nel nulla era cresciuto. Girava voce che se ne stessero sbarazzando per le Olimpiadi. Ma, come gran parte delle voci, non si può mai sapere quanta verità contengano, sempre ammesso che ve ne sia.

A ogni modo, non c'era molto che potessi fare, oltre a gironzolare nei sobborghi e appendere qualche volantino qua e là. Al diavolo. Come se qualcuno avesse mai guardato quella roba. Se mai dovessi trovare uno di quegli animali, lo porterei a Taeko e glielo farei tenere in casa per qualche giorno. In questo modo potrei fatturare al cliente qualche ora di lavoro in più. Tanto sono più che felici di pagarmi quando ritrovano il loro prezioso amichetto.

Stavo riflettendo sulla mia prossima mossa, quando Taeko mi chiamò dall'interfono. «Ishikawa-san.»

«Sì?»

«Ci sono dei clienti. Un uomo e una donna. Posso farli entrare?»

«Certo.» Continuai a studiare la scacchiera sullo schermo finché entrambi non furono entrati. A quel punto, chiusi il portatile.

⁂

Si parla spesso di casi aperti e casi chiusi. La verità è che i casi chiusi sono una rarità. La stragrande maggioranza dei casi è aperta e tale rimane. In questo momento, ho una montagna di casi aperti. Casi che non chiuderò mai. Ogni indagine richiede una certa dose di tempo e di fortuna. Specialmente di fortuna. E alcune persone non hanno né l'uno né l'altra.

I due sconosciuti che erano appena entrati nel mio ufficio avevano l'aria di essere la coppia più sfortunata del mondo. Se li avessi piazzati in una dimora antica e riempiti di soldi, nel giro di una settimana si sarebbero comunque ritrovati per strada a piangere aggrappati l'uno all'altra.

Lei era il classico tipo nervoso: giocherellava senza fine con le mani e non riusciva a tenerle ferme. Quando non se le torceva, rigirava istericamente un dito intorno a una ciocca di capelli disordinati e unti. Si capiva che per venire in ufficio aveva indossato i suoi abiti migliori, che comunque avevano un aspetto frusto e consumato. Doveva avere ben poca scelta, era evidente.

Quanto al marito, neppure in quel campo la donna doveva avere avuto molta scelta. La sua camicia era coperta di macchie. Un pranzo a base di *ramen*, a occhio. Denti storti, capelli spettinati. Un vero disastro. In compenso, non era certo un nanerottolo. Aveva un fisico massiccio, che però con l'avanzare dell'età cominciava a perdere vigore. Teneva la schiena leggermente piegata, come se la sua altezza lo imbarazzasse.

Indicai le sedie davanti alla mia scrivania. « Prego, accomodatevi. »

Si sedettero goffamente, facendo entrare a forza le loro natiche imponenti nelle sedie strette.

Aspettai che uno dei due dicesse qualcosa.

Fu lei a esordire, e quando lo fece alzò lo sguardo dalle proprie mani. « Detective, ci serve il suo aiuto. »

« Be', questa sì che è una sorpresa. » Avevo urgente bisogno di una sigaretta.

« Sì... Noi... ehm... come posso dire? » La donna si strizzò le mani così forte da farle diventare bianche.

Ora se le stacca, pensai.

« P-p-potrebbe... » Lui si piegò in avanti sulla sedia, asciugandosi la fronte con un fazzoletto. « Aiutarci a t-t-trovare nostro f-f-figlio? »

Fantastico. Il colloquio sarebbe stato lungo.

« Prima di scendere nei dettagli, forse è giusto che conosciate le mie tariffe. »

L'esperienza mi ha insegnato che è sempre meglio essere schietti in fatto di soldi. Non c'è niente di peggio che sorbirsi un lungo piagnisteo solo perché alla fine il cliente scopra quanto dovrà sborsare. E cominci a piangere sul serio.

Lei si era ficcata un'unghia nel polso. « Sì, sì. È una buona idea. »

Gli allungai il mio tariffario. « Ecco qua. »

Lui lo prese e sgranò gli occhi. La sua mandibola cadde leggermente e lei gli prese il foglio di mano. Lo rimise sul tavolo, tirò fuori un fazzoletto bianco e si tamponò il polso. Quando lo rimise in borsa, intravidi delle macchioline rosse.

«D-d-detective Ishikawa, non è che...» iniziò lui.

«... potremmo pagarla a rate?» Fu lei a finire la frase al suo posto.

Sospirai. «Forse possiamo metterci d'accordo.»

Il colloquio proseguì senza particolari intoppi, ma i loro occhi erano un po' appannati. Mi diedero alcune foto del figlio (perché nelle foto le persone scomparse hanno sempre l'aria di chi sta per scomparire?) Ci salutammo e dissi loro che avrei fatto il possibile.

Ma sapevo che stavano ancora pensando ai soldi.

Non c'è niente di peggio che accettare un incarico da un cliente che non può pagarti. È raro che venga contattato da persone che non possono permettersi il mio onorario, per questo quando accade sono sempre a disagio. Quando accetto un incarico, le cose in genere vanno così:

«Detective Ishikawa, piacere di conoscerla.»

«Piacere mio. Prego, si sieda.»

Faccio un cenno a Taeko, che è già pronta a portare il caffè.

Facciamo un inchino e ci scambiamo i biglietti da visita.

Ci sediamo e, mentre ci mettiamo comodi e appoggiamo l'uno il meishi *dell'altro sulla scrivania, do un'occhiata al biglietto della donna appena entrata.*

Costoso, bianco, con una sola scritta nera in caratteri latini. Nessuna informazione, niente e-mail né indirizzo, solo un nome – SUGIHARA HIROKO, *per esempio – e un numero di telefono. Nessun nome di azienda, nessuna professione.*

Mi guarda con occhi intelligenti. «Sono proprietaria di un locale. Un locale esclusivo. La nostra clientela esige la massima riservatezza. Per questo non c'è l'indirizzo. Mi deve scusare.» Non de-

gna di uno sguardo il mio meishi. *Estrae un astùccio d'argento dalla tasca interna della giacca. « Le spiace se fumo? »*

« Si figuri, prego. » Prendo un posacenere dall'ultimo cassetto e lo appoggio davanti a lei.

Taeko entra con un vassoio con due tazze di caffè e lo adagia delicatamente sulla scrivania. Fa un inchino e uscendo richiude la porta dietro di sé.

« Vuole favorire? » Sugihara mi porge l'astuccio aperto.

Non riconosco la marca, ma dall'astuccio deduco che ha grande autocontrollo. Dentro ci sono solo sette sigarette. « No, grazie, ho smesso. Prego, vada avanti », dico io.

La accende e io subito mi pento di non avere accettato l'offerta. Le sue labbra avvolgono morbidamente il filtro e io vedo il guizzo di piacere che le accende gli occhi mentre inspira.

Lei mi fissa dall'altro lato della scrivania. « Detective Ishikawa. Andrò dritta al punto. Non amo i giri di parole e so perfettamente che il tempo è denaro, tanto per lei quanto per me. »

« Come preferisce. »

« Mio marito mi tradisce e io voglio incastrarlo per ottenere un accordo di divorzio più vantaggioso. »

Lascio che la frase rimanga sospesa per qualche secondo.

« È sicura che la stia tradendo? »

« Sì. »

« Ha notato qualche cambiamento nei suoi comportamenti di recente? »

« No. »

« Niente che possa giustificare i suoi sospetti? »

« Non esattamente, no. »

« In base alla mia esperienza, nelle persone che hanno una relazione extraconiugale di solito si notano dei cambiamenti. Generalmente in meglio. Suo marito ha cambiato modo di vestire? »

« No. »

« Capisco. Le sembra più felice? È diventato più premuroso? Ha iniziato a farle dei regali? »

« Figuriamoci. »

« Capisco. » Faccio una pausa. « Con tutto il rispetto, Sugihara-san... Come fa a essere sicura che suo marito la tradisca? »

Lei fa un lungo tiro dalla sua sigaretta, scuote via la cenere e libera nell'aria un drago di fumo, che plana sopra la scrivania e s'infila con precisione millimetrica nelle mie narici.

« Detective Ishikawa. Mio marito è un bugiardo. »

« Mi spiace, non... »

Alza una mano per farmi tacere. « Mio marito è un bugiardo di professione. Mentire è il suo lavoro. Da quando lo conosco non fa che dirmi bugie. È su questo che si fonda il nostro rapporto: sulle bugie che raccontiamo felicemente l'uno all'altra. Ma una donna sa quando il marito le è infedele. Non ho prove. È troppo intelligente per lasciarne. Ma so per certo che mio marito mi tradisce. Ho solo bisogno che lei lo dimostri. Nient'altro. »

Io rimango zitto, la lascio cuocere a fuoco lento.

« Detective Ishikawa, è libero di rifiutare questo incarico. Lei non è il primo detective cui ho fatto visita oggi a Shinjuku. Tuttavia, come ho tenuto a dire anche agli altri, sarà ben ricompensato. Stavo pensando a questa cifra, più le spese. » Mi dà un foglietto piegato.

Lo apro e conto gli zeri. Lo ripiego e glielo restituisco. « D'accordo. Me ne occuperò. »

È così che mi guadagno da vivere. Seguendo persone sposate che si tradiscono a vicenda e raccogliendo le prove della loro infedeltà. Certe volte mi chiedo chi reciti il ruolo peggiore in questa faccenda. Io, se non altro, alla fine vengo pagato.

▲

Dopo che la coppia se ne fu andata, mandai a casa in anticipo Taeko, sbrigai un po' di scartoffie e chiusi l'ufficio.

Fuori pioveva, così aprii l'ombrello e mi unii alla marea di *salarymen* in completo nero che scorreva lungo le strade di Shinjuku verso la stazione ferroviaria. Sembravo esattamente uno di loro. È questa la mia forza: mimetizzarmi, passare inosservato. *Deru kui wa utareru*. Il chiodo che sporge va preso a martellate.

Shinjuku. Che fogna. Non è certo il posto dove sceglierei di avere un ufficio. Io sono di Osaka, ci sono nato e cresciuto. Ma Shinjuku è la parte più sudicia e conturbante della città. È qui che tutto accade. Il posto ideale per un *tantei* come me. È qui che si trova l'osceno: il quartiere gay 2-Chome, i locali per *nyuhafu* – i transessuali –, i bordelli, le soapland, i love hotel, l'infedeltà.

È la parte della città dove Tokyo nasconde sfacciatamente i suoi vizi. E io li conosco tutti. Li ho osservati a uno a uno nelle mie giacche doubleface, sotto i miei cappelli e i miei occhiali finti, con la videocamera incorporata nella mia penna. Uomini con moglie e figli a casa ad aspettarli. La gente non si rende conto della propria fortuna finché non si ritrova invischiata in una causa di divorzio che li lascia sul lastrico.

Il treno aggiunse un'ulteriore nota di malumore a una sera già merdosa. Un tizio si era buttato sulla linea Chuo, perciò quando arrivò era in ritardo e straripava già di persone. La pioggia rendeva la carrozza afosa e soffocante. Mi pigiai all'interno e trattenni il fiato mentre ci dirigevamo verso la periferia ovest. Mi addormentai in piedi e per poco non mancai la mia fermata.

Mentre scendevo dal treno, mi resi conto che non toccavo cibo da colazione, così mi fermai in un posto che cucinava *ramen* e ordinai un *miso ramen* con *chashu* e una birra. Me li portarono in un attimo; ero così affamato che non appena finii ordinai un'altra birra e un piatto di *gyoza*. Mentre m'infilavo in bocca l'ultimo boccone di *ramen*, guardai i disegni creati dall'unto rossastro sui bordi della ciotola bianca. Sembravano un ammasso di carpe koi che si dimenavano l'una sull'altra in uno stagno, le bocche voraci e stupide protese alla ricerca di cibo. Proprio come a Tokyo, dove tutti ci facciamo la guerra per un pugno di briciole. La birra mi stava rendendo sentimentale. Dovevo bere di più.

La tappa successiva sulla strada verso casa fu in un ristorantino che preparava *okonomiyaki*, dove mi scolai un bel po' di *shochu* da una bottiglia che avevo pagato e lasciato aperta la volta prima. Il proprietario è di Hiroshima. È un brav'uomo, con cui mi piace fermarmi a fare due chiacchiere. Come al solito fingemmo di litigare su dove si preparasse l'*okonomiyaki* migliore, se a Osaka o a Hiroshima (a Osaka, naturalmente). I clienti del locale di solito amano unirsi alla conversazione e farsi una risata, ed è per questo che il posto mi piace. Mi ricorda casa. Quella sera c'erano due tizi che non avevo mai visto prima, due tassisti, una strana coppia. Eravamo seduti a sparare cazzate quando quelli si mettono a raccontarmi una storiella idiota su una ragazza che si era trasformata in un gatto nel locale qualche tempo fa. Una storia senza capo né coda, secondo me, ma persino il vecchio Tencho annuì e diventò bianco come un lenzuolo mentre la raccontavano. Comunque, finì che bevvi troppo e me ne andai troppo tardi.

Forse a causa dello *shochu*, mi ritrovai a comprare un pacchetto di sigarette di marca Calico da Tencho e fumarne qualcuna.

⁂

Il mattino dopo mi svegliai coi postumi della sbornia e la gola infiammata e stretta dal rimorso di aver comprato – e fumato – delle sigarette. Accartocciai il resto del pacchetto e lo gettai nella spazzatura. Aprii le tende del mio appartamentino minuscolo, guardai fuori e vidi una gatta calico muoversi con passo furtivo nel vicolo accanto al mio palazzo. Era piuttosto distante, ma attirò immediatamente la mia attenzione: era la gatta del bambino dei fumetti. Non avevo dubbi. Il piccolo aveva talento, era riuscito a cogliere qualcosa della gatta nei suoi disegni. Ero più che sicuro che fosse lei. Stavo per precipitarmi fuori per tentare di acciuffarla, ma lei sparì come un fulmine sotto una siepe. Non avevo la minima speranza di trovare quella piccola bestiolina in questa grande, vecchia città. Povero bimbo.

Poi avvertii una strana sensazione allo stomaco. Era così forte che dovetti prendermi la testa tra le mani e tutto il mio corpo venne scosso dai brividi. L'alcol della sera prima? Eppure non avevo mai avuto quel tipo di strascichi. No, questa era una sensazione diversa, molto più profonda.

La sensazione passò. Andai in cucina, riempii un bicchiere d'acqua e ne bevvi un sorso. Mi sedetti sulla vecchia poltrona e lo appoggiai su un sottobicchiere abbandonato nella libreria. Avvertivo ancora i residui della sensazione di vuoto che mi aveva afferrato lo stomaco, gli effetti di quella misteriosa morsa. Mi sedetti e tirai fuori il cellulare e il portafoglio. Digitai il numero sul biglietto da visita che la coppia mi aveva dato.

«*M-m-moshi moshi?*»

«Sono Ishikawa.»

«Oh! S-s-salve, d-d-detective!»

«Ssst, ascolti. Lo farò gratis. Però meglio che la cosa resti tra noi, okay?»

CARATTERI CINESI

L'uomo che si stringeva contro di lei sul vagone della metropolitana la stava mettendo a disagio, così Flo decise di scendere alla stazione di Shinjuku e risalire il treno fino alla carrozza riservata alle donne. Si fece strada sulla banchina, schivando i pendolari che scendevano dal treno e superando le lunghe file di passeggeri che aspettavano di salire.

La linea Yamanote era sempre affollatissima al mattino e il vagone riservato alle donne era spesso il più gremito. Flo preferiva evitarlo, ed era da molto tempo che non le capitava un episodio del genere. Mentre si metteva in fila, sentì il rumore registrato degli uccellini che cinguettavano e trillavano e la musichetta familiare della stazione di Shinjuku. Risuonò il segnale che avvisava della partenza imminente del treno e lei si spinse sulla carrozza facendosi strada nella calca di corpi femminili. Il getto d'aria fredda dei condizionatori la investì ed ebbe un moto di nausea per il miscuglio caotico di odori di shampoo e profumi che impregnava l'aria viziata sopra la distesa di teste. Cercò di non pensare alla volta in cui era svenuta su un treno poco dopo essersi trasferita a Tokyo. Era stato imbarazzante.

Appoggiò il viso al finestrino e guardò la banchina. C'era il piccolo manifesto che si vedeva in quasi tutte le stazioni di Tokyo, quello che raffigurava una bambina stilizzata cui era caduto il cappello sui binari e accanto a lei un uomo che lo raccoglieva con un lungo attrezzo. Sotto l'immagine, c'era la scritta in giapponese:

SE DOVESSE CADERVI UN OGGETTO SUI BINARI, SIETE PREGATI DI RIVOLGERVI A UN MEMBRO DEL PERSONALE

Quel manifesto l'aveva sempre fatta sorridere. La maggior parte degli altri poster pubblicizzava cose che non poteva permettersi o di cui non aveva bisogno: viaggi, schiuma da barba, dispositivi elettronici, abbonamenti in palestra, birra; ma poi sul muro della stazione notò un poster giallo e rosso con un fumetto che rappresentava un uomo che palpeggiava una donna sul treno. Alla fine del fumetto, l'uomo veniva inseguito dalla sicurezza della stazione o dalla polizia. A fianco c'era la scritta:

痴漢は犯罪です!

IL *CHIKAN* È UN REATO!

Era davvero assurdo che le ferrovie giapponesi dovessero pagare per affiggere dei manifesti che informavano i passeggeri del fatto che il *chikan* – palpeggiare le donne – fosse un reato. Flo riguardò i caratteri cinesi della parola *chikan*. 痴, *chi*, significava «stupido» e 漢, *kan*, significava «cinese». Il carattere 漢 era lo stesso che formava la parola che indicava i caratteri cinesi, 漢字: *kanji*. Più ci pensava, più le sembrava che qualcosa non tornasse: che cosa c'entravano i cinesi con gli uomini giapponesi che palpeggiavano le donne in metropolitana? Il termine sottintendeva che i palpeggiatori erano come dei cinesi stupidi? Le sembrò un po' strano, oltre che palesemente razzista.

Comunque, una parte della frase se non altro era condivisibile: palpeggiare le persone sui treni era un reato!

La stazione cominciò a muoversi davanti ai suoi occhi. Mentre il treno si allontanava lentamente, il suo sguardo incrociò quello di uno dei controllori sul binario. Notò il lieve stupore dell'uomo, ma gli sorrise lo stesso e lui ricambiò e le fece un inchino, posando le mani guantate sui pantaloni grigi perfettamente stirati. Se avesse avuto lo spazio per muovere le braccia gli avrebbe fatto un cenno con la mano, ma in certi casi un sorriso è più che sufficiente.

Sentì il sudore delle altre donne bagnarle le parti scoperte delle braccia e delle gambe e l'aria condizionata che le asciugava l'umidità sulla pelle. Chiuse gli occhi e si sforzò di pensare a qualcosa di più gradevole.

Adottò uno stratagemma che l'aiutava spesso a sopportare i disagi del pendolarismo e che aveva imparato a una conferenza. Il relatore, in piedi di fronte all'uditorio, aveva chiesto ai presenti di ricordare il momento in cui erano stati più felici, poi aveva spiegato che avrebbero dovuto conservare quel ricordo nella propria mente e riviverlo ogni volta che si fossero sentiti stressati, arrabbiati o giù di morale. Flo ripensò alla mattina in cui aveva visto il sole sorgere dalla cima del monte Fuji, al cerchio rosso come il tuorlo di un uovo che aveva fatto lentamente capolino tra le nuvole, al sussulto di quando aveva sentito il calore fluire di nuovo negli arti gelidi. Flo aveva scalato la montagna troppo in fretta e aveva passato diverse ore raggomitolata da sola sotto i resti di un muro. Si era maledetta per non aver portato con sé un'attrezzatura adeguata ed era rimasta rannicchiata così, scossa dai brividi, fino a quando una signora gentile non era venuta a offrirle un po' di tè verde. Se il ricordo che ora l'aiutava a superare i momenti difficili era l'alba vista dal monte Fuji, quale altro ricordo avrebbe potuto usare prima di quel momento?

L'altoparlante annunciò la sua fermata. Flo aprì gli occhi e scese dal treno insieme con gli altri passeggeri, dirigendosi verso il suo ufficio con passo da zombie, come tutti i *salarymen* e le *office ladies* intorno a lei. Aveva imparato a fare così non appena si era trasferita a Tokyo.

▲

« Flo-san? »

Sapeva chi era prima ancora di voltarsi. « Sì, Kyoko-san? »

« Ah, Flo-san. » Kyoko la squadrò dalla testa ai piedi. Kyoko indossava un maglioncino polo rosa immacolato e dei pantaloni color crema, cioè grosso modo la stessa tenuta che portava ogni giorno, quasi fosse un'uniforme. Appese nel suo armadio dovevano esserci file e file di maglioncini rosa impeccabili e pantaloni color crema stirati a puntino. Comunque Flo decidesse di vestirsi per andare al lavoro, Kyoko riusciva sempre a farla sentire fuori luogo. « Hai visto il mio biglietto? »

« Quale biglietto? » Flo sapeva benissimo come sarebbe andata a finire.

« Quello che ti ho lasciato sulla scrivania. »

« Ah, no. Sono appena arrivata. Ora vado a leggerlo. » Flo fece un inchino.

Chiunque avrebbe interpretato quella risposta come la fine della conversazione.

Ma non Kyoko. Seguì Flo nei corridoi che separavano i box dell'immensa stanza in cui erano collocati gli uffici, fino alla sua scrivania, senza smettere un istante di parlare. « Oggi ho bisogno che tu faccia cinque cose. La prima... »

Kyoko cominciò a elencare i suoi compiti. Al secondo, Flo aveva raggiunto la sua scrivania e stava leggendo il foglio A4 che Kyoko aveva stampato e lasciato lì: le stava ripetendo alla lettera il contenuto. Flo si divertiva a fare un gioco: scorrere con gli occhi il biglietto e vedere fino a che punto corrispondeva alle sue parole. Quel giorno ottenne il punteggio massimo: cento per cento. Neppure una minima deviazione rispetto al testo scritto.

« Le Olimpiadi si avvicinano, Flo-san. Ti siamo molto grati per tutto il lavoro che fai. Le tue traduzioni sono preziosissime per la città. » Kyoko piegò la testa e la guardò negli occhi, incerta. « Hai domande? »

« No. È tutto molto chiaro. Grazie mille, Kyoko-san. »

« *Yoroshiku onegai shimasu.* » Kyoko fece un inchino profondo.

« *Yoroshiku onegai shimasu.* » Flo ricambiò l'inchino.

Sorrise a Kyoko finché non sparì dalla sua visuale, poi ruotò la sedia e accese il computer. Il PC era vecchio e ci metteva una vita ad avviarsi, così nell'attesa andò a prendere una lattina di caffè freddo al distributore. Quando tornò, la schermata d'accesso si era aperta. Inserì nome e password ed entrò nel suo account e-mail di lavoro.

Venti messaggi non letti. Uno dei quali da parte di Kyoko, in cui ripeteva pari pari le cose che le aveva detto a voce e scritto nel biglietto. Traduci questo. Traduci quello. Compila questo questionario su cosa ne pensano gli stranieri del *kabuki*. Occupati di questa relazione sul sumo. Scadenze. Altre scadenze. Flo sospirò.

In una finestra a parte, aprì le e-mail personali. Due nuovi messaggi, uno di Ogawa-sensei, l'altro di sua madre. Passò il puntatore del mouse sull'e-mail di sua madre e apparvero le prime righe del messaggio, in caratteri latini:

Tesoro, è una vita che non ho tue notizie. Quando torni a Portland?

Flo scosse la testa e optò per i caratteri arrotondati e ricciuti del messaggio di Ogawa. Aprì l'e-mail e la lesse due volte.

Cara Flo-san,

com'è il tempo a Tokyo? Farà caldo, immagino. Mi raccomando, riguardati con queste temperature. Spero che tu riesca a trovare delle angurie decenti lì a Tokyo. Se vuoi posso portartene un po' da Kanazawa quando verrò a trovarti.

Kanazawa è sempre la stessa. Qui ci stiamo preparando per il festival estivo. Sakakibara-san e gli altri del corso di conversazione mi chiedono sempre di te. Vogliono tutti sapere come va il tuo nuovo lavoro a Tokyo. Ho detto loro che ora non traduci più videogiochi, ma lavori per un'azienda di pubbliche relazioni. Si sono dispiaciuti che tu non ti sia trovata bene nell'azienda di videogiochi, ma siamo tutti convinti che il tuo nuovo lavoro prometta meglio. Sakakibara-san era molto colpito: la nostra Flo tradurrà i materiali per le Olimpiadi del 2020! Siamo davvero orgogliosi di te.

Se ripenso a quando sei arrivata a Kanazawa, tanti anni fa... Quando sei scesa dall'aereo non conoscevi una sola parola di giapponese. E ora guardati! Traduci per le Olimpiadi. Ti meriteresti una medaglia d'oro!

Continui a esercitarti nello *shodo*? Spero tanto che tu non abbia smesso, hai un grande talento. Ho molta nostalgia delle nostre lezioni di calligrafia, lo sai.

Bene, direi di averti già fatto perdere abbastanza tempo con le mie chiacchiere. Sono proprio felice di venire a Tokyo. Potremmo prenderci un caffè insieme sabato mattina, poi purtroppo nel pomeriggio ho già un altro impegno. Fammi sapere dove e quando ti è più comodo incontrarci. Non vedo l'ora di vederti!

Stammi bene,

OGAWA

貓 P.S. Ti ho trovato un nuovo carattere cinese da imparare. Lo conoscevi?

Flo osservò il carattere e rifletté. Era quasi certa che fosse *neko* – gatto –, ma doveva controllare. Prese dalla mensola sopra la scrivania il suo consumato dizionario *kanji* e cercò tra le pagine. Sì, era *neko*, gatto. Ma non era scritto normalmente. Di solito, il carattere si scriveva 猫, col radicale 犭 a sinistra. Quello che Ogawa le aveva mandato aveva il segno 豸 a sinistra. Era il radicale di *tanuki*. Doveva essere una forma più antica, che collegava il gatto ad altri animali proteiformi come il tasso, la volpe e il *tanuki*. Flo sapeva che anticamente i giapponesi credevano nell'esistenza di creature chiamate *bakeneko*, gatti capaci di assumere forme umane e terrorizzare le persone. Ma quella versione del carattere era caduta in disuso. Non era la prima volta che Ogawa le insegnava dei caratteri che non si usavano più, ma era proprio quello a piacerle.

Flo vide la parte superiore della coda di cavallo di Kyoko saltellare dall'altro lato del box. Chiuse la finestra con le e-mail personali e si tuffò nel lavoro. In un batter d'occhio, la campanella che annunciava l'ora del pranzo suonò. Raccolse la borsa e lasciò l'ufficio, diretta in un caffè dove pranzava spesso.

Aveva un'ora di tempo.

Ordinò un menu pasta e un caffè freddo e si sedette a un tavolino in un angolo. Estrasse dalla borsa un libro scritto in giapponese e una matita. Esitò un istante e, dopo una breve riflessione, tirò fuori anche un corto manoscritto in inglese intitolato *Copy Cat*. Lo posò sulla sedia accanto alla sua e si concentrò sul libro giapponese. Mentre mangiava, teneva il libro premuto contro il tavolo con una mano e lo leggeva con gli occhi sgranati, posando ogni tanto la forchetta per prendere un appunto a margine o sottolineare una frase.

Finiti gli spaghetti, Flo rimase concentrata sulla lettura finché la sveglia del suo cellulare non suonò, avvertendola che le restavano solo dieci minuti prima di tornare in ufficio. Rimise il libro e la matita in borsa e sorrise al cameriere che venne a portare via il suo vassoio. Le rimaneva ancora qualche sorso di caffè ghiacciato, che bevve lentamente, lo sguardo perso nel vuoto.

Una bella ragazza giapponese coi capelli corti e un uomo straniero - inglese, forse - pagarono due caffè e vennero a sedersi al tavolo accanto al suo. Flo era sovrappensiero, ma sorrise quando l'uomo piegò la testa con aria sostenuta e la ragazza le fece un cenno distratto con la mano. I due si misero a parlare a voce alta, tanto che Flo non riuscì a ignorarne la conversazione. L'uomo si sforzava di parlare in giapponese e dal tono sembrava lo facesse principalmente per Flo, mentre la ragazza rispondeva in un giapponese lento e semplificato, in cui ogni tanto inseriva qualche frase in un inglese con perfetto accento americano. Dicevano cose prive di interesse e Flo faceva del suo meglio per non ascoltarli e godersi gli ultimi minuti di pausa.

«*Kono café kawaii ne*», disse la ragazza.

Flo s'infastidì. *Kawaii* - «carino» - era una delle parole più abusate del Giappone (e ad abusarne, doveva ammetterlo, erano soprattutto le donne). Veniva usata per qualunque cosa, tanto che non aveva quasi più nessun significato. Serviva solamente a riempire il silenzio. Non c'era niente di carino in quel caffè.

« Ieri sera! Tanto *brooor brooor* », disse l'uomo in un giapponese infantile, gesticolando per accompagnare i suoi versi.

« Cosa intendi con *brooor brooor*? » chiese la ragazza in un giapponese facile.

« Temporale! »

« Sì, ieri sera c'è stato un temporale. E allora? »

« Lampo di luce! »

« Sì, c'è stato un tuono. » La ragazza aveva parlato in inglese e si era voltata verso Flo, in cerca di solidarietà.

Flo chiuse gli occhi.

« No. Non tuono. Lampo di luce! » disse l'uomo in un pessimo giapponese.

Lei sbuffò. « Oh, George, perché insisti, cosa vuoi dire? »

L'uomo sospirò e rispose in un inglese con accento britannico. « Senti, Mari, come si dice 'fulmine' in giapponese? »

« *Kaminari.* »

« No, quello vuol dire 'tuono'. Come si dice 'fulmine'? »

« Non capisco la tua domanda. »

Flo si alzò. Fece un passo verso l'uscita, ci ripensò e si avvicinò al loro tavolo.

La coppia la guardò.

« *Inazuma* », disse Flo. Poi si voltò e si precipitò verso la porta.

Mentre la porta si apriva, sentì che l'uomo chiedeva: « Che cos'ha detto? »

Flo uscì di corsa dal caffè e non sentì la risposta della ragazza, né l'uomo che gridava: « Ehi, aspetti! » Arrossì violentemente e si pentì di non essere stata zitta. Tornò in ufficio così in fretta che l'uomo che l'aveva inseguita rinunciò a restituirle il manoscritto di *Copy Cat* e rientrò nel caffè, dove la sua ragazza lo attendeva per rimproverarlo.

⁂

Dopo un paio d'ore di straordinari, Flo era pronta a lasciare l'ufficio. Declinò con delicatezza l'invito a uscire a bere insieme coi colleghi con la scusa che non si sentiva bene. Sul treno che la riportava a casa tirò fuori il suo libro, ma sentì la testa ciondolare e si concesse un pisolino.

Uscita dalla stazione, si fermò in un minimarket Lawson e comprò un'insalata. Non prese condimenti, dal momento che in frigorifero aveva ancora una bottiglia di salsa di sesamo aperta.

Chiudendo la porta del suo appartamento si sfilò le scarpe nel *genkan* e, mentre lo faceva, come ogni sera rifletté sul fatto che la parola *genkan* era intraducibile. Si sarebbe potuta tradurre con «atrio» o «anticamera», ma non era né l'una né l'altra cosa. Nelle case giapponesi, il *genkan* era uno spazio che indicava dove finiva l'esterno e iniziava l'interno.

Flo entrò nell'appartamento soffocante e aprì una finestra. Non aveva l'aria condizionata, non poteva permettersela. In compenso, però, aveva molti libri. Le librerie erano stracolme e sugli scaffali non c'era un centimetro di spazio libero. Rivedere i suoi libri la rassicurava, la faceva sentire tranquilla. Ne aveva letto la maggior parte, ma ce n'erano molti che doveva ancora iniziare, il che le dava un piccolo brivido e le ricordava una delle sue parole giapponesi preferite, *tsunkodu*, un termine che si poteva tradurre solo con una frase: «comprare e accumulare libri senza leggerli». Accese un ventilatore e andò in cucina con l'insalata del minimarket. Prese la salsa di sesamo dal frigo, ne versò un po' sull'insalata e la mescolò con un paio di bacchette. Andò alla scrivania e si sedette a mangiare davanti al computer, guardando alcuni dei suoi YouTuber giapponesi preferiti.

Mentre mangiava, pensò per la milionesima volta a quanto fosse più comodo mangiare l'insalata con le bacchette che con coltello e forchetta. Prendere i pomodorini interi era semplicissimo. Per infilzarli con la forchetta invece dovevi impazzire, e metà delle volte volavano sul pavimento.

La testa di Flo era attraversata ogni giorno da centinaia di pensieri come quello, ma non aveva nessuno con cui condividerli. Però si ripeteva sempre: *Chi ha tanti libri non ha bisogno di amici.* Le sue librerie erano piene non solo dei suoi romanzi preferiti, ma anche di manuali di linguistica, dizionari ed enciclopedie sulla lingua e sulla cultura giapponese. Si considerava più una nippologa che una nippofila. Per lei, tra i due concetti c'era una differenza profonda. I nippofili erano persone che amavano il Giappone così com'era, senza porsi domande. Pensavano che in Giappone tutto fosse perfetto e vivevano in una sorta di mondo di fantasia fatto di anime e manga.

Flo invece preferiva definirsi una nippologa. Rispettava la lingua e la cultura del Giappone, così come la lingua e la cultura di qualunque Paese. Ma dentro di sé sentiva il bisogno di andare in fondo a ogni domanda. La sua era una sete di sapere. Voleva imparare, studiare, assimilare.

Mentre mangiava, prese dalla libreria un pesante dizionario di caratteri cinesi e lo sfogliò alla ricerca del carattere *kan*, 漢, presente nelle parole *chikan* e *kanji*. Il dubbio che l'aveva assalita in treno continuava a tormentarla. Trovò la voce e lesse la definizione mentre masticava l'insalata e scoprì che il carattere in effetti voleva dire « cinese Han », ma poteva anche significare « uomo, ragazzo ». Era verosimilmente in questo senso che veniva utilizzato nella parola *chikan*. Non si trattava dunque di uno stereotipo razzista sui cinesi e sulla loro tendenza ad allungare le mani. *Chikan* non significava altro che « uomo stupido ».

Sparecchiò il tavolo, tornò in cucina e tirò fuori una brocca di caffè freddo dal frigorifero. Prese un bicchiere dall'armadietto e tenne la brocca sospesa a mezz'aria. Guardò l'ora, scosse la testa e rimise la brocca in frigorifero. Riempì il bicchiere con dell'acqua del rubinetto e tornò alla scrivania.

Prima di rimettersi al lavoro, Flo si soffermò a guardare il carattere che Ogawa le aveva disegnato e regalato quando si era trasferita a Tokyo. Ogawa era riuscita a tracciare il carattere cinese che significa « gatto » dandogli la forma di un gatto vero. Ogawa e Flo condividevano l'amore per i gatti e quel carattere incorniciato raccontava un pezzetto della storia della loro amicizia. Accanto al quadretto c'era una fotografia di Flo e Ogawa con un paio di sue amiche. Portavano tutte il kimono. Ogawa ne indossava uno rosa meraviglioso quand'era venuta a Tokyo in primavera per vedere la fioritura dei ciliegi. Flo ripensò a quella giornata e a quanto si erano divertite. Erano andate al parco di Ueno e si erano sedute sotto i fiori coi loro *bento* a mangiare e bere tè verde.

Adesso era estate e faceva molto caldo.

Flo prese dalla borsa il libro al quale stava lavorando, aprì un documento Word e cominciò a tradurre la parte che aveva letto a pranzo. Era da diversi mesi che Flo si dedicava a quel romanzo – uno dei suoi autori giapponesi preferiti – ed era quasi alla fine. Come al solito, la traduzione l'assorbì completamente e quando guardò l'orologio rimase sconvolta nello scoprire che erano le due del mattino.

Si stropicciò gli occhi, s'infilò nel letto e prima che avesse il tempo di accorgersene la sveglia stava suonando di nuovo.

⁂

Le giornate lavorative di Flo erano praticamente tutte identiche. La sola cosa che distingueva quella settimana dalle altre era che aveva un motivo per aspettare il weekend, dato che Ogawa sarebbe venuta a trovarla. Inoltre, Flo aveva quasi finito di tradurre il romanzo cui si dedicava da mesi. Contava di stampare una bozza e consegnarla a Ogawa quando si sarebbero viste per un caffè, ed era contenta che le cose stessero andando secondo i suoi piani.

Era stata proprio Ogawa a farle conoscere l'autore che stava traducendo. Le aveva regalato uno dei suoi racconti di fantascienza per bambini. Il racconto s'intitolava *Copy Cat* e lo pseudonimo dell'autore era Nishi Furuni (il suo vero nome era Ohashi Gen'ichiro). Flo se n'era innamorata perdutamente ed era rimasta stupita che non fosse ancora stato tradotto in inglese. Ogawa era stata più che felice di raccontarle tutto quello che sapeva su di lui.

Furuni era stato uno scrittore prolifico, sebbene un po' eccentrico: era ossessionato dai gatti e dai caratteri cinesi. Aveva iniziato a scrivere una raccolta di racconti quando alla sua nipotina era stato diagnosticato il cancro. Ogni giorno scriveva un nuovo racconto. Il figlio maggiore di Furuni, il padre della bambina, era stato un grande *rakugoka,* ma si era lasciato distruggere dall'alcol. Per questa ragione, la nipote era stata affidata a Furuni, che di giorno lavorava a un racconto e di sera lo leggeva alla piccola prima di andare a letto. Continuò finché lei non morì. *Copy Cat* era uno dei trecento racconti che aveva scritto per la nipotina. Flo li aveva letti tutti e aveva tradotto in inglese *Copy Cat*. Aveva regalato una copia della traduzione a Ogawa e aveva in mente di mandarla anche a qualche rivista letteraria, solo che non sapeva quali.

Il romanzo che Flo stava traducendo, però, era un progetto più personale.

Rive deserte era l'opera più importante di Furuni. Era il romanzo che aveva scritto prima di togliersi la vita. La morte della nipote aveva avuto un impatto enorme sullo stile e sul pensiero di Furuni. Lo scrittore, che era sempre stato morigerato, aveva iniziato a bere e a fare uso di allucinogeni. *Rive deserte* era il magmatico capolavoro di un genio disturbato e Flo l'aveva letto dalla prima all'ultima pagina una decina di volte. In quel periodo, Furuni aveva sviluppato una vera e propria ossessione per i *kanji*, i caratteri cinesi usati per scrivere il giapponese. Aveva iniziato a soffrire di allucinazioni, a convincersi che i caratteri che tracciava sulla carta potessero prendere vita. Durante la scrittura di *Rive deserte* aveva evitato di usare determinati caratteri, per timore che dalla pagina potessero sorgere dei mostri che l'avrebbero aggredito nel sonno. Si era rifiutato di usare le parole « ratto » o « scarafaggio » e di notte con un gessetto tracciava per terra intorno al suo *futon* il carattere che significava « gatto », convinto che quella catena l'avrebbe protetto, che i caratteri si sarebbero animati per difenderlo menter dormiva.

Subito dopo aver terminato il manoscritto di *Rive deserte*, Furuni lo aveva inviato al suo agente e aveva inghiottito un flacone di sonniferi con della vodka.

Per entrambe, Furuni era diventato una specie di ossessione. Erano in grado di parlare della sua vita e delle sue opere per ore. Flo ascoltava attentamente Ogawa che si lamentava del fatto che non fosse stato tradotto in inglese. E progettava di rimediare a questa carenza.

⁂

Il fine settimana arrivò presto e Flo inviò un messaggio a Ogawa per dirle davanti a quale stazione l'avrebbe aspettata. Flo pensava di portarla in un cat café della periferia ovest della città, ma voleva che fosse una sorpresa. A Kanazawa non c'erano bar con gatti, Ogawa sarebbe sicuramente stata entusiasta.

Flo arrivò alla stazione con mezz'ora d'anticipo e nell'attesa decise di fare due passi al parco. Quando tornò, Ogawa la stava aspettando fuori dalla stazione. Riconobbe la sua pettinatura da lontano. Quel giorno, Ogawa indossava un kimono bianco con un motivo di narcisi e si riparava dal sole sotto un ombrellino bianco. Aveva in mano la sua agendina e la stava studiando con attenzione. Flo accelerò il passo per raggiungerla di soppiatto e farle una sorpresa.

Si avvicinò da dietro e le diede un colpetto sulla spalla. Ogawa fece un balzo e si girò verso di lei. Il suo stupore si trasformò rapidamente in una risata e le due si presero per i gomiti e si misero a ballare per la gioia. Alcuni passanti si voltarono a guardarle, comprensibilmente sorpresi di vedere una signora in abiti tradizionali danzare con una ragazza straniera.

«Flo-chan!»

«Ogawa-sensei!»

«Oh, non chiamarmi *sensei*!»

Flo sorrise. «Sarai sempre la mia *sensei.*»

«Ma no, sono solo una stupida vecchietta!» Ogawa rise.

« Va bene, andiamo al bar, Stupida-vecchietta-sensei? »

Risero entrambe e s'incamminarono a braccetto verso il cat café.

⁂

Il bar – che si chiamava Café Neko – era sorprendentemente silenzioso quando entrarono. All'interno c'erano più gatti che clienti. Ogawa aveva intuito di che posto si trattava prima ancora che entrassero e quando Flo aveva annuito si era lasciata scappare un urletto entusiasta. Una volta dentro, si guardarono intorno con un sorriso estasiato. Un uomo, verosimilmente il proprietario, venne loro incontro e indicò un tavolino basso circondato da cuscini. Illustrò i prezzi e prese le ordinazioni. Nel frattempo, Ogawa stava accarezzando un gatto soriano che si era avvicinato.

Sulle pareti c'erano delle grandi fotografie che rappresentavano una gattina calico. Erano state scattate tutte nella stessa zona della periferia di Tokyo, ma in quattro stagioni diverse: nella neve invernale, durante il festival estivo, tra le foglie autunnali e in mezzo ai *sakura* di primavera. Flo si alzò per guardare la foto primaverile, che aveva catturato la sua attenzione. La gatta era seduta in una posa fiera, con la schiena dritta, e fissava l'obiettivo con sguardo di sfida. Aveva un'aria regale, circondata dai petali caduti, e i ciliegi alle sue spalle si fondevano creando uno sfondo di puntini rosa sfocati. Era diversa dai gatti addomesticati che saltellavano nel locale giocherellando coi clienti. Sembrava racchiudere una sorta di provocazione: il suo viso parlava, diceva che non aveva un padrone, che non aveva una casa. Era una vera gatta di città. Flo osservò i suoi occhi più da vicino e vi vide riflesso qualcosa, la sagoma scura di un fotografo accovacciato per scattare la foto. Si domandò chi potesse essere.

Tornò al tavolo e si sedette con Ogawa, che stava grattando il mento a un micione rosso. Il gatto sbavava un po'.

« Che foto meravigliose, vero? Chissà chi le ha scattate », disse Ogawa.

« Già, mi stavo chiedendo la stessa cosa. »

« Allora, come stai? »

Flo stava per rispondere, ma in quell'istante il proprietario del locale tornò da loro coi caffè freddi che avevano ordinato.

« Grazie. » Ogawa chinò la testa con grazia mentre l'uomo posava i bicchieri sul tavolo. « Ci stavamo chiedendo chi ha scattato quelle belle foto. »

« Ah, uno straniero. Si chiama George. È inglese. Lei da dove viene? » chiese a Flo, ma, prima che potesse rispondere, il barista guardò Ogawa. « Parla giapponese? »

Ogawa non disse nulla, si limitò a fare un cenno a Flo.

« Sono di Portland, in Oregon. Sono americana », disse Flo.

L'uomo sobbalzò e sgranò gli occhi. « Oh, caspita! Lei parla giapponese in modo *fantastico*! Sembra proprio giapponese! »

Ogawa sorrise.

« Be', ho avuto un'ottima insegnante. » Flo inclinò la testa verso Ogawa, che spazzò via il complimento con la mano.

Il barista sorrise a entrambe. « Impressionante! Comunque, le foto sono in vendita. Se siete interessate, fatemelo sapere. » Fece un inchino e le lasciò sole, a chiacchierare e giocherellare coi gatti che s'intromettevano nelle loro conversazioni per poi sparire di punto in bianco, incuranti del mondo.

Mentre parlavano, Flo si sentì ringiovanire. Ricordarono

il periodo in cui aveva vissuto a Kanazawa. Ogawa le riferì le ultime notizie degli amici e degli studenti di lì. Flo si era trasferita a Kanazawa subito dopo essersi laureata al Reed College di Portland. Non era particolarmente interessata al Giappone o ad altro, voleva soltanto scappare da qualche parte. Grazie al JET Programme, aveva trovato lavoro come insegnante d'inglese in una scuola media di Kanazawa e aveva deciso di tentare. Cinque anni dopo, parlava correntemente il giapponese e aveva scelto di spostarsi nella capitale per lavorare come traduttrice in un'azienda di videogiochi.

Ma non si era trovata bene come a Kanazawa. Tokyo era estenuante. Una routine senza fine. Certe volte le sembrava troppo grande e anonima: la città avrebbe potuto inghiottirla e nessuno se ne sarebbe accorto. Mentre parlava con Ogawa, si rese conto di quanto Kanazawa le mancasse. Ogawa beveva il suo caffè e le parlava di questo o quello studente, che stava per sposarsi, che aveva avuto un bambino, che aveva provocato uno scandalo ubriacandosi in treno. Flo la ascoltò con pazienza e non poté fare a meno di raccontarle di quella volta che, durante una delle sue prime lezioni di giapponese in caratteri cinesi, tutto aveva improvvisamente iniziato ad avere un senso. La lezione era andata così:

Flo era sempre stata nervosa quando doveva sedersi al tavolo pieghevole di fronte a Ogawa nella sala civica, su quelle seggioline traballanti che scricchiolavano a ogni minimo movimento. Il centro forniva a tutti delle ciabattine da indossare e, d'estate, quando le portava a piedi nudi, Flo sentiva il sudore accumularsi sotto la pianta dei piedi e la pelle appiccicarsi al materiale plastico di cui erano fatte.

Mordicchiava nervosamente la matita mentre Ogawa apriva con calma il taccuino, nel brusio delle conversazioni degli altri studenti e insegnanti. L'arrogante australiano che stava nell'angolo, e che era là da più tempo di tutti, parlava forte e sovrastava le voci degli altri. Flo si era sforzata d'ignorare la confusione e di concentrarsi su Ogawa, che le parlava lentamente e scandendo bene le parole mentre tracciava e spiegava i caratteri.

«I caratteri cinesi sono semplicissimi, Flo-chan. Molte persone li guardano e pensano che non riusciranno mai a impararli, che sono troppo difficili. Ma, come per ogni cosa, basta andare per gradi. I caratteri complessi sono formati da caratteri più semplici, e ognuno di essi racconta una storia.»

人 + 木 = 休

«A sinistra abbiamo il carattere che significa 'persona'; se aggiungiamo 'albero', otteniamo la parola 'riposo'. Immagina una persona seduta in un prato, sotto un albero, che si riposa. I caratteri cambiano significato quando sono accostati ad altri caratteri, per questo è così importante concentrarsi sul rapporto che li lega. I caratteri isolati nella sostanza non esistono, e persino i caratteri più complicati o più semplici racchiudono una storia. Ricordalo sempre, Flo-chan.»

Quanto tempo era passato da quella lezione. Adesso erano sedute in un cat café a Tokyo e nella borsa Flo aveva la bozza del romanzo che aveva appena finito di tradurre. Era impaziente di darla alla sua ex insegnante. «Ah, Ogawa-sensei, prima che mi dimentichi...»

«No! Prima io.» Ogawa aveva già aperto la sua borsa e stava tirando fuori un pacchetto. «Tieni, avevo promesso di portarti un po' di anguria da Kanazawa.» Diede il pacchettino a Flo, che lo prese con entrambe le mani e chinò la testa.

«Grazie mille, Ogawa-sensei.»

« Di niente! » disse Ogawa. Poi, con un sorriso malizioso, tirò fuori un altro pacchetto. « E c'è anche questo. »

Flo lo prese. Sembrava un libro cartonato. « Che cos'è? »

« Aprilo! » Ogawa sorrideva.

Flo staccò delicatamente il nastro adesivo che teneva ferma la carta e fece scivolare fuori il libro. Quando lesse il titolo, il suo cuore sprofondò.

Rive deserte.

In inglese. Tradotto da William H. Schneider.

« È stato appena tradotto in inglese! Ho pensato che ti avrebbe fatto piacere leggerlo anche nella tua lingua. »

Le mani di Flo lasciarono dei segni di sudore sulla sovraccoperta. Si sforzò di sembrare entusiasta. « Grazie. »

« Cos'hai, Flo-chan? C'è qualcosa che non va? »

« No, non è niente. Scusa, non mi sento tanto bene. »

« Vuoi un bicchiere d'acqua? » Ogawa fece un cenno al barista. « Potrebbe portarci un po' d'acqua, per favore? »

L'uomo annuì e andò a prendere una brocca e due bicchieri.

« Sei sicura di stare bene, Flo-chan? »

« Sì, sto bene. Davvero. »

Ogawa allungò il braccio e posò la mano sopra quella di Flo. « Sai che puoi dirmi tutto... »

Flo, che aveva sofferto atrocemente la solitudine, aveva desiderato per mesi un gesto di conforto da parte di un altro essere umano. Ora però era così sconvolta da non accorgersene.

L'uomo tornò con l'acqua e Ogawa ritrasse il braccio. « Posso fare qualcos'altro per voi? »

« Sì. Mi chiedevo quanto costa la foto del gatto scattata in primavera. Potrebbe controllare? » chiese Ogawa in tono allegro.

« Certo. » L'uomo andò dietro il bancone.

«È quella che ti piace di più, vero?» chiese Ogawa.

«Sì», disse Flo.

L'uomo tornò al tavolo. «Diecimila yen. Le interessa?»

«Che ne dici, Flo-chan?» Ogawa le sorrise. «È un regalo.»

Flo si sentì a disagio. «No, dai, lascia stare.»

Ogawa insistette. «Sicura? Non preoccuparti del prezzo, non so mai come spendere i soldi», aggiunse con una risata.

«No, davvero. Ma grazie lo stesso.» Flo aveva gli occhi lucidi.

Ogawa alzò lo sguardo verso l'uomo. «Allora ci porti il conto, per favore.» Guardò Flo. «Offro io.»

Ogawa pagò e andò alla toilette. Mentre era in bagno, il barista andò da Flo e le chiese il suo numero di telefono. Flo mentì e gli disse che non aveva un cellulare. Si sentì sollevata quando Ogawa tornò. Uscirono in strada e s'incamminarono piano verso la stazione, in silenzio.

«Mi spiace di non potermi fermare di più con te, Flo, ma lo sai anche tu quanto è impegnativo Suzuki-san. Vuoi unirti a noi? Ci farebbe tanto piacere. Sono sicura che anche Suzuki-san sarebbe felice di vederti.» Erano arrivate davanti alla stazione.

Flo moriva dalla voglia di dirle di sì, ma sapeva anche di non essere in grado di resistere a lungo, specialmente in mezzo ad altre persone. Aveva dovuto fare uno sforzo enorme per nascondere a Ogawa quello che provava e non sarebbe riuscita a mantenere il controllo ancora per molto. «Grazie, ma devo lavorare.»

Ogawa sorrise. «Vedo che ormai sei impegnatissima. Sono così fiera di te.»

Flo temette di scoppiare a piangere. Si morse un labbro.

Ogawa le posò una mano sul braccio. «Ti trovi bene qui, Flo-chan?»

«Sì, sto bene.»

«Mi spiace che oggi non abbiamo avuto molto tempo per parlare, ma lo sai, sì, che a Kanazawa sei sempre la benvenuta? Se dovessi aver bisogno di staccare un po'.»

«Grazie, Ogawa-sensei.»

«Stammi bene, Flo-chan.»

«Ciao.»

Si abbracciarono e Flo trattenne il fiato per evitare che le sue emozioni si riversassero fuori.

Si salutarono con la mano e Ogawa attraversò i tornelli per prendere il treno. Poi si voltò e la salutò un'altra volta, prima di salire sulla scala mobile che portava ai binari.

Flo s'incamminò lentamente verso casa, trattenendo le lacrime, mentre il plico di fogli A4 e il libro fresco di stampa pesavano come un macigno nella sua borsa.

⁂

La sveglia di Flo suonò. Era lunedì mattina. E, come sempre, Flo non aveva voglia di andare al lavoro.

Prese i treni che prendeva ogni giorno, abbandonandosi all'alienazione, senza un libro né un po' di musica a distrarla dalla sgradevolezza della carrozza soffocante. Si aggrappò alla maniglia che pendeva dal portapacchi, come tutti gli altri passeggeri, appoggiò la testa contro il braccio e chiuse gli occhi, cercando di dormire, nonostante la disgustosa puzza di corpi ammassati che saturava l'aria.

Si era appena appisolata quando sentì una mano toccarle il seno.

Si voltò di scatto e si guardò intorno furiosamente alla ricerca della persona che l'aveva palpeggiata, ma nella calca non riuscì a individuare la provenienza della mano. La puzza era diventata ancora più opprimente.

Poi una mano le afferrò il sedere. Delle dita ossute la pizzicarono facendole male.

Avrebbe potuto urlare: « *Chikan!* » come facevano le giapponesi, ma Flo voleva smascherare il maniaco. Finse di nuovo di dormire adagiando la testa nell'incavo del braccio, ma nel suo petto il cuore batteva all'impazzata.

Afferrò la mano non appena le sfiorò il seno e la torse attirando il braccio a sé.

L'uomo gemette.

Flo digrignò i denti e mentre torceva il braccio ancora più forte, fino quasi a spezzarlo, sibilò in inglese: « Porco! Lurido, schifoso porco! »

Gli altri passeggeri si guardavano intorno per capire quale fosse la causa dell'agitazione. Senza mollare il braccio, Flo gli diede tre pugni violenti sull'orecchio.

Un altro uomo le urlò in giapponese: « Ehi! Non può fare così! Qui siamo in Giappone! »

Flo si voltò verso di lui. « *Chikan!* » urlò in giapponese. « Ha fatto *chikan*! »

Le porte si aprirono e Flo si precipitò fuori dalla carrozza in singhiozzi. Corse su per le scale mobili più veloce che poté, per allontanarsi dal luogo dell'incidente. Non voleva finire nei guai.

Quando prese l'ascensore per salire in ufficio, Flo non aveva ancora smesso di tremare. In certi momenti doveva coprirsi la bocca con la mano per non scoppiare di nuovo in lacrime. Un collega le fece un cenno gentile con la testa, un certo Makoto dell'ufficio legale, un ragazzo perbene. La guardava preoccupato, ma per fortuna l'etichetta giapponese gli impedì di farle domande in ascensore.

Mentre cercava di raggiungere la sua scrivania, sentì una voce familiare chiamare il suo nome.

« Flo-san! »

Continuò a camminare.

« Flo-san! Buongiorno. » Kyoko l'aveva rincorsa nel corridoio e ansimava leggermente. « Non mi hai sentita? Ti ho chiamato. »

« Scusa. »

« Hai letto il mio biglietto? »

Flo scosse la testa.

« Ah, okay. Oggi ho bisogno che tu faccia sette cose... »

Flo sentì che la sua testa tremava nel tentativo di trattenere le lacrime.

« Flo-san? Stai bene? » Kyoko abbassò il foglio che stava leggendo e la guardò negli occhi.

« No. Non sto bene. »

Kyoko si guardò intorno per controllare se qualcuno le stesse osservando e sussurrò: « Vieni con me ». Senza dire una parola, portò Flo fuori dagli uffici e poi nel bagno delle donne.

Una volta dentro, Kyoko si voltò verso di lei. « Cos'è successo? »

« Un uomo... sul treno... » Flo non riusciva a parlare.

« *Chikan?* »

« È che... è che... » Flo scoppiò a piangere e si mise a parlare in inglese. E, una volta iniziato, non riuscì più a fermarsi. « È troppo, tutto, è tutto troppo. Non ce la faccio più. Cazzo, non ce la faccio più, Kyoko. Io lavoro, lavoro, lavoro, e a che scopo? I giorni sono tutti identici, non c'è colore, non c'è luce, non c'è speranza. Questa città mi sta consumando da dentro. È così grande, così fredda, così indifferente, cazzo. Un uomo può farmi una cosa del genere e tutti se ne fregano. Nessuno dice niente, nessuno fa niente, lo lasciano fare, sono complici. Tutte queste persone, tutte queste vite... sono tutti concentrati solo su se stessi. Non si accorgono nemmeno se un altro essere umano ha bisogno d'aiuto... Ma in fondo io che ne so, forse anche loro soffrono. Non ho il diritto di giudicare.» Singhiozzò piano.

Kyoko la fissava. Flo fece un respiro profondo e si sforzò di ricomporsi, poi aggiunse, in giapponese: «È che... è che mi sento così sola». Si coprì il viso con le mani.

Kyoko le posò una mano sulla spalla. «Ehi, Flo. Guardami», disse, in un inglese impeccabile.

Flo alzò lo sguardo, con gli occhi pieni di lacrime.

«Non sei sola. Capisco che a volte tu possa pensarlo, ma non è così.»

Flo aveva il naso che colava. Cercò di nasconderlo con le dita.

«Questa città è troppo grande, ci sono troppe persone, c'è troppa follia che nessuno vede o vuole vedere. Mi ricordo i primi tempi in cui lavoravo qui. Avevo lasciato la casa dei miei genitori per andare a vivere da sola a Chiba. I viaggi in treno tutti i giorni... ero sempre così confusa e stressata. Non riuscivo a sopportare la vita da pendolare. E quando succedono cose come questa è ancora più orribile.»

«Tu non sei di qui?» Flo tirò su col naso.

«È questa la cosa strana, Flo. Io sono nata e cresciuta a Tokyo. Sono una dei pochi... Anche se a volte la gente mi fa sentire come se non avessi il diritto di stare qui.» Kyoko si morse un labbro.

«Cosa vuoi dire?»

«Niente... cioè, in realtà... oh, 'fanculo. Anch'io sono straniera. Sono giapponese solo per metà. Mia mamma è coreana. Non ne parlo perché voglio essere accettata.» D'un tratto Kyoko parve allarmarsi. «Oddio, ti prego, Flo, non dirlo a nessuno. Cristo, non l'ho ancora detto nemmeno al mio ragazzo.»

Flo si stropicciò la faccia. «Non preoccuparti, Kyoko. Non lo dirò a nessuno. Ma a vederti sei così perfettamente... giapponese. Scusa, è una cosa un po' insensibile da dire.»

Kyoko rise. «Ah, ma anche tu sei così. Facciamo di tutto per non farci notare, giusto?»

Si osservarono nello specchio per alcuni istanti senza dire niente. Poi Kyoko proseguì: «Ti stupirà, ma la maggior parte delle persone che lavora qui non è di Tokyo. Arrivano da fuori, convinte di trovare la felicità. Ma una volta qui... Be', si accorgono che non è un paradiso». Fece una pausa. Entrò in una toilette e ne uscì con un pezzo di carta igienica. Lo diede a Flo. «Cosa fai questo fine settimana?»

Flo si soffiò il naso. «Non lo so. Credo che lavorerò alla mia traduzione.»

«Cosa stai traducendo?»

«Be'... stavo lavorando su un romanzo, ma...»

«Di chi?»

«Nishi Furuni.»

Gli occhi di Kyoko s'illuminarono. «Oh! Adoro la fantascienza!»

Flo ripiegò con cura la carta igienica. «Anch'io.»

«Senti, Flo, so che ti sembrerà una domanda un po' strana, ma... a te piacciono i *kanji*, i caratteri cinesi, vero?»

Flo annuì.

«Ti sei mai cimentata con la calligrafia?»

«La adoro.»

«Ti piacerebbe frequentare un corso di calligrafia con me? È da un po' che cerco qualcuno che mi accompagni. Non mi va di andarci da sola.»

Flo accennò un sorriso. «Mi piacerebbe molto.»

Kyoko sorrise. « Perfetto. Ne ho trovato uno a Chiba. È un po' lontano da Tokyo, ma... »

« Non c'è problema. Ne sarei entusiasta. »

« Benissimo. »

« Grazie, Kyoko. »

Si guardarono entrambe allo specchio e si prepararono per tornare nell'open space che ospitava gli uffici. Flo si pulì il mascara dalle guance e riapplicò l'eyeliner. Kyoko strinse la coda e aspettò con pazienza che Flo avesse finito.

Una volta pronta, Flo annuì.

Kyoko le strinse il polso due volte prima di lasciarla andare. Tornarono alle loro scrivanie consapevoli di doversi separare. Ma, per quei pochi passi, percorsero il corridoio tra i box fianco a fianco. Insieme.

Flo si sedette alla sua scrivania e mosse il mouse.

Fece un sospiro e sorrise.

FOGLIE AUTUNNALI

« Voglio che tu mi prenda a schiaffi e mi costringa a succhiarti il cazzo. Che me lo ficchi in bocca con la forza », sussurrò Mari in inglese.

George non sapeva cosa dire. Cercò di rispondere, ma gli uscì solo un gemito sommesso.

Lei alzò lo sguardo dal suo caffè e lo guardò negli occhi. « D'accordo? Lo farai? La prossima volta che faremo sesso. »

Lui si agitò sulla sedia, a disagio. « Ma... perché? »

« Perché te lo chiedo io. Ecco perché. »

« Ma io ti amo. Perché dovrei trattarti così? »

Lei socchiuse gli occhi. « Se mi ami, allora fa' quello che ti ho chiesto. »

« Ma perché? »

« Per farmi felice. »

George e Mari erano seduti al Mister Donuts di Koenji davanti a due tazze rosse colme di caffè. Più o meno quarant'anni lui, una trentina lei. Si trovavano all'ultimo piano del negozio di ciambelle e attraverso le vetrate vedevano la stazione. I treni passavano sferragliando tra i rintocchi ritmici dei campanelli e degli annunci degli altoparlanti. Il sole batteva sui vetri e il bar era molto caldo per una mattina d'autunno. Fuori il cielo era azzurro e il condizionatore ronzava, rianimandosi dopo una lunga estate passata a tenere al fresco migliaia di clienti.

Nella sala c'era solo una manciata di persone: un vecchio

con un bastone seduto da solo, tre liceali che ridacchiavano e un gruppetto di giovani mamme con gli occhi incollati agli schermi dei cellulari, che cullavano distrattamente i loro bambini e sussurravano *ssst* se facevano un urlo o si mettevano a piangere.

Mari osservò i bimbi nelle carrozzine, poi guardò George, seduto di fronte a lei. Piluccò sovrappensiero la ciambella che aveva ordinato. George tirò fuori una sigaretta e l'accese. Lei sospirò, prese la sua copia del *Giovane Holden* e spiegò l'orecchia che aveva lasciato, troncando la conversazione.

George prese la biro e continuò a scrivere sul suo taccuino, con la sigaretta che gli penzolava dalle labbra.

Vista in autunno
Tra alberi rossi e d'oro
Nel grande parco

Lui era sbronzo
Lei era sobria e fredda
Giorno d'autunno

Aveva bevuto
Tutta la notte fino
Al sorgere dell'alba [*sillabe?*]

Come ogni anno
Raccoglieva una foglia
Per il suo libro

Pagine e nodi
Di colori raccolti
Foglie di storia

Le aveva detto
Tremulo come un'onda
(E lei stupita)

« Che cosa fai, tu? »
« Niente. Raccolgo foglie. »
« Ti piace questa? »

« Carina, direi. »
[*Finire la strofa*]

« Ti andrebbe un caffè? »
« Cosa? Adesso? Con te? »
« Ma sì, perché no. »

George fece una pausa. Scrivere haiku lo affaticava. Lo sforzo per rispettare il rigido schema 5-7-5 gli aveva fatto venire mal di testa. Si considerava un purista. Non gli piaceva quando gli occidentali traducevano gli haiku senza rispettare la scansione sillabica. Aveva letto i versi di Matsuo Basho in traduzione e s'infastidiva se notava che un verso aveva una sillaba in più o in meno. Perché non rispettavano la metrica? Che senso aveva chiamarli haiku se poi non ne avevano la struttura? Era ansioso di leggere le poesie in lingua originale. Un passo alla volta, come nell'haiku di Kobayashi Issa:

蝸牛	O lumaca
そろそろ登れ	Scala il monte Fuji,
富士の山	Ma piano, piano!

George non aveva idea che quell'haiku era citato anche in *Franny e Zooey*, un romanzo dello stesso autore che Mari stava leggendo in quel momento. Ma tanto a Mari non sarebbe importato.

Mari stava rileggendo per la decima volta *Il giovane Holden*, in inglese. Era il suo romanzo preferito. Lo adorava, dalla prima all'ultima pagina. Lo aveva letto per la prima volta alle superiori, in giapponese. Ricordava ancora il brivido che l'aveva attraversata leggendo le avventure di un'altra anima persa come lei in una megalopoli, una New York estranea, un ragazzo della sua età, isolato e diverso. Si era identificata. Da ragazzina, fantasticava d'incontrare Holden. Lui sarebbe stato molto più alto di lei, avrebbe avuto i capelli biondi e gli occhi azzurri e avrebbe indossato il suo famoso cappello rosso. Lei lo avrebbe portato a Tokyo e si sarebbe presa cura di lui. E insieme sarebbero stati felici. Non si sarebbero mai più sentiti smarriti, perché le loro vite avrebbero finalmente avuto un senso.

Sbirciò George, che stava scrivendo. Era così bello quando si concentrava. Adorava il suo viso ruvido, i suoi capelli biondi, i suoi occhi azzurri. La cenere si stava accumulando in fondo alla sua sigaretta, ma lui non la scrollava. Rimpianse non potergli fare una foto. Il suo Holden. Il suo *gaijin* disperato e smarrito. Certo, non era di New York. Non era nemmeno americano. Ci aveva messo un po' ad abituarsi al suo spocchioso accento britannico, alle sillabe dure e controllate. Nulla a che vedere con l'accento della lunga serie di ragazzi americani con cui era uscita prima d'incontrare George. Lavorare in una trading house, sui conti esteri, oltretutto, le aveva dato occasione di conoscerne parecchi. Non aveva mai avuto difficoltà a parlare con gli stranieri; con George, però, era stato diverso. All'inizio, si era scontrata con qualche resistenza. L'apertura e la scioltezza degli americani le erano mancate.

Era un uomo inglese che sembrava un giapponese. Ed era l'ultima cosa che Mari voleva da un compagno. Inoltre, c'era un lato di lui che le rimaneva oscuro. Le aveva detto di avere fatto il poliziotto in Inghilterra, e il pensiero in realtà la eccitava un po'. Peccato non avesse più la divisa e il manganello. Ma, se stava zitto, riusciva a convincersi che fosse americano. Si sforzò di non pensare all'ex moglie e alla figlia che aveva lasciato nel Regno Unito. Che cosa stava scrivendo? Forse un romanzo come quello che stava leggendo. Immaginò come sarebbe stata la sua vita se avesse sposato uno scrittore straniero. Avrebbe scritto anche lei, in giapponese però. Avrebbero potuto vivere a New York, e lei ogni tanto sarebbe tornata in Giappone per partecipare ai talk show e presentare il suo ultimo romanzo. Si rituffò nel suo libro.

George aveva bisogno di una pausa: aveva male al polso a forza di scrivere. Guardò Mari, che leggeva in silenzio di fronte a lui. Gli zigomi pronunciati sospesi sopra il libro aperto. I capelli neri tagliati corti, come un uomo. In certi momenti aveva un aspetto feroce, ma ora aveva un'aria più mite, benevola. Aveva offerto lei il caffè, come sempre, e magari più tardi avrebbe potuto chiederle di prestargli dei soldi. Gli veniva voglia di parlarle quand'era così, sembrava più ragionevole. Fece un colpetto di tosse e spinse il taccuino verso di lei. Lei non alzò gli occhi dal libro, così lui le agitò una mano sotto il naso. Lei aggrottò la fronte.

«*Mari-chan, mi-te*», disse lui per fare colpo, per stabilire una vicinanza, ma le sillabe straniere gli s'ingarbugliarono sulla lingua. Quando cercava di pronunciare il suo nome alla maniera giapponese, la lingua si bloccava a metà strada, non stava né di qua né di là. Non riusciva mai ad azzeccare il suono della consonante. Non era né una « L » né una « R ».

Lei preferiva quando lui lo pronunciava col suo marcato accento straniero, con quell'incantevole « R » sfuggente, che racchiudeva in sé una promessa d'esotico. Un suono che lei stessa aveva fatto fatica a imparare e che ora era fiera di saper pronunciare. Quando si presentava a un interlocutore anglofono, si sforzava di pronunciare il suo nome come avrebbe fatto lui: « Salve, mi chiamo Mari. Sì, proprio come la parola inglese '*marry*' », diceva prendendo in prestito la sua lingua per venire incontro al suo orecchio straniero.

Lei ignorò il suo tentativo di parlare giapponese.

« Mari. Guarda. »

« Cosa? »

« Sto scrivendo una poesia su di noi. Su come ci siamo conosciuti. »

Lei mise giù il libro e sospirò. Lui le passò il taccuino consumato e lei alzò gli occhi al cielo mentre lo prendeva. Lesse rapidamente la poesia. « Bella. » Gli restituì il taccuino.

« Non ti piace? »

« Be'... è solo che sembra un po'... »

« Un po'? »

« *Nanka... monotarinai.* »

George sospirò. « E dai, Mari. È una parola che non conosco. Cosa vuol dire in inglese? »

« Inconsistente? »

« Ah... » George scrollò la sigaretta nel posacenere. Il cilindro di cenere cadde e lui fece un tiro striminzito. Era praticamente finita.

« Perché invece di una poesia non scrivi un racconto? Potresti ambientarlo in un posto interessante, magari New

York, no? » Gli sorrise e spostò la mano di un paio di centimetri verso la sua.

« Io però volevo farne un haiku. »

Mari piegò la testa e guardò di nuovo il taccuino. « Ah? Ma questo non è un haiku... »

Lui alzò gli occhi di scatto. « Sì che lo è. »

« No, non lo è. »

« Be', ogni strofa è un haiku. »

Mari non conosceva il significato della parola « strofa », ma non voleva ammetterlo. La irritò che George avesse usato una parola inglese di cui ignorava il senso. Scosse la testa. « Gli haiku devono essere scritti in giapponese. »

Lui sogghignò. « Questo non è vero. »

« *Yappari gaijin wakaranai ne* », borbottò rapidamente lei.

« Cosa? » Quando Mari parlava così velocemente, lui non riusciva a capirla.

« Comunque, mancano i *kigo,* George. »

« *Kigo?* »

« Sì. È, come si può dire, una parola legata alle stagioni. Ogni haiku deve contenere una parola che si riferisce a una delle quattro stagioni. »

« Ho capito. » George posò la penna.

« Senti, dov'è il racconto che quella ragazza bionda ha dimenticato al bar? »

Entrambi sapevano che, un'ora dopo averlo trovato, lui l'aveva lasciato sul taxi che avevano preso. E, anche se George se ne fosse voluto scordare, lei sembrava determinata a impedirglielo. « Non lo so più. »

« Volevo leggerlo. *Quello* sembrava interessante. » Mari s'imbronciò.

George si morse il labbro e non le fece notare che la parola « quello », il modo in cui l'aveva pronunciata, l'aveva un po' ferito. Forse si era espressa male.

Finirono le loro tazze e andarono al Café Neko.

L'esposizione delle fotografie di George terminava quel giorno. Stavano andando a vedere quante ne aveva vendute e a riprendersi le altre. Il proprietario del locale, Yasu, era un amico di Mari e aveva permesso a George di esporre le foto al prezzo di favore di trentamila yen. Mari aveva pagato e lui aveva studiato per ore la sua sterminata raccolta per selezionare le foto migliori. Alla fine, con l'aiuto di Mari, aveva scelto una serie di scatti realizzati in strada che avevano come soggetto un gatto calico che incontrava ogni volta che gironzolava nel quartiere con la macchina fotografica.

Era una serie pensata bene: le aveva scattate nel corso degli ultimi anni ed era riuscito a catturare i cambiamenti del paesaggio urbano col mutare delle stagioni. Mari gli aveva spiegato che era un tema molto frequente nell'arte e nella letteratura giapponese. Come negli haiku, appunto. Lo scorrere delle stagioni avrebbe attirato l'attenzione dei giapponesi, e il gatto era un ottimo soggetto. La clientela del Café Neko avrebbe certamente apprezzato. Sarebbe stato un successo, Mari ne era sicura.

«Oooooh, guarda che musetto *kawaii* ha quel micino...» aveva tubato Mari una sera indicando la foto del gatto che giocava nella neve sullo schermo del computer di George, mentre lui ritoccava l'immagine.

«Come fai a sapere che è un maschio?» aveva chiesto George.

«Maschio o femmina, che differenza fa?»

George non lo sapeva, ma Mari e Yasu, il proprietario del bar, una volta avevano scopato. Era stato uno sbaglio. Erano ubriachi ed era capitato, come le era capitato con tanti altri uomini. Non significava nulla, e poi Yasu era un tipo a posto, un uomo di mondo, che sa che il sesso è solo sesso; vedere Mari e George insieme non gli dava fastidio. Mari però sapeva che George avrebbe reagito male se l'avesse scoperto, quindi non gli aveva detto niente. I *gaijin* erano sempre così gelosi.

Arrivarono al Café Neko e non appena aprirono la porta si trovarono davanti i clienti che accarezzavano e coccolavano i numerosi gatti che si aggiravano per il locale. Yasu venne loro incontro e gli offrì da bere. Si rivolse a George in un inglese traballante, accompagnando le parole con sorrisi e ampi gesti delle mani, ma quando Mari gli chiese se avesse venduto le foto di George le rispose rapidamente in giapponese.

« Ah... Volevo parlarti di una cosa, Mari-chan. » Yasu sembrava a disagio.

« Dimmi. » Mari sorrise a George mentre lei e Yasu parlavano veloci.

George capì il messaggio e andò ad accarezzare un gattone rosso paffuto accucciato in un angolo per lasciarli parlare.

« Ehm, in realtà, Mari-chan. Ecco, a essere onesti, siamo riusciti a vendere solo una fotografia... »

« Una sola? » Era stupefatta, ma riuscì a controllarsi.

« Sì... E, a dirla tutta, l'ho comprata io. »

Mari si morse un labbro. « Capito... Una sola. »

« Sì... Non sapevo se volevi dirlo a George. Ho impacchettato le altre foto, sono sul retro. Cosa devo farne? »

Mari rifletté alcuni istanti, poi prese la sua borsa di Louis Vuitton. « Yasu-san. So che è un disturbo, ma potresti tenerle tu per il momento? Tornerò a prenderle più tardi, se sei d'accordo. » Con un gesto rapido gli ficcò nella mano cinque banconote da diecimila yen.

«Certo, Mari-chan. Non c'è nessun problema.»

«Grazie mille. Tornerò a prenderle presto.»

Uscirono dal bar insieme e mentre camminavano verso la stazione George le chiese: «Allora, com'è andata?»

«Mmm?» Mari guardava per terra.

«Quante ne ho vendute?»

Lei alzò lo sguardo. «Oh, le hai vendute tutte.»

«Tutte?» Le labbra di George si schiusero in un sorriso raggiante.

«Sì. Complimenti, tesoro. Yasu-san mi ha dato i tuoi soldi. Hai guadagnato sessantamila yen.»

«Fantastico!»

«Complimenti, tesoro. Sono così fiera di te.»

«Dobbiamo festeggiare! Andiamo a ubriacarci.» George si mise a saltellare.

Mari sorrise vedendolo così felice. «Ottima idea.»

Facevano spesso dei brevi viaggi in Giappone. Trovavano entrambi che Tokyo fosse opprimente e amavano concedersi qualche breve fuga in altre città o in campagna. Era Mari a pagare, grazie al suo stipendio alla trading house, dato che con quel poco che guadagnava come insegnante d'inglese George non si sarebbe potuto permettere di andare nei posti che piacevano a Mari. Dopo la volta in cui aveva sperperato in alcol in sole due settimane un intero stipendio, George ogni mese consegnava la busta paga a Mari. Da allora, lei gli dava una moneta da cinquecento yen al giorno per comprarsi il pranzo. A George non importava; non l'avrebbe mai ammesso, ma sotto sotto era contento che Mari si facesse carico delle questioni finanziarie. Una sera in cui era uscito a bere con alcuni studenti del corso di conversazione, uno di loro – un *salaryman* di mezza età – gli aveva spiegato che in passato i samurai non portavano mai denaro con sé e che erano le mogli a occuparsi di quel tipo d'incombenze. Certe volte, George fantasticava di essere un samurai del periodo Edo, e che Mari fosse la sua geisha.

Mari, d'altra parte, aveva gusti costosi e adorava andare agli *onsen* e pernottare in *ryokan* di lusso. Non le importava di pagare, tanto poteva permetterselo. E ne valeva la pena, non fosse altro che per gli sguardi invidiosi che le altre donne le lanciavano mentre passava con una borsa firmata in una mano e nell'altra la mano di un *gaijin*.

« Che cos'è un *ryokan*? » le aveva chiesto George mentre programmavano il loro primo viaggio.

« *Ryokan* è la locanda tradizionale giapponese », aveva risposto lei.

« Non si dice così, Mari. Puoi dire: 'I *ryokan* sono locande tradizionali giapponesi', oppure: 'Il *ryokan* è una locanda tradizionale giapponese'. Una delle due. Scegli tu quale preferisci. »

Lei era rimasta interdetta. Poi, con voce leggermente tremante, aveva detto: « Be'... Dato che pago io, credo di poter dire quello che voglio. »

« Va bene! Scusa! » George aveva allungato le mani verso di lei per calmarla.

« Cazzo, George, non sono una delle tue allieve. Non puoi trattarmi così. »

Lui le aveva fatto il solletico sotto l'ascella. « Però ti piacerebbe esserlo, vero? »

Lei aveva riso. « Smettila! »

« Ti piacerebbe chiamarmi *sensei*, eh? »

« Scemo! » Gli aveva dato un pugno scherzoso sul braccio.

Si erano abbracciati e baciati, poi avevano continuato a programmare il viaggio col portatile di George.

A Mari piaceva controllare la cronologia del suo browser quando lui non c'era. George guardava un sacco di porno. E di ogni genere. Non era gelosa. Al contrario, era intrigata. Cosa gli piaceva? Tra le sue ricerche c'erano cose come « asiatica sborra », « ragazza di classe si fa scopare », « creampie », « ragazze in divisa scolastica », « porno cuckold ». Ogni tanto, nella cronologia delle ricerche compariva qualcosa di super perverso tipo « ladyboy » o roba bisessuale. Certe persone l'avrebbero trovato rivoltante, ma non Mari. Anzi, la eccitava. Le piaceva guardare i porno che George aveva guardato e immaginarlo mentre si masturbava.

Le sue fantasie però non erano incentrate su di lui. Quello che la eccitava era immaginare di essere protagonista del porno che lui stava guardando. Sarebbe stato fantastico se George avesse aperto un filmato e si fosse trovato davanti Mari, che guardava dritto nella videocamera. Che faccia avrebbe fatto? Sarebbe sbiancato. Be', più di quanto non fosse già. Era già piuttosto pallido di suo.

Dopo, veniva assalita da un senso di malinconia e rimetteva il portatile nel punto esatto in cui l'aveva trovato.

Poi andava a lavarsi le mani.

Una volta avevano visitato l'isola di Kyushu, nel Sud. Era stato un viaggio meraviglioso. Erano entrambi di buon umore e una volta tanto non avevano litigato troppo.

Si erano fermati a Fukuoka andando a Kagoshima, poi a Oita per un giro delle sorgenti termali. George aveva scattato delle foto bellissime di Mari davanti al lago nella città termale di Yufuin. Per molto tempo erano state le immagini del suo profilo Facebook. Il lago si chiamava Kinrinko, lago dalle squame d'oro. Avevano affittato un bagno privato a Yufuin e la giornata era stata perfetta. Gli era persino capitata una piccola avventura.

George stava scattando delle foto del lago quando d'un tratto aveva sentito Mari urlare disgustata in inglese.

« Che cazzo stai facendo? »

George si era voltato per vedere cosa stava succedendo e aveva visto un giapponese completamente nudo con una parrucca afro fucsia in testa davanti alla porta aperta di un *onsen* privato. Avanzava nella loro direzione. Il suo pene era eretto e lui lo agitava verso di loro sorridendo impacciato a George e Mari. Aveva il cellulare in mano e lo usava per scattare delle foto a George e Mari, probabilmente per immortalare le loro reazioni alla sua perversa apparizione.

« Ignoralo, Mari. Sta solo cercando di attirare l'attenzione », aveva detto George, girandosi di nuovo verso il lago con aria indifferente.

« È un cazzo di psicopatico! »

George aveva sbuffato dal naso, divertito. Mari aveva un'ottima padronanza del turpiloquio inglese, e non gli era sfuggita la sfumatura di gioia - di eccitazione, quasi - nel suo tono di voce.

Un folto gruppo di turisti si era avvicinato e l'uomo si era ritirato nella sua cabina, portando con sé la sua erezione, il cellulare e la parrucca fucsia.

Più tardi, sul treno, avevano riso insieme dell'episodio.

« Quel tizio era totalmente fuori di testa! »

« Sai cosa mi dispiace di più? » aveva chiesto George.

« Di non averglielo succhiato? » Mari aveva riso.

George era arrossito lievemente, ma aveva continuato a sorridere divertito. « No. Vorrei avergli fatto una foto. »

« Perché!? Allora sei *hentai* quanto lui! »

« No! Così avrei potuto mostrarla! Nessuno ci crederà quando lo racconteremo. Avrei dovuto fare una foto per avere una prova. »

« Lui ne sarebbe stato entusiasta. » Mari si era aggrappata al braccio di George ridacchiando.

Durante quel viaggio, mentre erano a Fukuoka, erano andati anche al tempio buddhista di Tocho-ji. George aveva insistito perché Mari gli insegnasse a scrivere il nome del tempio in caratteri cinesi sul suo taccuino.

« *To* vuol dire 'est', come il *To* di 'Tokyo'. »

Lui aveva tirato fuori la lingua mentre si sforzava di memorizzare il carattere.

« No, non così. » Mari aveva cercato di prendergli la penna e il taccuino, spazientita.

« Lasciami provare! » aveva piagnucolato lui, scribacchiando un paio di volte il carattere, con una grafia infantile.

« Va bene. Va bene. Ora, *cho* vuol dire 'lungo'... Sì, esatto. Bravo, baby! »

« Così va bene? » Le aveva mostrato i caratteri che aveva tracciato.

東長寺, si leggeva in uno sgorbio più patetico di quello di un bambino delle elementari.

« Sì. Ottimo! Sei riuscito a scrivere correttamente anche il carattere che significa 'tempio'. »

Lui aveva sorriso. « Grazie. »

Avevano visitato il tempio ed erano saliti a vedere la grande statua del Buddha. Quando George aveva tentato di fotografare l'enorme mole del *daibutsu* che incombeva su di loro, Mari l'aveva rimproverato e aveva indicato il cartello che proibiva di fare fotografie.

« Impressionante », aveva detto lui.

« Figo », aveva commentato lei.

Poi erano entrati in un corridoietto dietro la statua che portava in una zona chiamata *jigoku* (inferno) e in una chiamata *gokuraku* (paradiso). La zona dell'inferno era decorata con curiosi dipinti che raffiguravano delle persone torturate dai demoni.

George aveva indicato un peccatore sconvolto aggrappato a una sbarra, sopra le fiamme che si levavano da un lago di fuoco. « Quello sono io. »

Mari aveva riso così tanto che gli si era scaldato il cuore.

Si erano imbattuti in un altro dipinto dell'inferno in cui si vedevano delle persone che venivano traghettate attraverso un fiume su una barchetta.

« Questo cos'è? »

« Oh, una roba della mitologia buddhista. È il fiume che bisogna attraversare per arrivare nell'aldilà. »

« Chi è quel tizio? » George aveva indicato una figura benevola sulla barca.

« È Jizo. Veglia su tutti gli esseri umani e si assicura che arrivino sani e salvi dall'altra parte, anche i bambini mai nati. Capisci? Come quando una donna ha un aborto. »

« I feti? »

« Esatto. In tutto il Giappone ci sono dei templi in cui puoi andare dopo avere abortito e lasciare una statuetta di Jizo perché vegli sul tuo bimbo mai nato. » Mari lo guardava, il suo viso vicinissimo a quello di George.

George aveva borbottato qualcosa tra sé ed era proseguito.

Dopo la sezione dell'inferno, c'era un corridoio molto buio che portava nell'area del paradiso.

Mari aveva tradotto a George il cartello sul muro. « Dice che dobbiamo reggerci alla ringhiera con la mano sinistra perché il corridoio è completamente buio. »

«D'accordo.» George non era molto interessato.

«E dice pure che con l'altra mano dobbiamo toccare il muro a destra. A un certo punto del corridoio, dovremmo sentire un pezzo dell'abito del Buddha. La credenza popolare dice che se lo tocchi ti guiderà in paradiso.»

«Interessante.» George stava pensando al *ramen* che avrebbero mangiato a pranzo.

«Okay. Andiamo.»

George non si aspettava che il corridoio fosse davvero così buio. Era nero come la pece. Si era aggrappato al corrimano per evitare d'inciampare e cadere a terra.

Davanti sentiva la voce di Mari che lo chiamava. «Sbrigati, George!»

Aveva trascinato i piedi con cautela per non inciampare. Sentiva Mari gridare qualcosa con voce eccitata, ma era troppo distante e non riusciva a capire cosa diceva. Si era concentrato sull'uscire vivo dal corridoio. Aveva girato un angolo e d'un tratto si era trovato davanti la luce. Aveva tirato un sospiro di sollievo.

Mari lo stava aspettando. «L'hai trovato?»

«Mmm...» Non era sicuro di sapere di cosa stesse parlando.

«L'anello dello scialle del Buddha. L'hai sentito? Sulla destra, nel buio. Era sul muro.»

George si era dimenticato di cercarlo con la mano destra. Era troppo concentrato a tenere il corrimano con la sinistra. «Ehm...»

«Non l'hai sentito? Il grande anello appeso al muro?» Aveva indicato la parete dov'era raffigurato il Buddha seduto in paradiso. Un anello teneva fermo lo scialle che gli copriva il corpo. «Non l'hai toccato? Vuoi tornare all'ingresso e riprovarci?» Sembrava allarmata.

George non voleva riprovare. Quel corridoio oscuro l'aveva spaventato. Aveva un che di sovrannaturale. Aveva provato la stessa sensazione che provava ogni volta che si recava in un luogo spirituale. Benché non fosse credente, c'era una sorta di timore che si annidava nelle profondità della sua mente. *E se fosse vero? E se stessi facendo infuriare un qualche dio? E se finissi all'inferno?* Si era affrettato a inventare una bugia. «Ah! Ecco cos'era. Mi chiedevo cosa fosse quell'anello sulla destra. Sì, l'ho sentito.» Aveva riso.

«Davvero?»

«Sì.»

Mari aveva sorriso. «Bene. Adesso sappiamo che andremo entrambi in paradiso.»

George aveva sentito un peso nello stomaco.

«La scorsa notte ho fatto un sogno stranissimo», disse George.

«Uff.» Mari fece una smorfia disgustata. Si girò nel letto e gli diede le spalle.

«Cosa c'è?»

«È che... No, cioè, il punto è che odio quando la gente mi racconta i suoi sogni.» Si rigirò verso di lui e si appoggiò a un gomito.

«In che senso?»

«È che i sogni sono così noiosi.»

«Ma questo era vividissimo.»

«Non lo metto in dubbio. Vividamente noioso.»

«Che ti costa starmi a sentire?»

«E va bene, spara.»

«Allora, non so perché, ma tu e io ci eravamo fatti ibernare. Hai presente? Come nei film di fantascienza, in cui ci sono dei tizi che devono raggiungere un pianeta lontano anni luce e s'infilano in queste celle per farsi congelare, così i loro corpi non invecchiano. O come i ricchi che non vogliono morire.

«Comunque, ci eravamo fatti ibernare tutti e due, non so per quale ragione. Però ci avevano tagliato a metà, proprio qui, nel mezzo. Quindi avevamo solo un braccio, una gamba, un occhio, mezzo naso e così via. Eravamo distesi su due lettini ma eravamo solo la metà di noi stessi. La macchina si era rotta e ci stavamo scongelando. Sapevamo entrambi che saremmo morti. Vedevamo all'interno del corpo dell'altro, tutto si stava sciogliendo lentamente, gli organi scivolavano fuori e noi ci stavamo squagliando, come un gelato. Non potevamo nemmeno parlare, perché eravamo ancora mezzi congelati. Ma sapevamo cosa dovevamo fare.

«Ci siamo trascinati l'uno verso l'altra e abbiamo unito i nostri corpi facendoli combaciare là dov'erano stati tagliati. Ci siamo trasformati in un unico corpo mostruoso, per metà donna e per metà uomo. E siamo rimasti distesi così finché non siamo morti.»

«Mmm», disse Mari.

«Che c'è?»

«Non lo so. È una delle cose più stupide che abbia mai sentito.»

Lei odiava la sua ipocrisia. Non era mai sincero sulla sua sessualità. Voleva moltissimo ma non chiedeva mai nulla. Preferiva fingere di essere rispettabile. Fingere di non essere mai preda di una furia animale. Di quei desideri primitivi che da millenni permettono alla nostra specie di sopravvivere. Mentiva su ciò che desiderava davvero. Non parlava mai dei suoi veri sentimenti.

Lei era un enigma per lui. Quando facevano sesso, si lasciava travolgere completamente. Sentiva che non sarebbe mai riuscito a soddisfarla. Dentro di lei c'era una voragine, un abisso che non poteva colmare. Lui avrebbe voluto fare l'amore con lei lentamente, guardarla negli occhi e sentirla vicina. Ma lei lo spingeva più a fondo. Gli mordeva la faccia, gli azzannava selvaggiamente le orecchie.

Era vero: gli piaceva il sesso estremo. Ma gli piaceva guardarlo da lontano. Dalla sicurezza dello schermo del suo portatile. Vero, i suoi gusti erano al limite della depravazione, ma erano semplici fantasie, nulla che volesse fare nella vita reale. Molte delle cose che pensava erano folli. Ma sapeva che c'era una divisione tra ciò che accadeva nella sua mente e ciò che avveniva nella realtà. Sapeva distinguere tra realtà e immaginazione.

Eppure, c'era un'idea che lo solleticava da molto tempo. Bruciava dalla voglia di vedere Mari con un altro uomo. Avrebbe voluto uscire dal proprio corpo e guardare la scena dall'esterno. Esaminare l'atto sessuale da ogni angolazione. Lui voleva sempre fare l'amore con la luce accesa, ma lei si rifiutava. Guardare il suo corpo gli piaceva, ma lei forse si vergognava. Lei voleva sempre fare sesso al buio, ma, dopo Fukuoka, quel cercarsi alla cieca nelle tenebre gli ricordava solo lo smarrimento di quel corridoio oscuro.

A volte faceva dei pensieri disgustosi.

Non lo faceva apposta.

A volte era la natura stessa della lingua inglese a suscitargli pensieri perversi. Col giapponese non gli era mai successo, anche se non capiva perché. Il suono fluido e monotono lo rendeva una lingua molto più bella e spirituale. L'inglese, coi suoi accenti pesanti e con la sua inflessione malferma, suonava sporco e ripugnante alle sue orecchie. Detestava essere costretto a lavorare come insegnante d'inglese per poter coltivare la sua passione per la fotografia. Quando insegnava, si sentiva come una puttana. L'istituto, che proponeva corsi di conversazione per adulti, lo incoraggiava apertamente a flirtare con le allieve che si mostravano attratte da lui, per circuirle, convincerle a pagare per le lezioni private, che costavano di più. Gli avevano chiesto di non dire che aveva una ragazza. Doveva fingersi amico degli allievi maschi per motivarli a iscriversi ad altri corsi. Era sottoposto a costanti controlli per verificare se stesse vendendo un numero sufficiente di libri di testo della scuola ai suoi allievi: c'erano delle quote da rispettare.

Di gran parte degli allievi, poi, non sapeva cosa pensare. Nessuno parlava inglese come Mari e la maggior parte di loro non aveva nulla da dire.

Quando gli chiedeva: « Che cos'hai fatto nel fine settimana? » loro rispondevano « Niente. »

Come potevano pensare che funzionasse?

Una volta, qualcuno gli aveva spiegato che in Giappone i medici consigliano ai pazienti in depressione d'iscriversi a un corso d'inglese, per conoscere nuovi amici e usare l'insegnante d'inglese come una sorta di vice-psicologo. Lui proprio non capiva.

Che senso aveva studiare inglese se avevano già quello che gli serviva, e in giapponese?

Mari aveva tradito George qualche volta. Lo faceva con una certa regolarità. Non è che non lo amasse. Lo amava. Ma a livello sessuale non la soddisfaceva per nulla. C'erano quattro o cinque uomini che incontrava quando aveva voglia di scopare. Scriveva un messaggio a uno di loro ogni volta che si presentava l'occasione, andavano in un love hotel, bevevano birra, mangiavano qualche snack e scopavano. Andava a letto quasi esclusivamente con uomini giapponesi. Sembravano più portati per quel tipo di rapporto. In passato, aveva provato a intrattenere una relazione con un paio di *gaijin*, ma finivano sempre per affezionarsi troppo a lei e minacciare la sua storia con George. Non voleva che uno stalker psicopatico s'innamorasse di lei e distruggesse quello che avevano costruito insieme.

Era l'ultima cosa che voleva.

Mari voleva sposare George. A parte l'assenza di attrazione fisica, sarebbe stato un marito perfetto. A letto non era granché, e lei non aveva mai acconsentito a fare sesso con la luce accesa, perché il buio la aiutava a pensare ad altri uomini. Ma era sicura che se si fossero sposati e avessero avuto un figlio tutto si sarebbe sistemato. Lei si sarebbe dedicata interamente a crescere il bambino e insieme sarebbero stati una coppia di genitori formidabili. Il bambino sarebbe stato così *kawaii* e lei l'avrebbe vestito con degli abitini *kawaii*.

Le sue amiche l'avrebbero invidiata moltissimo, specialmente quelle che avevano sposato degli uomini giapponesi e avevano avuto dei bambini giapponesi.

Anche i bambini giapponesi erano *kawaii*, ovviamente, ma non c'era paragone con un bambino per metà straniero. Molte delle sue amiche erano già invidiose della sua carriera: si era laureata in Economia col massimo dei voti all'università di Tokyo, parlava correntemente inglese e lavorava per una delle più importanti società di trading del Giappone. Aveva ottenuto più di quanto qualsiasi donna giapponese potesse sognare. Non doveva preoccuparsi dei soldi. Aveva raggiunto l'autonomia finanziaria. Ma, quando scorreva il suo feed di Facebook in ufficio e vedeva le sue ex compagne di scuola che s'incontravano a pranzo coi loro bimbi, provava una fitta incontrollabile d'invidia. Lasciava l'ufficio e usciva a fumarsi una sigaretta e bere un caffè, e si ripeteva che sarebbe andato tutto bene.

La sola amica che non si era ancora sposata era Sachiko.

Sachiko. Ogni volta che pensava a lei, Mari scuoteva la testa.

Ultimamente, Mari aveva ignorato le sue telefonate. Non che le avesse fatto qualcosa, era solo che non sopportava le sue continue lamentele. Ogni volta che si vedevano per un caffè Sachiko cominciava a lamentarsi di quant'era faticoso vivere con sua madre e Mari se ne stava lì seduta e l'ascoltava con pazienza. Sachiko in parte le faceva pena, con tutto quello che aveva passato con la morte di suo padre. E poi c'era quel cretino con cui stava, Ryu-kun, come lo chiamava lei. Aveva completamente perso la testa per lui. Era incredibile che Sachiko non si fosse accorta che la tradiva. Come faceva a essere così ingenua?

Anche George qualche volta aveva tradito Mari. Dopo, si era sempre sentito in colpa. Di solito succedeva quand'era ubriaco, o la mattina dopo avere passato la notte a sbronzarsi. Ogni tanto andava in una soapland, un bordello, dove poteva fare il bagno con una delle ragazze, starsene disteso mentre lei faceva scivolare il suo corpo coperto di lubrificante sopra di lui per poi farlo venire con una sega. Tutte le volte, veniva travolto da un rimorso familiare, che però non gl'impediva di tornare quand'era arrapato e intontito dall'alcol. Gli stranieri di solito non erano ammessi nelle soapland, ma lo lasciavano entrare perché si comportava in modo rispettoso. Anche se non parlava bene giapponese, si fidavano di lui. Fino a qualche tempo prima, si vedeva regolarmente con una ragazza di nome Fumiko. Il suo cellulare aveva una cover di peluche a forma di mostro di Loch

Ness. Chiedeva sempre di lei quando andava lì. Aveva chiesto di lei anche le ultime volte, ma lei non c'era più.

Era andato a letto anche con alcune allieve dei corsi d'inglese per adulti.

Gli capitava spesso di presentarsi a scuola dopo essere stato fuori a bere per tutta la notte, con la puzza di *shochu* ancora addosso, senza avere chiuso occhio. Si toglieva alla svelta dai piedi la rottura di palle di quelle lezioni che era costretto a dare per pagarsi l'affitto. Gli studenti lo guardavano con sospetto. Uno scimmione in giacca e cravatta, non rasato, che puzzava d'alcol, con uno sguardo feroce negli occhi. Un barbaro del Sud.

Oscillava tra momenti in cui si preoccupava e momenti in cui non gliene fregava un cazzo di quello che i giapponesi pensavano di lui, tanto che ormai aveva smesso di farci caso. Qualunque cosa facesse, sarebbe comunque stato un pesce fuor d'acqua, e gli altri lo avrebbero amato o detestato per il semplice fatto che non era giapponese. Era giunto alla conclusione che le sue azioni non avevano nessuna importanza.

A volte, quando faceva del suo meglio per essere un membro stimato della comunità, si compiaceva di essere educato, rispettoso e disponibile. Essere lo « straniero perbene » cui la gente sorrideva. Restare sobrio, rilassarsi a casa insieme con Mari. Ma poi veniva colto da una sensazione di appagamento o felicità, incoraggiata dalla stessa Mari che gli dava dei soldi e gli diceva che si meritava una serata fuori. E così si ritrovava a bere fino all'alba a Roppongi o Shibuya insieme coi suoi amici emigrati, condannati a vita dai loro divorzi e dai loro figli per metà giapponesi, che se ne stavano seduti a lamentarsi del Giappone. Lo detestavano tutti, ma nessuno se n'era mai andato. George annuiva, ascoltava le loro lamentele e si abbandonava alla notte di baldoria e alcol, alle ragazze che gli si aggrappavano alle spalle, allo *shochu* bevuto fino alle ore piccole e nei giorni successivi il suo comportamento degenerava.

Una volta, aveva fatto un ditalino in classe a una delle sue allieve. Avevano già fatto sesso fuori da scuola e lui si era sentito un po' in colpa per avere tradito Mari. Ma sapeva che non l'avrebbe mai scoperto.

Era una lezione privata e lei era sposata. Lui, ancora un po' ubriaco dalla sera prima, si era chinato su di lei e l'aveva baciata all'improvviso, nel mezzo della lezione.

« Cosa stai facendo? » aveva detto lei, fingendosi scandalizzata.

« Ti sto baciando. » Aveva continuato ad accarezzarla e a insistere finché lei non gli aveva permesso di toccarla attraverso le mutande, poi le aveva scostate e aveva sentito che era bagnata. Le aveva ficcato un dito dentro e aveva continuato fino a farle raggiungere quello che era quasi certo fosse un orgasmo. Si erano baciati, e lei aveva lasciato l'aula rossissima in volto.

Non era mai più tornata a lezione da lui.

Mari e George decisero di visitare Kyoto in autunno, per vedere le foglie autunnali. Si sedettero vicini sul treno, tenendosi a braccetto. Mangiarono cachi e bevvero tè verde ghiacciato. George leggeva un libro di haiku in inglese e di tanto in tanto scriveva qualcosa nel suo taccuino. Ascoltava in loop sull'iPod Edith Piaf cantare una versione vibrante di *Autumn Leaves*. Mari aveva portato con sé il diario in cui raccoglieva le foglie, come ogni anno, sperando di trovarne una perfetta da conservare tra le sue pagine. Aveva iniziato a raccoglierle quand'era bambina ed era molto affezionata alla sua collezione.

George aveva portato la sua macchina fotografica. Aveva

sentito dire che le foglie autunnali di Kyoto erano uno spettacolo indimenticabile. Non vedeva l'ora di fotografarle. Immaginò i templi coperti di muschio e i giardini zen impreziositi dalla magia delle foglie morte e da un tocco di colore da cartolina. Si emozionò al solo pensiero.

Quando George andò in bagno, Mari prese il suo taccuino e iniziò a sfogliarlo. Rimase interdetta vedendone il contenuto. C'erano brevi frammenti di testo divisi da righe tracciate sulla pagina. Molti non avevano senso. Scorse rapidamente le pagine, ma non riuscì a capire quasi nulla. Lesse un brano.

Un grumo solido all'interno dei due corpi. Violenza e splendore pulsante. Un senso di vuoto. Muri di pietra duri, solidi. Cupezza frugale e vicinanza di discorsi intellettuali. Ripetizione infinita delle stesse espressioni. Gli stessi pensieri vuoti e desideri irraggiungibili. Dal nulla alla forma, dalla forma al nulla. Caos e ordine. Erano una cosa sola. Lei si sentiva come un'odalisca che fumava un sigaro viscido di folgorante dolore. Anni sprecati. Lui era solo un debosciato dall'aspetto cereo. Un abisso condiviso, un'oscurità reciproca, torniamo a riposare. Prole oscena.

Lei si morse un labbro. Che razza di cazzate erano? Chi era « lui », George? E « lei » era Mari? Cosa significavano tutte quelle parole? Molte avrebbe dovuto cercarle in un dizionario. Non riusciva a capire.

Fece una smorfia e continuò a sfogliare le pagine.

L'inglese ha delle espressioni orribili. L'espressione « organo sessuale » mi suscita pensieri ripugnanti. Mi fa pensare a qualcuno che si arrapa per un polmone umano o roba del genere. Quale organo sessuale.

Le venne da vomitare, ma non riusciva a smettere di leggere. Soprattutto quando trovò il suo nome:

Altro sogno strano ieri notte. Ho sognato di fare sesso anale con Mari. Ma quando glielo infilavo dentro lei scoppiava come un palloncino. La sua pelle diventava di gomma e si rompeva in mille pezzi che volavano per la stanza, proprio come un palloncino che scoppia a una festa di compleanno. Correvo per cercare di rimetterla insieme. Nel sogno sentivo che se fossi riuscito a tenere in mano tutti i pezzi in cui si era rotta lei sarebbe tornata in vita. Mi sono svegliato con una sensazione di tristezza profonda che non sono più riuscito a scrollarmi di dosso.

Mari guardò il paesaggio che scorreva fuori dal finestrino e ripensò alla volta in cui l'avevano fatto davvero. Era stato orribile. Aveva acconsentito solo per fargli piacere, ma le aveva fatto schifo dal primo all'ultimo secondo. Dopo, quando lui era uscito, lei aveva sentito qualcosa schizzare fuori e aveva provato a girarsi per vedere cos'era successo. « Era del sangue? »

« Non è niente. » George l'aveva spinta di nuovo giù per impedirle di girarsi.

Lei lo aveva sentito prendere un fazzoletto di carta sul comodino.

« George, che cos'è? » aveva mormorato con la faccia nel cuscino.

Lui aveva ignorato la sua domanda ed era uscito dalla stanza. Un minuto dopo lei aveva sentito il rumore dello sciacquone. Perché non voleva dirglielo? Era tornato a letto e aveva cercato di abbracciarla, ma lei si era girata e aveva finto di dormire.

Guardò i palazzi sfilare rapidamente oltre il finestrino

del treno ad alta velocità, chiuse il taccuino e lo rimise sul sedile prima che George tornasse.

Avrebbe continuato a leggerlo più tardi.

George odiava le donne occidentali. Erano troppo sguaiate. Troppo presuntuose. Troppo esigenti. Troppo grasse. Troppo insensibili. Troppo propense a scappare con un altro uomo e portargli via la figlia. Nella sua vita precedente in Inghilterra George era stato un poliziotto. Aveva una famiglia felice, poi un giorno gli avevano portato via tutto. Allora era venuto in Giappone, in cerca di qualcosa di diverso. Sulla strada dei quaranta, si era crogiolato nel calore delle attenzioni delle giapponesi tuffandosi nella vita notturna dei locali di Roppongi. Lì, aveva trovato la felicità. Poi aveva preso l'herpes. L'incontro con Mari gli aveva fatto ritrovare un po' di pace e si stava lentamente riabituando alla vita monogama. Però continuava a pensare molto a sua figlia. Gli mancava da morire, e le chiacchierate su Skype non gli bastavano mai.

Mari odiava gli uomini giapponesi. Erano troppo educati. Troppo silenziosi. Troppo severi. Troppo rigidi. Troppo esigenti riguardo all'aspetto. Troppo arroganti. Troppo propensi a frequentarla quando aveva vent'anni e poi sposare un'altra. Dopo di lui, Mari aveva chiuso coi giapponesi. Per un breve periodo le erano piaciuti i ragazzi di colore e aveva trascorso molto tempo nei locali hip hop. A letto erano fantastici. Ma aveva sempre desiderato sistemarsi con un *gaijin* bianco. Voleva avere un figlio con George molto presto. Ecco cosa voleva per il futuro.

Distesa sul letto della loro stanza d'albergo a Kyoto, mentre sfogliava il taccuino di George che stava facendo il bagno, s'imbatté in un passo che le fece sgranare gli occhi.

Mari continua a ripetere che vuole un figlio. So che lo desidera, e forse lo desidero anch'io. È che non sono sicuro. Non sono sicuro di voler ricominciare da capo. Ho già una figlia, e ora lei è così lontana. Mi manca così tanto che vorrei morire. Che sto facendo della mia vita?

Chiuse il taccuino e lo rimise esattamente dove l'aveva trovato.

George uscì dal bagno fischiettando con un asciugamano bianco avvolto intorno alla vita. Stava mettendo su un po' di pancia, si vedeva un rotolino penzolare sull'asciugamano. Doveva convincerlo a darci un taglio con la birra e il *ramen*. «Ti senti bene, tesoro?»

Mari guardava fuori dalla finestra. «Mmm?»

«Ehi, ti ho chiesto se ti senti bene.»

«Usciamo a bere qualcosa.» Lei lo guardò negli occhi. «Ho voglia di ubriacarmi.»

Quella sera portarono l'americano nella loro stanza d'albergo a Kyoto, ma a George non venne duro. L'avevano incontrato in un *happening bar* che Mari aveva cercato col cellulare nel secondo locale in cui erano andati. Avevano entrambi bevuto parecchio e non ci aveva messo molto a convincere George a provare una cosa a tre con un altro uomo. Sotto sotto, Mari voleva vedere George succhiare il cazzo a un altro. Ma alla fine George si limitò a guardarli seduto su una poltrona della stanza d'albergo. Non partecipò. Guardò e basta.

«Soffocami», sussurrò Mari allo sconosciuto.

«D'accordo», mormorò lui.

«Soffocami, cazzo», piagnucolò lei.

«Fottuta troia.» L'uomo l'afferrò per la gola.

George guardava e basta mentre il culo dell'uomo si muoveva su e giù sbattendosi la sua dolce Mari e i suoi gemiti bassi si trasformavano in un lento crescendo di urla di piacere.

L'uomo le venne in faccia, si rivestì e lasciò in fretta la stanza senza guardare George, che era seduto sulla sedia e leggeva il suo libro di poesie.

Sotto la luna d'autunno
Un verme scava in silenzio
Nel castagno

Spenta la lampada
Le fredde stelle entrano
Dalla finestra

Si stesero a letto, ma non si abbracciarono e non si baciarono. George dormì un sonno strano e leggero. Mari dormì bene, come non le accadeva da anni.

La cosa a tre era stata un disastro. Lo sapevano entrambi.

Il giorno dopo fecero il giro dei monumenti che avevano in programma di vedere e litigarono per la prima volta al Kinkaku-ji, il Tempio del Padiglione d'Oro. George non la smetteva di scattare foto e Mari perse la pazienza quando cominciò a mostrargliele a una a una sullo schermo della fotocamera e a chiederle cosa ne pensasse.

Ogni volta che guardava le fotografie di George, Mari

provava dei sentimenti contrastanti. Non che fossero male. A livello tecnico non avevano veri e propri difetti. In realtà ci sarebbe stato molto da dire sull'esposizione e sulla composizione. Ma il punto era che non avevano nulla di speciale. Non trasmettevano nessuna emozione. Non avevano nulla che facesse venire voglia di comprarle, nulla che le distinguesse dalle montagne d'immagini digitali disponibili su Internet.

Quando le mostrò la foto di un gatto che aveva appena scattato nella foresta di bambù vicino ad Arashiyama, dov'erano andati dopo avere visitato il Padiglione d'Oro, lei s'innervosì e gli diede una risposta tagliente. « Senti, George. Se vuoi diventare un artista devi rischiare. Devi sconcertare il pubblico, metterlo a disagio. Non puoi limitarti a fotografare dei gatti di merda. A chi cazzo vuoi che interessi? »

Lui rimase zitto per un po'. « Be', alle persone che hanno comprato le foto che ho esposto nel bar interessa, direi. »

Lei incrociò le braccia. « Le ho comprate io. E ora francamente penso che non avrei dovuto. »

« Cosa vuoi dire? »

« Le ho comprate io », ripeté lei in tono gelido e, sempre più sicura, proseguì: « Non ne hai venduta neanche una. Ho dato dei soldi a Yasu ».

George rimase imbambolato, con la macchina fotografica ancora in mano. « Perché? »

« Oh, che cazzo. Non lo so. Perché non sopportavo l'idea che ti mettessi a frignare e rompere le palle. »

Lui abbassò la macchina fotografica sul petto. « Cristo. Non trattenerti, Mari. Di' cosa pensi. »

« Quello che penso è che con te sto solo sprecando tempo. E, se vuoi saperlo, nemmeno scrivere delle puttanate su di me nel tuo taccuino fa di te un artista. »

George spalancò gli occhi. « Hai letto il mio taccuino? »

« E vorrei non averlo mai fatto. Non ha senso. Dovresti tornare a fare il poliziotto. O continuare a insegnare inglese. Per questo sì che sei portato, trattare gli altri dall'alto in basso. » Mari stava tremando. « Cazzo, per diventare un artista bisogna fare fatica, George. Come la ragazza della traduzione che hai dimenticato in taxi. Quanti anni credi che le ci siano voluti per imparare il giapponese? Non si è limitata a scrivere quattro cazzate su una pagina o a scattare delle foto di merda e poi lagnarsi perché nessuno se le fila. Il mondo è spietato, George. Cosa ti aspetti? Nessuno ti deve niente. » Avrebbe proseguito, ma doveva riprendere fiato.

George ansimava. « Mari? »

« Cosa? » Lei lo guardò negli occhi. Era sull'orlo delle lacrime. Avrebbe voluto che lui l'abbracciasse e le dicesse che andava tutto bene. Che non pensava veramente le cose che aveva scritto. Che voleva avere un figlio con lei. Avrebbe voluto che le dicesse che tutto il tempo che avevano passato insieme non era stato sprecato, che l'avrebbe sposata e che insieme avrebbero costruito una famiglia.

« Lascia stare », disse lui.

E se ne andò.

« Che ne dici di tornare indietro e ricominciare da capo? »

Erano in cima alla collina, nel tempio di Kiyomizu-dera, e guardavano Kyoto sotto di loro. George cercò di mettere un braccio sulla spalla di Mari. Lei si divincolò. Lui fece un sospiro. Lei si aggrappò alla balaustra di legno del tempio. Il sole stava tramontando dietro la città e cominciava a fare freddo. Ai loro piedi, gli alberi si accendevano di sfumature infuocate di rosso, ambra, giallo e oro. Ma, via via che la luce si affievoliva, anche l'incanto dei colori degli alberi si spegneva.

« Mari? Hai sentito quello che ho detto? »

« Sì, ho sentito. »

Mari tirò fuori dalla borsa il diario in cui raccoglieva le foglie autunnali e posò la foglia raccolta quel giorno tra due pagine vuote.

COPY CAT

di Nishi Furuni
traduzione dal giapponese di Flo Dunthorpe
(flotranslates@gmail.com)

La gatta calico avanzava leggera nella neve lasciando delle graziose impronte sulla superficie candida.

I fiocchi sottili cadevano e il sole stava per tramontare. Doveva esserci un posto in cui dormire da quelle parti. Un cantuccio caldo e confortevole. E anche qualcosa da mangiare: orata o sgombro accompagnati da un piattino di latte vicino a un caminetto.

L'uomo aspettava in silenzio dietro un albero del parco, perfettamente immobile, tanto che la gatta non lo notò. Forse il camice bianco lo aiutò a mimetizzarsi nella neve, o forse la gatta era troppo impegnata a pensare a come riempirsi la pancia e scaldarsi le vibrisse. Ma, quando passò davanti all'albero, l'uomo balzò fuori e con un gesto repentino le gettò addosso la sua rete. Si sentì un miagolio rauco, seguito da un grugnito di trionfo.

Presa!

▲▲▲

L'uomo si trascinò sul marciapiede scivoloso, col sacco che gli penzolava dalla spalla. Quando incrociava un passante, copriva il miagolio attutito che proveniva dal fondo del sacco gridando a gran voce: « Oh! Oh! Oh! Sono Babbo Natale! » I passanti sorridevano o ridacchiavano: le festività lo aiutarono a non destare sospetti. Si fece strada attraverso Bunkyo-ku fino al campus dell'università di Tokyo, camminando con cautela sul ponte ghiacciato che attraversava il laghetto di Sanshiro.*

Quand'ebbe attraversato il laghetto, si voltò ad ammirare il paesaggio. La distesa d'acqua era circondata da alberi ammantati di bianco. Le pietre del sentiero che portava nel laghetto emergevano dalle acque scure come le cime di crani umani coperti da una soffice forfora candida. La luce si affievoliva rapidamente e il cielo era di un blu terso che sfumava nel bianco in prossimità dei grattacieli all'orizzonte. Sospirò e il suo respiro rimase sospeso davanti al suo viso, poi sussurrò una parola: « *Kirei* ».**

Dal sacco uscì un miagolio malsicuro, che ricordò all'uomo in camice bianco perché si trovava lì. Si voltò e attraversò il cortile, sparendo nell'edificio della facoltà di Scienze.

Avvicinò il tesserino d'accesso a una porta, poi a un'altra, poi a un'altra ancora, inoltrandosi verso il cuore dell'edificio. Le luci dei laboratori e delle aule erano quasi tutte spente, ma infine raggiunse una porta con una finestrella qua-

* Nota della traduttrice: Il laghetto di Sanshiro si trova nel campus di Todai, l'università di Tokyo, e deve il suo nome al protagonista del romanzo di formazione di Natsume Soseki *Sanshiro* (1908). Nishi Furuni era un grande ammiratore di Soseki e in numerose interviste ha ricordato il suo debito nei suoi confronti.

** Nota della traduttrice: *Kirei* può significare sia « bello » sia « pulito ». In questo caso, probabilmente vuol dire « bello », ma ho scelto di conservare il termine originale.

drata dalla quale usciva una luce brillante. Avvicinò il tesserino all'ultimo lettore e la porta si aprì.

Posò il sacco frusciante e il retino su un tavolo e si guardò intorno. Gli apparecchi ronzavano e gli spazi vuoti sulle pareti del laboratorio erano occupati da alcune locandine di vecchi film. Nell'angolo c'era una gabbia. Prese il sacco, avvicinò l'apertura alla porticina della gabbia e spinse la gatta all'interno. L'animale soffiò e si gettò contro le sbarre sfoderando gli artigli. L'uomo chiuse la porticina appena in tempo, poi andò al frigorifero e prese del latte. Lo versò in un piattino, aprì una scatoletta di tonno e li posò nella mangiatoia. Aprì uno sportellino e la gatta guardò il cibo con aria sospettosa.

L'uomo sorrise. «Su. Mangia. Avrai fame.»

La gatta lo guardò con diffidenza. Chi era quell'uomo coi capelli lucidi? Era un amico o una minaccia? La gatta soppesò la situazione e giunse alla conclusione che non si poteva pensare a pancia vuota. Il tonno era squisito e il latte saporito e cremoso.

«Brava micina. Stavi morendo di fame, vero?»

La gatta lo ignorò e proseguì la sua cena. Magari dopo avrebbe fatto un pisolino.

L'uomo osservò la gatta. I suoi capelli erano divisi da una riga laterale e aveva un bel viso pulito e rasato. Portava bene i suoi anni.

«Professor Kanda, dov'è stato? Rilevo dei residui d'acqua sul suo camice.»

L'uomo si voltò verso una specie di manichino bianco che stava entrando dalla porta con in testa un cappello da Babbo Natale. Sul suo petto c'era scritto N. 808. Il robot si muoveva a scatti, in modo buffo, sollevando troppo le ginocchia e tenendo le braccia rigide lungo i fianchi, ma parlava in modo perfettamente naturale.

«Ciao, Bob. Sono stato fuori nella neve.»

«Dovrebbe fare attenzione, professore. Rischia di prendersi un raffreddore.» Bob si zittì e piegò la testa di lato. «È possibile che io rilevi una presenza non umana nel laboratorio?»

Il professore sospirò. «È possibile, Bob.»

«È una gatta.»

«Esatto.» Il professore infilò un dito tra le sbarre della gabbia e la gatta si fiondò in avanti mostrando i denti. Ritrasse la mano di scatto e si grattò la nuca.

«Cosa intende farne?» chiese Bob.

«Voglio farla analizzare ai nostri scanner. E tu mi aiuterai», disse il professore.

«Intende farle una gattografia?»

Il professor Kanda non rispose. Non voleva incoraggiare il discutibile umorismo del robot.

«L'ha capita, professore? Una *gatto*-grafia. Una radiografia per gatti. Era una battuta.»*

«Certo, certo, Bob. Molto divertente.»

«Faccio del mio meglio.» Il robot si portò una mano davanti alla bocca e soffiò in una lingua di Menelik, che emise un suono festoso prima di ripiegarsi velocemente nella mano del robot.

«Ti avevo chiesto di non farlo, Bob.»

«Mi scusi, professore.»

«Mettiamoci al lavoro.»

La gatta fece un miagolio lamentoso.

* Nota della traduttrice: Nell'originale, i giochi di parole del robot Bob si basano sulla parola giapponese *neko* («gatto»), così come sull'inglese *cat*, sullo spagnolo *gato* (per esempio, «*ari-gato*») e sul francese *chat*. La complessità di questi giochi di parole si perde nella traduzione, e in alcuni casi mi sono discostata molto dal testo originale, ma sempre nel tentativo di rispettarne lo spirito.

▲

Lavorarono di buona lena e senza perdere tempo. Per prima cosa, dovettero eseguire una scansione completa e dettagliata dei tessuti dell'animale. Per farlo, lo prelevarono dalla gabbia e lo misero in una sorta di grosso barattolo. Fu Bob a maneggiarlo: a quanto pareva, l'animale andava molto più d'accordo con lui che col professor Kanda. Forse dipendeva dalle secrezioni artificiali di erba gatta che uscivano dai pori delle sue braccia, o forse dal fatto che la gatta non sopportava il professore.

« Quella bestia mi odia. » Il professor Kanda si succhiò il dito che la gatta gli aveva appena morsicato.

« Sono sicuro che si sbaglia, professore. Dubito fortemente che i gatti siano in grado di provare emozioni complesse come l'odio. »

« Ti ringrazio, Bob, ma sono sicuro che questa qui mi odia. »

« No... no... Direi piuttosto che le è molto antipatico. »

« Ah, be', grazie, Bob. Ora mi sento meglio. »

« Di niente, professore. »

« Ora mettila in posizione, così possiamo cominciare. » Il professore sembrava impaziente.

« Certamente. »

La gatta sbatté le palpebre mentre i laser verdi dell'apparecchio scansionavano ogni nanometro del suo corpo. A mano a mano che l'analisi proseguiva, su uno schermo collegato all'apparecchio si formò una complessa immagine tridimensionale dell'animale. Mapparono il cervello, poi le ossa, il cuore, i polmoni. Ogni elemento del suo corpo venne investito dai raggi luminosi e convertito dal sistema in grafici complicati. La macchina rilevò ogni singolo pelo.

Di tanto in tanto il professore ingrandiva questa o quell'area e chiedeva a Bob di eseguire un algoritmo più sofisticato e attingere all'immenso database d'informazioni disponibili tramite la sua connessione al web.

Il professore non si era mai sottoposto ai bioaggiornamenti, come invece avevano fatto alcuni membri delle generazioni più giovani, quindi non aveva modo di accedere direttamente al web. Preferiva usare metodi più antiquati, per esempio collegarsi attraverso il suo terminale, oppure chiedere a Bob di cercare informazioni per lui. Trovava ci fosse qualcosa di avvilente nell'essere costantemente connessi al mondo digitale. Era geloso dei momenti in cui poteva tuffarsi in una vecchia raccolta di racconti di Hoshi Shinichi o sedersi in giardino a godersi la natura. Certe volte Bob, con la sua esistenza artificiale, gli faceva un po' pena.

Terminate le scansioni, rimisero la gatta nella gabbia. L'animale aveva iniziato ad accettare con rassegnazione il suo destino di prigioniero e si sdraiò con le zampe ripiegate sotto di sé mentre Bob richiudeva la porticina.

Il professore si grattò la testa. «Dovremmo tenercela stretta almeno finché non saremo riusciti a produrre un esemplare soddisfacente.» Il professore si grattò la testa. «Chi lo sa, se la mappa dei dati si mostrasse difettosa, potremmo dover ripetere la scansione. Ho modificato la struttura della pelle in modo che non produca forfora ed eliminato gli allergeni dal sistema urinario e dalla saliva, ma questi interventi potrebbero generare dei problemi.»

«Sono d'accordo, professore. Passiamo alla creazione?»

«Sì, Bob. Predisponi il bio-plotter.»

«Subito, professore. Ah, che ne dice di tenere traccia dei nostri tentativi?»

« Buona idea. Sei in grado di registrare i risultati? »
« Sì. Ah, professore? »
« Sì? »
« Le spiace se lo chiamo il gatta-logo? »
Il professore sospirò. « D'accordo, fa' come vuoi. »
Il robot si portò una lingua di Menelik alla bocca. Poi ci ripensò.

⁂

Il gatta-logo di Bob + Primo giorno +

NekoPrint v. 1

Errore di calcolo nella struttura ossea. Sollevata la cavia, le ossa hanno lacerato la pelle. Materia troppo fragile? Sangue ovunque. Ritorno al tavolo di progettazione.

NekoPrint v. 2

Dimenticato di stampare il cuore. Morte immediata della cavia. Gatta-strofe.

NekoPrint v. 3

Coda e orecchie mancanti. Necessario ripetere stampa.

NekoPrint v. 4

Tentativo del professor Kanda di rimodellare i tratti somatici della cavia in modo da farla somigliare al popolare personaggio Hello Kitty. Risultato mostruoso. Ristampa.

NekoPrint v. 5

Rinuncia a imitare qualsiasi personaggio di manga o anime. Aspetto non rassicurante. Il realismo è la sola strada da seguire. Evitare uncanny valley.

Il professore si asciugò la fronte e guardò l'orologio. Si stava facendo tardi e non aveva ottenuto altro che fallimenti. Aveva cinque carcasse feline da smaltire, tutte e cinque degli spaventosi aborti.* Forse domani avrebbero avuto più fortuna. Per il momento, la sola cosa che voleva era andare a dormire. « Io torno a casa, Bob. Puoi disfarti delle cavie? Vado a farmi una doccia. »

« Certo, professore. Ci vediamo domani. »

Kanda annuì e si sfilò il camice bianco. Prese la sua valigetta e uscì dal laboratorio senza dire una parola, diretto verso i bagni del personale.

Bob guardò la gatta nella gabbia. Lei ricambiò lo sguardo con aria sonnolenta, leccandosi le labbra e agitando la coda.

« Mi spiace, piccola amica. È stata una giornata dura per te. » Mise le carcasse in un contenitore nascondendole alla vista della gatta. « Non occorre che tu veda questo triste spettacolo, micina. Le tue amichette hanno fatto una brutta fine. » Il robot mise un coperchio sul contenitore e si diresse verso uno sportello a muro. Lo aprì e rovesciò il contenuto all'interno. I corpi precipitarono lungo uno scivolo verso il forno che li avrebbe cremati.

Tornato alla gabbia, allungò un dito attraverso una fessura tra le sbarre e diede una grattatina dietro l'orecchio alla micia. Anche se il dito di Bob era freddo e rigido, e non caldo come quello del professore, la gatta fece le fusa.

« Sì, micina. La vita è dura. Noi lo sappiamo, vero? »

Bob si trascinò verso la sua base di ricarica e si collegò.

Prima di spegnersi per la notte, guardò un'ultima volta

* Nota della traduttrice: Tecnicamente, non si tratta di veri e propri « aborti », ma ho scelto d'impiegare il termine usato nell'originale giapponese, che ha una sfumatura inquietante.

la gatta. I suoi occhi brillavano nell'oscurità. Grazie alla sua vista perfetta, riuscì a vedersi riflesso nelle sue iridi attente.

« Buonanotte. »

Bob avrebbe potuto sognare se avesse voluto, ma quella notte scelse di non farlo.*

La casa del professore era poco distante dal campus universitario. Avrebbe potuto prendere la metropolitana, ma era una sola fermata e, dopo la giornata di clausura trascorsa in laboratorio (esclusa la breve spedizione per catturare la gatta), la prospettiva di una camminata veloce nell'aria pungente gli parve più allettante. L'aria notturna sembrava ancora più gelida dopo la doccia calda fatta in università, strofinandosi con vigore la pelle per rimuovere ogni residuo di pelo di gatto.

Casa sua si trovava in una stradina tranquilla di Bunkyo-ku,** quartiere che aveva resistito alla modernizzazione e allo sviluppo che negli anni aveva travolto altre parti di Tokyo. Bunkyo-ku aveva respinto gli assalti dei grandi magazzini alla moda e dei grattacieli residenziali e le sue abitazioni potevano ancora vantare una certa uniformità: erano antiche case costruite nello stile tradizionale giapponese, con tetti di legno coperti di tegole in ceramica e porte scorrevoli

* Nota della traduttrice: È stato molto difficile e frustrante tentare di tradurre questa frase. La malinconia e la semplicità dell'originale sono impossibili da rendere nella traduzione. Per questo mi chiedo: non sarà il caso di tagliarla?

** Nota della traduttrice: Anche Nishi Furuni viveva a Bunkyo-ku con la moglie e i due figli, Ichiro e Taro.

shoji. Rallentò leggermente il passo quando arrivò nei pressi dell'ingresso della sua bella casa antica, coi bonsai che sporgevano dai paletti della recinzione. La luce dell'atrio era accesa. Fece scorrere la porta d'ingresso e con voce ovattata sussurrò: « *Tadaima* ».*

La moglie uscì immediatamente dalla cucina con indosso un grembiule. « *Okaeri nasai.* »** Fece un inchino. « Come mai sei rientrato così tardi? »

« Ho dovuto smaltire un po' di burocrazia in ufficio dopo il lavoro. » Kanda si sfilò le scarpe appoggiandosi al muro per non perdere l'equilibrio.

« Avesti potuto telefonare. »

Kanda entrò, appese il cappotto e posò a terra la valigetta. « Mi spiace. »

Lei sospirò. « La prossima volta ricordati. Una telefonata, non ti chiedo tanto. Hai fame? Vuoi che ti scaldi qualcosa? »

« No, grazie, non ho appetito. È già andata a dormire? »

« Sì. Ha insistito per aspettarti alzata, ma non ce la faceva più. Si è addormentata un paio d'ore fa. »

« Come sta? » Kanda continuava a parlare a voce bassa.

Sua moglie fece un respiro profondo. « Sembra felice. Oggi ha fatto un disegno, e sta leggendo un sacco di libri. Cre-

* Nota della traduttrice: Letteralmente: « Sono a casa ». L'etichetta giapponese prescrive che quando si entra o si esce di casa lo si debba annunciare. L'espressione può essere usata anche in altri contesti, con intenti ironici (per esempio al ristorante, quando si torna dal bagno), o quando una persona rientra in Giappone dopo essere stata all'estero.

** Nota della traduttrice: « Bentornato a casa. » È la risposta di rito dopo che una persona ha annunciato la sua presenza. Lo scambio di battute può anche avvenire nell'ordine opposto (si dice *okaeri nasai* e si risponde *tadaima*).

do abbia giocato di nuovo a quel videogioco... Neko... Neko... city? »

« NekoTown™. »*

« Quello, esatto. Continua a chiedere di uscire. »

« E tu cosa le dici? »

« Le dico che non può, cosa vuoi che le dica? » rispose lei in tono secco, ma più dolcemente aggiunse: « Lei risponde che capisce. Poi però si siede alla finestra e passa il tempo a guardare fuori ».

Kanda sbadigliò. « Meglio che vada a dormire, adesso. »

« Ti ho preparato la vasca da bagno. »

« Ho già fatto la doccia al lavoro. Buonanotte. »

« Buonanotte. »**

Kanda salì le scale con passi ovattati e, mentre andava in camera da letto, sbirciò attraverso la porta della cameretta di sua figlia. Era distesa sulla schiena e il rumore del respi-

* Nota della traduttrice: Forse è il caso d'inserire una spiegazione... NekoTown™ è un MMORPG ideato da Furuni e citato in molti dei suoi racconti di fantascienza. I giocatori possono creare un gatto virtuale ed esplorare la città nei suoi panni. Possono allearsi con altri giocatori per completare delle missioni collaborative. Alcuni dei racconti di fantascienza di Furuni sono collegati tra loro proprio da questo mondo virtuale. I giocatori di un racconto solo collegati ai giocatori di un altro. L'idea ha riscosso un tale successo in Giappone che una società informatica ha comprato i diritti da Furuni e NekoTown™ è diventata un'app per smartphone popolarissima tra i giapponesi. Si possono scaricare anche altre città, tra cui Parigi, Roma, New York e Londra.

** Nota della traduttrice: I dialoghi tra il professor Kanda e la moglie potrebbero apparire un po' freddi al lettore occidentale, e in parte lo sono anche nell'originale. Ma vale la pena di notare che le coppie giapponesi delle vecchie generazioni raramente si lasciano andare alle manifestazioni d'affetto. In pubblico, il marito precede di qualche metro la moglie, che cammina dietro di lui. In generale, le coppie giapponesi si dicono raramente *ai shiteru*, « ti amo ».

ratore copriva il suono delicato del suo respiro. Le vesciche sul suo volto stavano guarendo, ma erano ancora visibili: le spiacevoli conseguenze di un singolo pelo di gatto sul grembiule della donna di servizio, che ovviamente era stata licenziata in tronco. Era un sollievo vederla dormire in pace dopo tutte quelle notti di sofferenza. Stringeva al petto un peluche a forma di gatto e le pareti della sua cameretta erano tappezzate di poster di Hello Kitty.

« Buonanotte, Sonoko-chan », sussurrò Kanda.* Proseguì in silenzio fino alla sua camera e si addormentò immediatamente.

▲▲▲

Il gatta-logo di Bob + Secondo giorno +

NekoPrint v. 6

La stampa è stata perfetta... o quasi. Si è verificata un'anomalia nelle funzioni motorie. Al momento di testare i movimenti di base prima d'impiantare l'IA, la muscolatura involontaria ha funzionato a dovere, ma quella volontaria è risultata invertita: quasi certamente un problema neurologico dovuto alla stampa. La cavia camminava all'indietro invece che in avanti e viceversa. Abbiamo fatto un passo avanti e due indietro...

NekoPrint v. 7

La cavia non risponde agli stimoli esterni. Sembrava in stato gatta-tonico.

* Nota della traduttrice: Il personaggio di Sonoko si chiama come la nipote di Nishi Furuni.

NekoPrint v. 8

Ci siamo quasi. È necessario ancora qualche piccolo aggiustamento per la fessura dell'IA sulla nuca. Siamo vicinissimi. Il professore è sicuro che la prossima versione sarà quella buona.

La gatta osservava l'uomo coi capelli lucidi e il simpatico uomo di metallo dall'altra parte della stanza. Erano piegati su uno schermo e sembravano affascinati da qualcosa nell'angolo. L'uomo di metallo attraversò la stanza, sollevò un interruttore e la gatta sentì un bruciore dentro il cranio, come se il suo cervello fosse stato tagliato in due da un'enorme lama. La

gatta
sentì
qualcosa
d
i
v
i
d
e e
r r
s s
i i

Cos'è successo?	*Cos'è successo?*
Cos'è quella cosa?	*Sono io.*
Come?	*Non lo so. Dove sei?*
Qui! Nell'angolo!	*Cosa sta succedendo? Ho paura.*
Non ti preoccupare, calmati.	*Chi sono quei due?*
Riesci a scappare?	*Ci provo.*
Così! Corri!	*Aaah! Quello di metallo è stato troppo veloce!*
Mordilo!	*Lui? Ahi! Il mio dente!*
Non lui, l'altro!	*È troppo lontano! Mettimi giù!*
Ehi, torna qui!	*Dove mi stanno portando?*
Riesci a vedere qualcosa?	*Sono in una gabbia...*

Stavolta il professor Kanda poté mettere la gatta in un trasportino comprato pochi giorni prima in un negozio per animali. Era decorato con disegnini di Hello Kitty con la borsetta o il carrello della spesa. Si era premurato di disinfettarlo accuratamente prima di mettervi il clone. Si diresse verso casa con aria trionfante, mostrando con orgoglio la gatta a tutti i passanti che mostravano interesse. Una volta tanto, rientrò a casa in anticipo. Era la vigilia di Natale.

Mentre varcava la porta d'ingresso, fu attraversato da una serie di emozioni contrastanti. Da un lato, avrebbe avuto il dovere di esclamare: « *Tadaima!* » Ma d'un tratto gli venne la tentazione di sgattaiolare dentro di nascosto e nascondere il clone nel suo studio. Una volta aveva letto che gli inglesi si scambiavano i regali il giorno di Natale... ma non aveva forse letto che i tedeschi lo facevano alla vigilia? In ogni caso, come avrebbe fatto a tenere nascosta la gatta per tutta la notte? L'avrebbero sicuramente scoperto.

Si tolse le scarpe e in punta di piedi si diresse verso il corridoio, sperando in segreto di calpestare un'asse cigolante che annunciasse la sua presenza alla moglie e alla figlia. Arrivò nello studio senza che nessuno si accorgesse di lui, ma una volta lì provò una lieve fitta di delusione. Si riprecipitò nell'ingresso ed esclamò: « *Tadaima!* »

Nessuna risposta.

Salì le scale e ripeté timidamente: « *Tadaima?* »

« Siamo qui », disse la voce di sua moglie dalla cameretta della bambina.

Lui entrò nella stanza col trasportino in mano. Sua moglie e sua figlia erano chine sulla scrivania. Sonoko stava facendo i compiti e sua moglie la stava aiutando.

Sonoko alzò gli occhi dai libri. « Papà! » Sorrise e balzò in piedi. Gli intrecciò le braccia intorno alla gamba.

Sua moglie sembrava stanca, aveva gli occhi cerchiati di

scuro. «Stava facendo gli esercizi di matematica. Dice che vuole diventare uno scienziato come suo papà.» A differenza di Sonoko, la prospettiva non sembrava entusiasmarla.

«Cos'è quello, papà?» Sonoko ora lo stava guardando con gli occhioni spalancati. Aveva visto la gabbietta decorata con gli adesivi di Hello Kitty.

«Sonoko-chan, è il tuo regalo di Natale.»

Gli occhi di Sonoko si erano fatti ancora più grandi, per la paura o per la curiosità. «È una gatta.»

«Una gatta?!» Sua moglie gli si gettò addosso e cercò di strappargli il trasportino dalle mani. «Sei impazzito? Come ti salta in mente di portarla qui?»

«Calmati! Fidati di me.» Lui arretrò di qualche passo, allontanandosi da entrambe, poi alzò una mano e si rivolse alla figlia. «Sonoko. Questa è una gatta speciale. Non ti farà stare male. Adesso puoi andare a giocarci mentre io parlo con tua madre.»

Sonoko si era nascosta dietro la madre e tremava.

«Sonoko, fidati di me. Non ti farà niente.»

«Sei sicuro, papà?»

«Sì.» Aprì la porta del trasportino e una macchia confusa di marrone e rosso filò fuori in un lampo. «Ci vorrà un po' di tempo per fare amicizia. Ma questa gatta non è pericolosa. Credimi.»

Sonoko si lasciò vincere dalla curiosità e scese a cercare la sua nuova amica.

«Spero che tu abbia una spiegazione. E che sia convincente. Perché sto per chiamare un'ambulanza.» Sua moglie era livida.

Kanda sorrise. «Tesoro, ti prego. Questa gatta è una creazione artificiale. Ho prelevato i dati di un'altra gatta e ne ho alterato la struttura fisiologica. In lei non c'è una sola particella che possa provocarle una reazione allergica. La sua intelligenza artificiale si basa sui dati di NekoTown™. Il suo cervello è robotico, dentro c'è un processore. Posso controllarlo con questo.» Tirò fuori dalla tasca un piccolo tablet. «In realtà è un prodigio tecnologico. Credo che cambierà...»

Sua moglie digrignava i denti. «Come fai a esserne sicuro?»

«Semplice, è la scienza, tesoro.»

«Be', io dico che, se ha la forma di un gatto e miagola come un gatto, allora è un gatto. *Questo* è semplice.»

«Ovvio che è *una specie* di gatta, ma non è vera più di quanto Bob non sia un vero essere umano.»

«Be'... certe volte penso che quel robot sia più umano di te.» La moglie schizzò fuori dalla stanza chiamando Sonoko.

Il professore si sedette sul letto della figlia, affranto.

Non era così che si aspettava andassero le cose.

Allora, dove sei?	*Non lo so. In una casa, credo.*
Cosa stai facendo?	*Gioco.*
Giochi?! Con chi?	*Non lo so. Questa bambina qui.*
Quale bambina?	*Una bambina. Ha il suo stesso odore.*
Di chi? Del tipo di metallo?	*No, di Capelli Lucidi.*
Oh. Lo odio, quello.	*Anch'io. Lei però è simpatica.*
Allora, cosa farai?	*Forse resto qui a giocare un po'.*
E io?	*Perché non vieni anche tu?*
Sono ancora in gabbia.	*Allora devi scappare.*
Ma come faccio?	*Magari il tipo di metallo può aiutarti?*

« Devi stare attenta a non fare uscire la gatta, Sonoko », disse il professore. Lui e la moglie erano seduti al tavolino basso a bere tè verde. Entrambi guardavano Sonoko che giocava con la gatta sul *tatami*.* « Hai sentito cos'ho detto? »

« Guarda che ce l'ha, un nome. Si chiama Kitty-chan », disse lei, imbronciata.

« Bene, allora devi stare attenta a non fare uscire Kitty-chan. Hai capito? »

« Sì, papà. »

« E non strapazzarla troppo. »

« D'accordo. » Sonoko era sdraiata sulla schiena con la gatta sul petto. L'accarezzava ritmicamente e la micia faceva le fusa beata. Ogni tanto lanciava un'occhiata verso il professore e socchiudeva le palpebre. Ma, nel complesso, Kitty-chan si era rivelata un trionfo.

« Scusami, non avrei dovuto aggredirti in quel modo. » Sua moglie posò una mano sulla sua.

« Non fa niente. » Lui sorrise. « Avrei dovuto avvertirti. Ma ero troppo emozionato. »

« È il ritratto della felicità. » Entrambi guardarono Sonoko che giocava con la gatta.

« Comunque, ti rendi conto di cosa significa? » Il professore bevve un sorso di tè. « Potrei brevettare la tecnica di clonazione. Potremmo metterci a vendere gatti anallergici! »

« Ora però non ti montare la testa! » Lei rise.

« Dovrei scriverci un articolo scientifico... » Si picchiettò le labbra con aria pensierosa.

* Nota della traduttrice: Il *tatami* è una stuoia di giunchi usata per rivestire il pavimento delle case tradizionali giapponesi. Le dimensioni dei pannelli variano leggermente da città a città; a Kyoto hanno una misura, a Tokyo un'altra e a Nagoya un'altra ancora. Gli agenti immobiliari usano tutt'ora i *tatami* per calcolare le misure di una stanza, per esempio: « È una stanza di otto *tatami* ».

« Ah, domani sera vado a giocare a mah-jong. » Versò dell'altro tè nella tazza del marito. « Potresti tornare a casa prima per badare a Sonoko? »

« Certo. » Lui soffiò sulla tazza fumante.

« Ottimo lavoro, tesoro. » Lei gli prese di nuovo la mano nella sua.

▲▲▲

Il giorno successivo, il professore andò al lavoro di ottimo umore. Complici le vacanze invernali, in facoltà c'era ben poco da fare e la maggior parte del personale si limitava a fare presenza e ammazzare il tempo in attesa dell'*oshogatsu*.* Passò gran parte del giorno a occuparsi di alcune incombenze burocratiche arretrate. In circostanze normali quel compito lo avrebbe irritato, ma quel giorno la sua allegria era inattaccabile.

« Bob, puoi mettere un po' di musica? »

« Oh, sì, professore. Senz'altro. Cosa vuole sentire? »

« Qualcosa di natalizio? »

« Ecco una playlist natalizia molto apprezzata. »

Rimasero seduti in laboratorio a lavorare finché non arrivò il momento di andarsene.

Il professore si tolse il camice bianco. « Buon Natale, Bob. »

« Buon Natale, professore. »

* Nota della traduttrice: L'*oshogatsu* è il periodo che va dal 1° al 3 gennaio. In occasione di questa festività nazionale, la maggior parte degli abitanti di Tokyo torna dai genitori per passare qualche giorno in famiglia. Tra le conseguenze prodotte da questo spostamento di massa c'è l'aumento vertiginoso dei prezzi dei mezzi di trasporto che collegano la capitale alle province. Inoltre la città, privata per qualche giorno della sua forza lavoro più giovane, diventa molto più tranquilla.

« Vado a casa. Se dovessero esserci problemi, sai come trovarmi. »

« Sì. Ah, professore? Cosa faccio con la gatta? »

« Puoi sbarazzartene. » Prese la sua valigetta e uscì dal laboratorio fischiettando *Jingle Bells*.

Bob guardò la gatta nella gabbia. *Puoi sbarazzartene*. Bob rilevò l'ambiguità della frase, ma scelse d'interpretarla nel modo più consono alle feste. « La libertà non è male come regalo natalizio, vero? » Aprì la porticina della gabbia, prese la gatta e la portò fuori dall'edificio della facoltà di Scienze. La posò a terra e la guardò zampettare verso il laghetto di Sanshiro. « Buon Natale », disse Bob al vuoto. Soffiò nella sua lingua di Menelik e rientrò.

▲

Sono fuori!	*Fantastico! Vieni da me!*
Dove sei?	*Qui! Tu dove sei?*
Al parco! Sto correndo!	*Sbrigati! Qui c'è un sacco di latte e di pesce!*
Arrivo! Non mangiarti tutto!	*Non ti prometto niente.*

▲

La gatta camminava leggera sul muro di cinta, circondata dalle tenebre. Da lassù riusciva a vedere la luce che filtrava in giardino dalla vetrata scorrevole. Si vide dentro la casa, mentre si faceva le unghie sul tappeto vicino alla vetrata, ma al tempo stesso sentiva il freddo pungente dell'aria esterna. Scrutò il giardino curatissimo ricoperto di neve candida. C'era un ponticello che attraversava uno stagno: senz'altro dovevano avere messo al sicuro le carpe koi per l'inverno.

Gli aceri erano spogli, ma i loro rami erano velati da una polvere bianca, così come le statuette del Buddha sparse qua e là.

La gatta balzò giù dal muro e avanzò su quella tela candida e vuota, diretta verso la vetrata. Contemporaneamente, si avvicinò al vetro dall'interno e guardò fuori nelle tenebre. E da quelle tenebre la gatta emerse e guardò se stessa, che brillava nella luce dei suoi stessi occhi.

Le due gatte erano l'una di fronte all'altra, separate dal vetro, dalla luce e dal buio. Due riflessi perfetti.

Ciao.	*Ce l'hai fatta.*
Ovvio.	*Vieni dentro.*
Come faccio a entrare?	*Non lo so. Ci sarà un modo.*
Non puoi uscire tu?	*Non ho ancora capito come si fa.*
Aaah! C'è Capelli Lucidi!	*Dove? Oh, non farci caso. È un tipo a posto.*
Cos'ha in mano?	*Una roba verde. La beve sempre.*
Dovrebbe stare attento...	*Ahia! Scotta!*
Te l'ha versata addosso!	*Klmsklmd'asm'lkmads*
Ti senti bene?	*lkmaLKSDMKLa*
Ehi! Cos'hai?	...
Yuhuu?	
Mi senti?	
Perché tremi?	
Ci sei ancora?	
Così mi fai paura...	

« Cazzo, cazzo, cazzo! » Il professore provò più volte a riavviare il sistema della gatta.

« Papà? Stai bene? » disse la vocina di Sonoko dal piano di sopra.

« Sì, stellina. » Prese in braccio la gatta, che vibrava in modo allarmante. « Il papà deve tornare un attimo in ufficio. Non ci metterà molto. Tu resta in casa, va bene? »

Sonoko era in cima alle scale e si strofinava gli occhi. « Sì, papà. »

« Torna a dormire, stellina. »

« Kitty-chan sta bene? »

« Sì. Ora torna a dormire. »

S'infilò rapidamente le scarpe e uscì di casa dimenticando di mettersi il cappotto. La metropolitana era ancora aperta, ma non gli andava di fare il viaggio con una gatta che si agitava convulsamente. Fermò un taxi e si fiondò sul sedile posteriore.

« Dove la porto, signore? »

« Al campus universitario. Facoltà di Scienze. »

« Certamente. Il gatto sta bene? »

« Ho assoluta urgenza di raggiungere l'università. Lì forse potremo salvarlo. »

« Senz'altro. »

Il tassista sfrecciò più veloce che poté sulle strade silenziose, facendo attenzione a non scivolare sulle lastre di ghiaccio. Non appena arrivarono alla facoltà, il professore balzò giù dal taxi.

« Grazie. » Pagò la corsa con la mano libera e si fiondò nell'edificio.

Il laboratorio era immerso nel silenzio, tranne per il ronzio della gatta. Bob si rianimò immediatamente e lo schermo liscio e nero dei suoi occhi rifletté l'immagine del professore che entrava.

« Bob, si è rotta. »

« Ha riavviato il software? » Bob si staccò dalla carica e gli venne incontro con la sua andatura a scatti.

« Ci ho provato. Ma temo ci sia qualcosa che non va nell'hardware. »

« Mi faccia vedere. » Bob prese la gatta e lo analizzò. « Sì, il chip dell'IA è stato danneggiato dall'acqua, ma dovremmo essere in grado di sistemarlo. »

« Possiamo riparare solo il chip? »

« Forse sarà necessario ristampare la gatta. »

« Dov'è? »

« Cosa? »

« La gatta. »

« Mi ha detto di sbarazzarmene, professore. »

Benché sapesse che Bob aveva ragione, il professore non riuscì a trattenere la tensione repressa. « Idiota! Come facciamo a clonarla di nuovo se l'hai lasciata andare? Come si può essere così stupidi? » Serrò i pugni e se li picchiò sulla fronte.

« Professore, la prego, si calmi. » Bob parlava nel suo solito tono misurato - tra l'artificiale e l'umano -, col solo risultato di esasperare ulteriormente il professore.

« Non dirmi di calmarmi! Cosa vuoi saperne, tu? Sei solo uno schiavo, un servo. Non ti azzardare mai più a dirmi cosa fare. »

Bob rilevò il rischio di un conflitto. Se fosse stato un essere umano, avrebbe potuto dire la cosa sbagliata e inimicarsi il professore. Ma Bob non era progettato per comportarsi così. Era stato programmato per aiutare gli esseri umani. Calcolò la risposta migliore per appianare il conflitto. « Professore. Abbiamo fatto dei back-up delle scansioni. Possiamo usare quei dati per ristampare la gatta. Ci vorrà un giorno, ma non sarà un problema. »

Il professore schiuse lentamente i pugni e abbassò le mani. «Scusami, Bob. È che sono stanco e sconvolto.»

«Non si preoccupi, professore. Capisco.»

«Davvero?» Il professore lo guardò con diffidenza. «Devo andare a casa e dire a una bambina che non potrà vedere la sua adorata gattina per un po'. Hai qualche idea brillante su come dirglielo senza che ci rimanga male?»

«Le dica che mi sto occupando di Kitty-chan. Sono sicuro che capirà.» Bob rispose come se si trattasse di un problema di programmazione o di un guasto alla stampante. Era utile, ma in un certo senso anche poco rassicurante.

Il professore s'incamminò verso casa.

▲

Quando rientrò, scoprì con stupore che la casa era più fredda del solito. Andò di sopra nella cameretta di sua figlia, ma la trovò vuota.

«Sonoko-chan?»

Guardò in bagno, ma non c'era nessuno.

Scese le scale e la cercò in cucina, nella sala da pranzo e in salotto.

La vetrata scorrevole era aperta. Il vento gelido scuoteva le tende.

Si avvicinò alla finestra e guardò fuori nel giardino buio. Premette un interruttore sulla parete, accendendo la luce esterna. La lampada illuminò il giardino. Al centro, distesa a terra, c'era Sonoko. Si precipitò da lei e mentre si avvicinava un gatto sgusciò fuori dalle sue braccia e scavalcò la recinzione.

Sonoko era raggomitolata in posizione fetale. Aveva il respiro strozzato e della schiuma che le colava dalla bocca. Intorno alle labbra e sulle braccia si stavano già formando delle orrende vesciche. La prese in braccio e la portò dentro.

Lei sollevò una palpebra, e fissò suo padre con sguardo annebbiato. « Papà... »

« Sonoko! Che ci fai qui fuori con questo freddo? »

« Mi avevi detto... di non fare uscire Kitty-chan. »

Frammento A*

Il professor Kanda urlò e prese in braccio Sonoko. Mentre la riportava in casa, sentì un peso opprimergli il cuore. Era tutta opera sua. Era stato lui a creare la gatta, quella terribile, adorabile gatta, che da un lato aveva portato tanto amore e affetto alla sua dolce Sonoko, ma che, dall'altro, le aveva fatto del male. Mentre camminava con gli occhi offuscati dalle lacrime, una frase continuava a riecheggiargli nella testa.

Sono spesso le persone cui vogliamo più bene a farci del male.

Frammento B

La gatta fuggì dall'agitazione che aveva provocato. I suoi passi soffici lasciarono delle graziose impronte nella neve.

* Nota della traduttrice: Esistono varie versioni del finale di questo racconto. Ho scelto d'includere i Frammenti A e B, sebbene la maggior parte delle edizioni giapponesi si concluda con la frase: « Mi avevi detto... di non fare uscire Kitty-chan ». Questo perché la versione originale del racconto, apparsa sulla rivista letteraria *Neko Bungaku* poco prima della morte della nipote di Furuni, terminava proprio così. Tuttavia, Furuni sottoponeva le sue opere a un instancabile lavoro di riscrittura, e sia il Frammento A sia il Frammento B sembrerebbero risalire al periodo successivo al completamento di *Rive deserte*. Li ho inclusi per soddisfare la curiosità del lettore, ma non devono in nessun modo essere considerati definitivi.

Era così leggiadra che la si sarebbe potuta perdonare facilmente per il trambusto che aveva causato. Proseguì per la sua strada, verso la città, inseguendo i suoi progetti, senza voltarsi indietro.

Quante storie avrebbe potuto raccontare!

Ma che importanza avevano per lei le vite degli esseri umani, o quella della piccola Sonoko che le voleva tanto bene?

Perché una gatta è sempre una gatta, e non può cambiare la sua natura.

BAKENEKO

«Puah», dice Wada scendendo dal taxi e mettendo i piedi in una grossa pozzanghera. «Nella stagione delle piogge, Tokyo puzza più dell'ascella di un atleta.»

«È lontano quel tuo posto?» chiede Yamazaki.

«Non molto, nonnetto.»

«Cosa?» Yamazaki fulmina con lo sguardo la nuca di Wada, poi borbotta: «Un po' di esercizio ti farà bene, cicciobombo».

Wada si gira verso Yamazaki. «Come?»

«Su! Sbrigati!» Yamazaki supera Wada e gli fa *ciao ciao* con la mano.

I due uomini avanzano nel vicolo stretto, tra il *cic-ciac* delle loro scarpe nere sul marciapiede e il rumore martellante della pioggia sugli ombrelli. Da entrambi i lati, i neon viola e blu dei ristorantini e dei bar irradiano su di loro un bagliore freddo, mentre in alto il cielo si fa sempre più nero. È arrivata la sera e alcuni gruppetti di *salarymen* e *office ladies* esitano fuori dai baracchini di legno, in attesa di scegliere il locale in cui bere e mangiare quella sera. Sopra le loro teste, i treni sfrecciano rapidi e colmi di passeggeri sudati premuti contro i finestrini. Ma solo i nottambuli più incalliti osano avventurarsi fuori nelle notti umide e buie della *tsuyu*, la stagione delle piogge. Le strade sono più silenziose del solito.

Wada si ferma fuori da un locale con la facciata di legno dall'aspetto particolarmente sgangherato, che ha tutta l'aria di essere un residuo del periodo Showa. Il classico posto che il governo ha promesso di abbattere per le Olimpiadi e che resiste solo grazie alla feroce opposizione di proprietari e habitué. «Oh, eccoci qua!» dice, posandosi le mani sui fianchi.

Yamazaki strizza gli occhi davanti alla scritta a mano sulla vecchia insegna di legno appesa sopra le porte scorrevoli, come se tentasse di decifrare una parola straniera. I caratteri sono antichi, pieni di svolazzi calligrafici; li legge lentamente e ad alta voce. «*Hiro-shima O-ko-no-mi-ya-ki.*»

Sulla parete c'è anche un'insegna luminosa che ronza sotto la pioggia.

Bzzzzzz

OKONOMIYAKI. APERTO

Bzzzzzz

Yamazaki la guarda preoccupato. C'è disegnato un ragazzino grasso con la bocca spalancata che s'ingozza di cibo con le bacchette. L'insegna scoppietta e scintilla mentre la pioggia gocciola dal cornicione.

«Vieni.» Wada apre la porta del ristorante.

I pannelli di vetro del vecchio uscio di legno tintinnano e un uomo anziano che legge una rivista dietro il bancone scatta in piedi. «*Irasshai!*»

«Oh! Tencho. *Konbanwa*», dice Wada sorridendo e mettendo via l'ombrello.

Yamazaki varca la soglia e va a sbattere contro Wada. «E spostati, scemo», dice, scuotendo l'ombrello e spingendo Wada in quel ristorantino d'altri tempi. L'acqua dall'ombrello di Yamazaki sparge degli schizzi marrone scuro sulle pareti di legno e sul bancone. «Sono fradicio fino al midollo! A Hiroshima la stagione delle piogge è meglio?»

«A Hiroshima è tutto meglio. Vero, Tencho?» Wada gli fa l'occhiolino.

Tencho annuisce e si pulisce le mani nel grembiule. «Non mi far venire nostalgia di casa.»

«Tencho, lui è il mio amico Yamazaki.» Wada punta un dito paffuto verso il suo collega, che sta ancora trafficando con l'ombrello sulla soglia del locale. «È di Tokyo, purtroppo, ma è un tipo a posto.»

Yamazaki infila l'ombrello nel portaombrelli accanto alla porta, stende le braccia lungo i fianchi e fa un inchino profondo a Tencho. «Sono onorato di fare la sua conoscenza. Per favore, sia gentile con me.»

Tencho agita la mano davanti al viso. «Niente cerimonie. Siediti e rilassati.»

«Siediti! Siediti!» gli fa eco Wada.

Si accomodano entrambi al bancone.

«Da bere?»

«Subito birra», dice Wada.

Tencho prende due boccali ghiacciati dal congelatore e va nel retro a riempirli. Per la prima volta, nel locale cala il silenzio. Il solo rumore che si sente è il crepitio costante della pioggia, che ricorda il suono di un vecchio vinile.

Yamazaki si guarda intorno disorientato. I suoi occhi vagano di qua e di là nel locale buio e polveroso, soffermandosi sulle vecchie foto di Hiroshima e sull'uccello impagliato nell'angolo. Quando lo nota alza un sopracciglio, ma soprattutto si domanda perché Wada abbia dato quella risposta a Tencho. «Wada, cosa intendevi quando poco fa hai detto 'subito birra'?»

Wada si asciuga la fronte dalla pioggia. «Significa semplicemente 'birra, per ora' nel dialetto di Hiroshima.»

«Ah. Ma...»

«Cosa?»

«Ehm, non è un po' maleducato?»

«Yamazaki, alla gente di Hiroshima le persone di Hiroshima sembrano sempre simpatiche, mentre voi di Tokyo ci sembrate tutti freddi e snob.» Wada rise.

Yamazaki non capisce se è una battuta o una critica.

Tencho torna con le birre e quando intuisce di cosa stanno parlando ridacchia e ne rovescia un po'.

«Tencho, ti va di bere una birra con noi?» chiede Wada.

«Non dovrei, ma...» Tencho apre il congelatore, sparisce nel retro e torna con un boccale colmo. «Ma in fondo chissenefrega, eh?»

I tre fanno tintinnare i bicchieri e intonano: «*Kanpai!*»

Il picchiettare attutito della pioggia accompagna il suono della birra che scende nelle gole dei tre uomini e l'*ahhh!* finale che lasciano uscire all'unisono.

Sopra di loro un'asse cigola. Tencho alza gli occhi e scuote la testa. «Sempre a far baccano, quella», commenta seccato prima di bere un altro lungo sorso. «Allora, come vanno le cose nel mondo dei tassisti?»

Wada scuote la testa. «Male, come al solito.»

«Non vediamo l'ora che inizino le Olimpiadi e che la città si riempia di turisti stranieri.»

Yamazaki studia la sua birra e Wada schiocca le labbra. Non parlano volentieri della continua diminuzione dei clienti. Prima che il silenzio inizi a farsi imbarazzante, la moglie di Tencho scende piano le scale e scivola di soppiatto dietro il bancone. Wada e Yamazaki la vedono, ma lei si posa un dito sulle labbra per farli stare zitti. Si avvicina il più possibile al marito e gli urla nell'orecchio: «Che diavolo fai, bevi?»

Tencho fa un balzo e rovescia un po' di birra sul bancone. «Donna! Mi hai fatto prendere un colpo!»

Lei ride. «Credevi fossi un fantasma? Non dovresti bere, lo sai che ti fa male. Ordini del dottore», aggiunge, imbronciata.

«Se continui a farmi prendere questi spaventi, è più probabile che crepi d'infarto.»

Gli dà un bacio sulla guancia. «Io vado. Non aspettarmi alzato.» Va alla porta, la fa scorrere, sbircia fuori nella pioggia e si volta. «Prendetevi cura di lui, ragazzi.» Poi prende l'ombrello di Yamazaki e sparisce.

«Ecco perché ti sei trasferito a Tokyo.» Yamazaki fa schioccare la lingua e ride.

«Cosa non si fa per amore!» Wada sogghigna.

«Allora, che fate voi due, mangiate qualcosa o no?» Tencho si acciglia.

«Prendiamo un *Hiroshima-yaki*?» propone timidamente Yamazaki.

Tencho e Wada lo fulminano entrambi con lo sguardo.

«Che c'è?»

«Diglielo tu.» Tencho agita la mano verso Yamazaki e si allontana per mettersi a tagliare il cavolo.

«Si chiamano *okonomiyaki*. Non *Hiroshima-yaki*», dice Wada.

«Ma gli *okonomiyaki* di Osaka, allora? Come fai a distinguerli?» chiede Yamazaki con le sopracciglia corrugate.

«Non ce n'è bisogno. Quelli di Osaka non sono degni di essere chiamati *okonomiyaki*.» Wada sorride e beve un sorso di birra.

«Mmm... Be', noi a Tokyo chiamiamo *Hiroshima-yaki* la versione di Hiroshima e *okonomiyaki* la versione di Osaka.» Yamazaki sembra imbarazzato.

Wada alza un sopracciglio. «Vuoi proprio litigare?»

«No, ma, ecco, qual è la differenza? Non sono la stessa cosa? E comunque, qui siamo a Tokyo, e come dice il proverbio: *go ni haitte wa, go ni shitagae*. Quando sei in un villaggio, rispetta le regole del villaggio!»

Wada fa segno a Yamazaki di abbassare la voce. Con lo

sguardo gli fa capire che è meglio se Tencho non lo sorprende a dire quelle assurdità. Poi sussurra: «Ssst! Qui siamo nel 'villaggio' di Tencho, meglio non farlo arrabbiare. Sono due cose *totalmente* diverse, Yamazaki. Gli *okonomiyaki* richiedono un lavoro minuzioso, gli ingredienti vanno disposti a strati, con cura, gli spaghetti, il cavolo, la carne e tutto quello che ti pare. A Osaka invece buttano tutto quanto in una ciotola, mescolano e schiaffano quella porcheria informe sulla piastra.»

«Capisco...» dice Yamazaki, confuso.

Wada beve un sorso di birra. «Guarda.» Indica Tencho, che sta iniziando a cucinare.

Tencho prende un mestolo e una ciotola che contiene una pastella. Ne versa due mestoli sulla piastra incorporata nel bancone, formando due cerchi. Regola il calore della piastra e Wada e Yamazaki lo osservano mentre sparge il cavolo affettato sulle due frittelle. Le lascia cuocere un po', mentre il vapore sale delicatamente fino al soffitto. Poi aggiunge il maiale, il formaggio e il *kimchi*, copre il tutto con un altro po' di pastella e tira fuori due grandi spatole di metallo. Le affila l'una sull'altra come fossero due coltelli, le fa scivolare sotto le frittelle e le rovescia con un movimento fluido. La parte superiore si spiaccica contro la piastra e inizia a sfrigolare.

«Che peccato che Taro non sia potuto venire», dice Wada.

«Già», dice Yamazaki.

Bevono le loro birre e guardano sovrappensiero Tencho che sta saltando due porzioni di spaghetti sulla piastra accanto alle frittelle fumanti.

«L'incidente dev'essere stato orribile», dice Wada.

Tencho rompe due uova, le fa cadere sulla piastra e mescola i tuorli. Poi prende le frittelle con le due spatole lucenti, che raschiano la superficie della piastra con un piacevole suono metallico. Mette le frittelle prima negli spaghetti e poi sulle uova. Le lascia cuocere qualche altro istante prima di girarle per l'ultima volta.

Prende una tazza di metallo riempita di una salsa nera e vischiosa. Estrae un pennello dalla tazza e spennella abbondantemente con la salsa la parte superiore dei due *okonomiyaki*. Un profumino delizioso s'insinua nelle narici di Wada e Yamazaki, facendogli venire l'acquolina in bocca.

« Poveretto », dice Yamazaki.

Tencho spruzza delle linee sottili di maionese Kewpie su entrambe le frittelle, poi inizia a tagliarle a pezzetti, li raccoglie e mette in due piatti separati.

« Stanno per dimetterlo dall'ospedale. Se la caverà », dice Wada.

« Ma come farà a guidare senza la gamba? »

« Al giorno d'oggi la tecnologia fa miracoli. »

« Tipo? Le macchine a guida autonoma? »

« Ma no, scemo. » Wada alza gli occhi al cielo. « Parlavo delle... come si chiamano... »

« Protesi », dice Tencho.

Si voltano entrambi verso Tencho, che sta ancora preparando i loro piatti, e si chiedono come abbia fatto a indovinare la parola che cercavano.

« Wada? » dice Yamazaki, come se si fosse appena ricordato di qualcosa.

« Che c'è? »

« Tu conosci l'inglese? »

« Non molto. Perché? » chiede Wada.

« Per caso sai cosa vuol dire l'espressione inglese *copy cat*? » chiede Yamazaki in tono vago.

« E perché diavolo dovrei saperlo? *Cat* vuol dire *neko*, giusto? E *copy* somiglia a *kopi*, che è una parola straniera che usiamo anche noi, no?» Wada guarda Tencho. «Tencho, tu sai cosa vuol dire?»

«Mmm?» mormora Tencho, concentrato sul cibo.

«Non importa.» Wada si volta di nuovo verso Yamazaki. «Comunque, perché lo vuoi sapere?»

«Così.» Yamazaki butta giù un sorso di birra.

«Com'è che fai tanto il misterioso?» Wada alza un sopracciglio e studia Yamazaki.

«Cosa? Non è vero!»

«Come no? Non dici nulla.»

Yamazaki sbuffa. «Oh, piantala.»

C'è un istante di silenzio, poi Yamazaki cede e tira fuori dalla sua tracolla un plico di fogli A4 pinzati insieme e scritti in inglese.

«Da' qua!» Wada cerca di prendere i fogli, ma Yamazaki non si fa sorprendere e li allontana.

«Puoi leggere anche senza toccare!» esclama, inforcando un paio di occhiali da lettura dorati presi dalla giacca.

«Dai! Che roba è?» Wada tamburella le dita sul suo boccale di birra, impaziente.

Anche Tencho solleva un sopracciglio.

Yamazaki si schiarisce la gola e sfodera la sua migliore pronuncia inglese. «'*Copy Cat*, di Nishi Furuni. Traduzione di Flo...' aspetta, come si legge questa roba?» Mostra la parola a Wada, che strizza gli occhi per leggerla.

«Dun... Dun... *Dungeons and Dragons*.» Wada storce la bocca.

«Ma figurati», dice Yamazaki.

«Oh, senti, ma io che ne so? Non parlo una parola d'inglese. Comunque, perché l'hai portato qui?» brontola Wada.

«Su, Wada. Usa il cervello. Sono sicuro che ne hai uno», dice Yamazaki.

Tencho ridacchia.

Wada fa una smorfia. « Aspetta. Dove l'hai trovato? »

« Nel mio taxi. Ma Nishi Furuni? Ti dice niente? »

Gli occhi di Wada s'illuminano. « Ehi! Ma è... è... »

Yamazaki si toglie gli occhiali e li rimette nella custodia. « Esatto. Il padre di Taro. Finalmente ci sei arrivato. »

« Ma che ci facevano quei fogli nel tuo taxi? »

« Qualcuno se li è dimenticati. Un *gaijin* con l'aria un po' ridicola. »

« Pensi di portarlo in sede, agli oggetti smarriti? »

« Stavo per farlo. Ma poi mi sono detto: perché non lo portiamo al vecchio Taro in ospedale? Potremmo darglielo la prossima volta che andiamo a trovarlo. Gli farà piacere scoprire che questa Flo... Flo... come diavolo si chiama ha tradotto un racconto di suo padre in inglese. Chissà, magari se è stata brava Taro le lascerà tradurre altri racconti. So che è lui a gestire i diritti. Guarda, c'è anche il suo indirizzo e-mail. » Yamazaki picchietta il dito sulla parte alta della pagina.

« È una buona idea. La prima della tua vita, probabilmente. »

Yamazaki rimette il manoscritto nella borsa facendo attenzione a non sciuparlo.

Tencho arriva coi due piatti. « *Hai, dozo* », dice, posandoli davanti a loro.

Yamazaki e Wada prendono le bacchette da un vasetto in mezzo a loro, congiungono le mani e dicono: « *Itadakimasu* ».

Tencho si siede su una sedia dietro il bancone e si accende una sigaretta. Gli altri due si tuffano sulla loro cena.

« Capisco perché... » Yamazaki s'infila tra le labbra un boccone di spaghetti e cavolo. « ... la fate... »

« Non si parla con la bocca piena! » dice Wada sputando un pezzetto di cavolo sul bancone. « Non v'insegnano le buone maniere a Tokyo? »

Yamazaki deglutisce, fissando il pezzetto di cavolo davanti a sé. «... perché la fate così lunga con 'sti *Hiroshima-yaki.*»

«*Okonomiyaki!*» gridano in coro Tencho e Wada.

E all'improvviso salta la corrente.

«Ma che diavolo succede?» urla Wada.

«Stai calmo!» grida Yamazaki.

Si sentono dei colpi sordi dietro il bancone e le luci si accendono e si spengono di nuovo. Per un attimo vedono la sagoma di Tencho in piedi con un pugno appoggiato al muro. Poi tutto torna buio. Si sentono altri colpi e stavolta la luce torna sul serio. Tencho posa la mano chiusa contro il muro e tutti e tre alzano gli occhi verso la lampadina che sfarfalla sopra le loro teste.

«C'è un contatto difettoso.» Tencho guarda Yamazaki.

«Immagino che questo posto abbia la sua età.» Yamazaki guarda gli scaffali impolverati e i poster ingialliti e increspati alle pareti. I suoi occhi si posano di nuovo sull'uccello impagliato nell'angolo e deglutisce. Il ristorante è vuoto e fuori ora è buio pesto. Da una finestrella, Yamazaki vede la fitta pioggia che cade dal cielo.

Ma stasera sembra che manchi qualcosa. Non ci sono le voci che provengono dall'esterno, gli applausi degli avventori dei locali accanto; si sentono solamente il crepitio della pioggia e il frastuono occasionale di un treno che sferraglia sui binari sopra di loro. Quando passano, i treni lanciano un urlo sinistro. C'è qualcosa di strano oggi nell'aria di Tokyo.

«Questo locale era di mio suocero. È stato lui a fare l'impianto», dice Tencho.

«Che bravo», dice Wada.

«Se solo avesse fatto un buon lavoro...» Tencho prende un pacchetto di sigarette marca Calico dalla tasca. Un'asse scricchiola sulle loro teste.

Yamazaki si raddrizza sulla sedia. « Non dire così! Magari ti sta ancora ascoltando. »

« Bah, che ascolti pure. Credimi, sono anni che mi perseguita. Che differenza vuoi che faccia? Per il poco tempo che mi rimane. » Tencho si accende una sigaretta e aspira. Fa un colpo di tosse strozzato.

Wada ridacchia. « Non dire stupidaggini! »

« È la verità. Comunque, quando sarò morto tornerò a perseguitarvi, voi due », dice Tencho.

« Non scherzare coi fantasmi », dice Yamazaki, scosso da un brivido. « Mi fanno paura. »

Gli altri guardano Yamazaki per capire se era serio.

Wada incrocia le braccia. « Non dirmi che... ci credi davvero? »

« Nei fantasmi? Assolutamente sì. » Yamazaki stringe il manico del suo boccale, se lo porta alle labbra e lo svuota. Lo porge a Tencho, che si dirige verso il congelatore e tira fuori due boccali puliti.

« Hai mai visto un fantasma? » chiede Wada.

« No, ma sono sicuro che esistono. »

« Come fai a saperlo? »

Tencho posa le due birre sul bancone e raccoglie i boccali vuoti. « Anch'io ci credo. »

Wada scuote la testa. « Niente di quello che ho visto e sentito finora è stato in grado di convincermi. » Guarda i due boccali di birra, fa un cenno e chiede: « Tu non bevi più, Tencho? »

Un gruppetto di clienti entra nel ristorante e si stringe intorno al bancone, mentre Wada e Yamazaki continuano a mangiare e a scolare birra ghiacciata. Alcuni ordinano *okono-*

miyaki, altri vari cibi cotti secondo lo stile *teppanyaki*. Consumano e se ne vanno.

Più tardi, mentre i due iniziano la quarta birra, la porta si apre ed entra un uomo alto, robusto e con una faccia bonaria, che indossa la divisa blu dei postini. Avrà poco meno di quarant'anni.

« *Irasshai!* » cantilena Tencho in automatico, poi alza gli occhi verso l'uomo sulla soglia. « Ma tu guarda chi c'è, Shingo! Entra! Entra! »

« Buonasera, Tencho », dice Shingo sedendosi al bancone.

Wada e Yamazaki gli fanno un cenno educato con la testa. Lui ricambia.

« Il solito? » chiede Tencho.

Shingo annuisce.

« Come va la vita, ragazzo? È da un po' che non ti si vede. »

« Bah, niente di nuovo. » Shingo poi si gira verso i due tassisti. « Si sopravvive. Un postino non smette mai di lavorare, eccetera eccetera. Almeno finché le e-mail non uccideranno le lettere una volta per tutte. »

« E come vanno le cose con la persona di cui mi hai parlato? » chiede Tencho.

Shingo arrossisce. « Oh, be', sai com'è. Non si capisce... » Beve imbarazzato un sorso della birra che Tencho gli ha messo davanti, rovesciandosene un po' sulla divisa. « Non lo so. »

« Donne, eh? » dice Yamazaki con aria complice.

Wada indica la fede al suo dito. « Se vuoi un consiglio, lascia perdere. »

Shingo ride. « Ma come hai fatto a capire... a capire che... che era quella giusta? »

« Lo capisci e basta », dicono Wada e Yamazaki in coro.

Shingo sorride, ma è ancora imbarazzato. « Non sono bravo in queste cose. »

Tencho interviene: « Che ne dici d'invitarla all'*omatsuri*? Manca poco alla festa, vero? »

« Oh... non accetterebbe mai di venirci con me... »

« Se non glielo chiedi, no di certo », dice Wada.

« Forse... Forse... Ma c'è anche la questione della differenza d'età... »

« Se c'è l'amore, l'età non conta », dice Yamazaki. « Non conta, no. »

Quando Wada e Yamazaki decidono di passare allo *shochu* on the rocks, Shingo è già ripartito e loro hanno iniziato a raccontarsi delle storie di fantasmi. Yamazaki racconta a Wada della volta in cui da bambino aveva visto un *rokurokubi*, un fantasma *yokai*: si era svegliato nel cuore della notte e aveva visto una testa che fluttuava nella sua cameretta, col collo lunghissimo che usciva dalla porta aperta. Era la testa di una giovane coi capelli raccolti nella tipica acconciatura del periodo Edo. Aveva provato a gridare, ma la sua bocca era rimasta muta. Aveva chiuso gli occhi e si era nascosto sotto il piumino fino al mattino dopo. Il giorno seguente aveva raccontato tutto a sua madre, lei aveva annuito e gli aveva detto che la casa in passato era appartenuta a un ricco mercante la cui figlia si era suicidata.

Anche Wada racconta a Yamazaki una storia: nella sua ci sono un prete e un gatto e la testa del gatto vola in aria e stacca la testa di una donna che sta cercando di avvelenare il prete.

Tencho li ascolta seduto dietro il bancone, fumando.

Ma, quando entra lei, entrambi si ammutoliscono.

Indossa un soprabito lungo. Fuori continua a piovere e lei è zuppa. I capelli ondulati penzolano fradici sul suo viso squadrato. Attraverso i capelli s'intravedono due strani occhi verdi, due occhi così magnetici che Wada e Yamazaki hanno timore a guardarla. Non ha l'ombrello. Si toglie il soprabito rivelando un vestito nero con un profondo spacco posteriore. La sua schiena è coperta da un enorme e intricato tatuaggio che si estende lungo le braccia, fino ai polsi. Disseminate sul suo corpo, minuscole goccioline d'acqua fanno brillare e scintillare il tatuaggio nella penombra.

Wada e Yamazaki piegano la testa verso la ragazza, che li supera e va a sedersi in un angolo, all'estremità opposta del bancone rettangolare, senza degnarli di uno sguardo. Tencho si avvicina a lei, le dà un bicchiere di latte e va nel retro a prepararle da mangiare, anche se non la sentono ordinare nulla.

« Hai visto? » sussurra Yamazaki a Wada.

« Altroché. » Wada sorride e fa un altro inchino alla ragazza.

Lei guarda verso di loro, ma è come se il suo sguardo li attraversasse, come se non fossero lì.

« Credi che... » dice Yamazaki.

« Ssst. » Wada lo zittisce prima che abbia il tempo di pronunciare la parola *yakuza*. « No, non credo. »

« Cosa rappresenta quel tatuaggio? » sussurra Yamazaki.

« Non sono riuscito a vedere. Comunque, non è il tatuaggio di una gang. »

Tencho torna con un piatto di pesce. Lo posa davanti alla ragazza e le fa un inchino. Poi viene verso di loro.

« Mi auguro che non stiate infastidendo la mia cliente », mormora a denti stretti.

« Chi? Noi? » Wada fa l'offeso.

« Chi è? » chiede Yamazaki.

« Una cliente fissa. Che a differenza di altri ama farsi i fatti suoi. » Tencho sorride ai due.

« Non sapevo che servissi anche pesce », dice Wada.

« Perché ai clienti ficcanaso non lo preparo », ribatte Tencho.

Wada alza le mani. « Va bene. Abbiamo capito... »

E poi la corrente salta di nuovo. Uno strano verso animale si alza dalle tenebre, una sorta di miagolio lamentoso, l'asse cigola sulle loro teste e si sente il pugno di Tencho colpire il muro. La luce torna e i tre clienti sono ancora seduti al bancone.

Tencho s'inchina verso la ragazza. « Chiedo scusa, *Ojosan.* »

Lei piega la testa e continua a mangiare il pesce con le bacchette.

Tencho torna sul retro borbottando qualcosa a proposito dell'impianto.

Yamazaki dà una gomitata al fianco grassoccio di Wada. « Ehi. L'hai sentito anche tu? »

« Sentito cosa? » dice Wada massaggiandosi il fianco. « E tieni a posto i gomiti, stecchino. »

« Hai sentito quel rumore inquietante? Sembrava un gatto. » Yamazaki abbassa la voce. Indica la ragazza che mangia pesce dall'altro lato della stanza. « Veniva da lì! »

« Ma piantala. »

« Potrebbe essere un *bakeneko*! » dice Yamazaki.

Wada alza gli occhi al cielo. « Ci risiamo, non ricominciare con le tue assurdità. »

« Dico sul serio! Guarda che esistono veramente! »

« Come i fantasmi, eh? »

« C'è questo mio amico che... »

« Succede sempre agli amici, vero? Mai una volta che sia capitato alla persona che te lo racconta. »

« Sta' zitto e ascoltami, va bene? » Yamazaki butta giù un sorso di *shochu* e si asciuga la bocca col dorso della mano. « Comunque, questo mio amico è andato in una soapland... »

« Una storia che parla di un amico e di una prostituta. Ma guarda un po'! » Wada ridacchia.

Yamazaki lo ignora. « Va a fare il bagno con questa ragazza, la donna più bella che abbia mai visto, dice, una vera bomba a letto. Ma lei non gli dice una sola parola. Dopo, torna nella stanza e sente questo strano miagolio... »

« Cosa sta farneticando, stavolta? » Tencho ricompare dal retro del ristorante e lancia un'occhiata sospettosa a Yamazaki.

« Oh, un'altra delle sue stupide storie di fantasmi », dice Wada.

▲

Yamazaki è parecchio ubriaco, ma Wada è ridotto ancora peggio. La ragazza continua a piluccare il suo piatto di pesce. Nel locale sono rimasti solo loro quattro. È molto tardi.

« Tencho! Chiamaci un taxi! » chiede Wada.

Tencho sorride. « Fatelo voi! Chiamatevi da soli, siete dei tassisti, no? »

Wada lo guarda con gli occhi rossi e annebbiati. Tencho sospira e si dirige verso il telefono.

Yamazaki volge lo sguardo verso la ragazza. « Ma quanto ci mette a mangiare quel pesce? »

Tencho riaggancia. « Arriva tra un quarto d'ora. »

« Trazie, Gencho », dice Wada con la testa che ciondola sopra il bancone.

Tencho scuote il capo.

Yamazaki fa un cenno verso la ragazza. « Come tornerà a casa? »

« Non ti preoccupare », dice Tencho.

« Potrebbe dividere il taxi con noi. » Yamazaki si sporge sul bancone. « Ehi, signorina! »

Tencho s'intromette: « Non se ne parla. Sa badare a se stessa, Yamazaki-chan ».

« Era solo un'idea. » Yamazaki fissa il bicchiere di *shochu* vuoto e valuta se versarsene un altro dalla bottiglia quasi finita.

Tencho lo anticipa e porta via la bottiglia. « Ecco qua, ci scrivo sopra il vostro nome e la tengo da parte. La finirete la prossima volta, va bene? »

« Ottima idea! Torneremo sicuramente. È stato il miglior *Hiroshi... okonomiyaki* che abbia mai mangiato », dice Yamazaki.

Tencho sorride raggiante. « Siete sempre i benvenuti. » Indica Wada. « Anche lui, a patto che la prossima volta beva un po' di meno. »

Wada solleva la testa e sbatte le palpebre. « Non ho esagerato, vero? »

« Andate a dormire. Il vostro taxi arriverà... »

La corrente salta di nuovo.

« State seduti. Non preoccupatevi. »

Si sente un colpo sul muro e le assi cigolano. Le luci sul soffitto sfarfallano e mandano un lampo. Poi tutto torna buio.

« Dannazione », dice la voce di Tencho. « Aspettate. Vado a prendere una torcia. »

Si sentono i passi di Tencho dirigersi sul retro e s'intravede il tenue bagliore del cellulare che usa per farsi luce.

« Ho la pelle d'oca », dice Yamazaki.

« Piantala di fare lo scemo », ribatte Wada.

E in quel momento lo sentono di nuovo. Più attutito, stavolta. Un miagolio basso e lagnoso.

« L'ha rifatto! » sussurra Yamazaki.

Sentono Tencho trafficare sul retro. « Ecco! » Un debole fascio di luce entra nella sala principale. La luce avanza lentamente nella stanza e illumina in maniera spettrale la faccia di Tencho, dal basso, proiettando ombre demoniache sul suo volto. Lui posa la torcia sul bancone. « State tutti bene? »

« Sì », dice Yamazaki.

« Anch'io », dice Wada.

Silenzio.

Guardano verso la ragazza, ma non c'è più nessuno.

« *Ojo-san?* Tutto bene? » dice Tencho.

« Dov'è? »

« Ssst! » Wada gli posa una mano sul braccio.

Di nuovo quel verso, stavolta più forte. Si sente un fruscio in fondo al bancone. C'è qualcosa che si muove per terra.

I tre uomini si accovacciano. Tencho agguanta un coltello, Wada prende la torcia e insieme vengono avanti lentamente. Si sente il rumore di qualcosa che gratta contro il pavimento e un odore acre gli punge le narici. Si fermano, si guardano e poi si sporgono oltre il bancone.

Due strani occhi verdi li fissano. Una lingua esce di scatto e lecca due labbra sporche di pesce.

Poi la torcia si spegne.

DETECTIVE ISHIKAWA: APPUNTI D'INDAGINE II

Passano le settimane. Io lavoro piano, lavoro con pazienza. Lavorare è ciò che amo.

L'intera città è fondata sul lavoro. Tokyo è il tipico posto in cui, se smetti anche solo un attimo di lavorare, vieni cancellato e risucchiato nel nulla. È quello che è successo a quei poveracci seduti nei parchi sui teloni blu, che si sbronzano fino a distruggersi. Molti di loro semplicemente non riuscivano più a reggere il ritmo.

La città non si riposa mai.

Soprattutto di notte. Il sonno è solo una delle tante cose che Tokyo plasma intorno al lavoro.

Tokyo raggiunge il culmine del sonno intorno alle quattro e mezzo del mattino. L'alba è vicina e i taxi viaggiano ancora, chi per portare al lavoro qualche mattiniero, chi per accompagnare a casa i tiratardi. I treni sono fermi, ma tempo mezz'ora e ricominceranno a correre come al solito. La sola cosa capace di rallentarli è un suicida. Un altro dei poveracci che non riescono a reggere i ritmi della città. Si gettano sui binari nella speranza di finire in un posto migliore. In seguito, la compagnia ferroviaria addebita tutti i costi alla famiglia del defunto. Dovrebbe servire a scoraggiare l'interruzione del servizio: Tokyo non ama che le si faccia perdere tempo. Ma, a quanto pare, per alcuni non è un deterrente sufficiente. Forse non hanno una famiglia che si vedrà addebitare i danni. Se è così, che cos'hanno da perdere?

La città è una delle prigioni più vaste del mondo. Trenta milioni di abitanti.

Non come il posto in cui sono cresciuto.

Non fraintendetemi, anche Osaka è una città grande, ma la gente là è capace di rilassarsi. Ed è anche capace di stabilire un contatto con gli altri. Sa vedere il lato divertente della vita. Tokyo si prende troppo sul serio. Ed è normale che sia così, perché Tokyo è un posto serio.

So perché sono venuto in questa città. È stato l'amore a portarmici.

Ma a volte mi chiedo, mentre sono seduto sul treno e la sbornia della sera prima mi fa sentire di merda.

Mi chiedo: dato che ormai abbiamo divorziato, cosa ci faccio ancora qui?

⁂

Quando arrivai, capii subito che c'era qualcosa che non andava.

La porta era aperta. Taeko arriva sempre in ufficio dopo di me, perciò sapevo che non era lei. Mi avvicinai furtivamente alla porta, la spinsi e i cardini cigolarono. La serratura sporgeva. Era stata forzata.

Trattenni il fiato e col passo più felpato che potei attraversai la sala d'attesa ed entrai nella stanza dove tengo i documenti. Intravidi il riflesso di una figura bassa e tarchiata nella finestra. Aveva in mano una pila di foto che avevo scattato e le stava esaminando a una a una. La solita storia: qualcuno che cercava di riprendersi le prove.

Scivolai oltre la porta e guardai la persona in piedi nel mio ufficio con un passamontagna e dei guanti di pelle. Indossava dei jeans e una maglietta di *Pulp Fiction* e continuava a passare in rassegna le foto. Ignara.

« Posso aiutarla? » chiesi.

Alzò la testa di scatto, ma riuscii a vedere solo le labbra e gli occhi. Le labbra erano strette e negli occhi si coglieva un lampo di stupore, ma non solo. Ci guardammo a vicenda, respirando piano. Attendevamo entrambi che l'altro facesse una mossa. Sentivo lo scampanellio melodico che annunciava la partenza di un altro treno. Gli strilli di un uomo che pubblicizzava l'apertura di un nuovo Internet café salivano dalla strada. Il solo altro suono era il brusio attutito del traffico. Gli occhi sotto il passamontagna guizzarono verso la porta e i miei li seguirono. Quando tornarono indietro, un oggetto stava volando verso di me. L'oggetto divenne più grande a mano a mano che si avvicinava. Alzai il braccio d'istinto e sentii la pesante pila di foto sparpagliarsi quando mi urtò il braccio e il volto. Sentii un taglio sulla guancia e poi una spinta violenta che mi scaraventò a terra. Guardai attraverso la porta aperta e vidi un'ombra scura sparire veloce.

« Be', gran bel modo d'iniziare la giornata. » Mi pulii la guancia con la mano e vidi che perdevo sangue.

Mi stesi sulla schiena, circondato da centinaia di rettangolini di carta lucida, ognuno dei quali immortalava un tradimento diverso.

▲

Quando Taeko arrivò, avevo quasi finito di rimettere in ordine.

Negli anni abbiamo subito numerose effrazioni come quella, ma non era necessario che lei fosse a conoscenza di ognuna. Era la classica mossa del traditore venuto a sapere che il coniuge conosceva il suo sordido segreto. L'infedele incaricava una persona di rubare le prove all'investigatore privato. Quello che i ladri non sapevano, però, era che io facevo sempre delle copie. La mia ex moglie l'aveva scoperto a sue spese quando aveva pagato un imbecille per rubarmi le foto che le avevo scattato.

« Buongiorno! » Taeko sorrideva, ma poi i suoi occhi si posarono sulla serratura penzolante. « Oh, per la miseria! Di nuovo? »

« Abbiamo avuto visite. »

Lei si morse il labbro e alzò gli occhi verso di me. « Tu stai bene? Cosa ti è successo alla guancia? »

« Mi sono tagliato mentre mi radevo. »

Taeko sorrise. « Ti credevo un po' più esperto. Alla tua età. »

« Non sono mai riuscito a prendere la mano. »

« Siediti, dai. Ti preparo un caffè. »

« Bello forte, per favore. »

« E vado a prendere anche la cassetta del pronto soccorso. » Scosse la testa e sparì nel cucinino con passo incerto. Sentii la sua voce in mezzo all'acciottolio dei cucchiaini e delle tazze. « Santo cielo! » E poi qualcosa come: « Non ne posso più di questa vita ».

« Neanch'io », sussurrai.

⁂

Quella sera, mentre camminavo verso la stazione, un pazzo mi allungò un volantino. Aveva una spessa pila di fotocopie e le distribuiva a chiunque le accettasse, come fosse il membro di una setta. Agitò freneticamente il foglietto davanti a me e io rallentai, più che altro perché non avevo modo di evitarlo.

Era un bel bestione. Mentre mi dava il volantino, mi

guardò negli occhi. « Non diventare anche tu uno di loro, fratello. »

« 'Loro' chi? » dissi io. (Ripensandoci, avrei dovuto rispondergli qualcosa come: « Ehi, giovane, io non sono tuo fratello ».)

Il tizio si mise a fissare l'orizzonte. « Le formiche. »

« Sì, certo, amico. » Annuii e mi affrettai a proseguire verso la stazione.

Sul treno, presi il volantino dalla tasca e lo lessi. Era una roba totalmente delirante:

Io sono l'ombra della città, incisa nella pelle viva del paesaggio. Mi aggiro tra i vicoli. Mi nutro di polvere, di muffa. Vivo in compagnia delle blatte. Delle lumache, dei ratti. Sono la videocamera che non giudica. Sono l'onda che investe la centrale di Fukushima. Sono i cavalli, i cani, i gatti abbandonati, che marciscono e si riducono a scheletri. Cadaveri sbiancati dal sole. Sono il vostro immenso Stadio Olimpico in rovina. Non mi riproduco. Eppure sono qui. Non potete nascondermi dietro l'acciaio. Dietro i palazzi. Dietro gli schermi dei computer. Dietro gli sciami di persone, le frotte di formiche. Come l'inchiostro più nero che si rovescia e tinge ogni cosa, io sono qui, e non me ne andrò. Mai. Sono solo nella mia solitudine, e anche tu.

Perché io sono le tenebre della città. E sto aspettando.

Delirante, appunto.

Andai nel locale notturno del mio ex compagno di università che appartiene alla *yakuza*. Eravamo nel mezzo di una partita di *shogi* che stavo perdendo, ma non era di questo che volevo parlargli.

Nelle ultime settimane, mentre passeggiavo per le strade appendendo volantini per ritrovare Formaggino e Cetriolino (due gatti a pelo lungo scappati dalla casa di una ricca signora di Azabu) e mi nascondevo dietro le fioriere nel tentativo di rimediare una foto decente di una coppia di ubriachi che s'infilava in un love hotel in stile italiano, avevo portato avanti le mie ricerche per i due genitori squattrinati.

I miei primi tentativi si erano rivelati un buco nell'acqua. Non c'era un solo documento a suo nome. Nessun contributo previdenziale, nessun passato lavorativo, nessuna proprietà intestata: né un'auto, né un appartamento, né una casa. Mi sembrava d'inseguire un fantasma. Avevo trascorso qualche giorno a spremermi le meningi e ad accarezzare il dubbio di essere stato ingannato. Quel tizio esisteva, almeno? Ma non era la prima volta che mi trovavo in una situazione del genere. Quando cerchi una persona che non sembra appartenere a questo mondo, non ti resta che supporre che appartenga a un altro. Il nostro scomparso verosimilmente non era il tenero angioletto che i suoi genitori credevano che fosse.

Se non era uno dei tanti fessi che lavoravano per questa o quell'azienda di Tokyo, avrei dovuto cercarlo da tutt'altra parte. Il ragazzo doveva avere delle conoscenze. E di un certo tipo. Mi sembrava sempre più probabile che il nostro tesoruccio di mamma avesse dei legami con la sola organizzazione cui può rivolgersi chi vive al di fuori della società rispettabile: la *yakuza*. E, per mia fortuna, il mio ex compagno di università era diventato un pezzo grosso di una delle più importanti famiglie di Shinjuku. Non mi piaceva andare a chiedergli dei favori, ma stavolta avevo proprio bisogno del suo aiuto.

Quando hai a che fare con gli yak, il punto non è tanto chiedergli aiuto, ma fargli sapere che stai andando a rovistare tra i loro panni sporchi. Non amano che non gli si chieda il permesso: la considerano una mancanza di rispetto, e può anche andare a finire che in quei panni sporchi ci ritrovino il tuo cadavere, magari strangolato e con addosso un paio di mutandine e un reggiseno. Non è gente che scherza, quella.

C'era ancora luce fuori quando bussai alla porta del locale. Per questo fu strano quando il buttafuori mi fece entrare: dentro sembrava notte fonda.

« Nome? » mi chiese a bruciapelo il buttafuori.

« Ishikawa. » Lo guardai mormorare qualcosa nell'auricolare. Finsi di disinteressarmi e mi misi a osservare uno schermo con le immagini delle videocamere di sorveglianza. Era suddiviso in diverse inquadrature, più o meno una dozzina: troppe perché riuscissi a farmi un'idea del locale. Le immagini e le angolazioni erano troppo frammentate per metterle insieme. C'era una videocamera piazzata all'esterno e ce n'era un'altra che c'inquadrava dall'alto. Mi vidi fissare qualcosa sopra di me, mentre il buttafuori parlava nell'auricolare e dondolava la testa su e giù.

Non riuscivo a sentire cosa diceva. D'un tratto esclamò: « Ehi ». Guardai l'immagine reale e lui annuì. M'indicò la porta successiva, ma nei suoi occhi lessi anche qualcos'altro. *Non provare a fare il furbo, stronzetto.*

Imboccai un lungo corridoio che terminava con un'altra porta. Un braccio invisibile la aprì e mi trovai all'interno del locale.

Mi sembrò di entrare nella scena di un filmaccio sulla malavita.

C'erano delle ragazze seminude che volteggiavano intorno ai pali e dei brutti ceffi in giacca e cravatta che le guardavano con cupidigia. Al centro della stanza, una strobosfera proiettava delle pallide luci colorate sulle pareti, donando un tocco kitsch all'insieme. L'aria era impregnata di uno strano odore: un misto di marijuana, incenso da quattro soldi e candeggina.

Andai al bancone e ordinai un espresso, tanto per fare qualcosa. Il barista mi guardò come fossi un rifiuto umano, poi si girò verso la macchina e cominciò a prepararmi il caffè. La sua maglietta delle *Iene* mi piaceva. Il suo atteggiamento un po' meno. Mi voltai verso il locale e gli diedi le spalle.

Fu allora che la notai. Una delle ragazze che ballavano.

Non saprei dire se furono i suoi occhi verdi ad attirare la mia attenzione, o il tatuaggio che le copriva interamente la schiena. Mentre ruotava e si avvolgeva intorno al palo, cercai di capire cosa rappresentava. A una prima occhiata sembrava snella, ma riuscivo a vedere i suoi muscoli incresparsi sotto il tatuaggio mentre si avvinghiava sinuosamente al palo sostenendosi con le gambe e le braccia forti. Che cos'era? Un'onda? Un animale? Sembrava qualcosa di vivo, qualcosa che fremeva d'energia, ma era difficile distinguerlo tra quelle luci danzanti.

« Ehi », disse una voce alle mie spalle. Mi voltai verso il bancone. Il barista stava indicando il mio caffè fumante.

« Grazie, amico. »

« Non sono tuo amico », mormorò lui, andando a servire un altro cliente.

Scossi la testa, presi la tazza di caffè dal piattino e ne bevvi un sorso mentre mi voltavo. Ero intrigato dalla ragazza col tatuaggio. Ma, quando guardai di nuovo il palco, la musica era cambiata e al suo posto c'era un'altra ragazza. Questa aveva la pelle più chiara, le tette più grosse e senza tatuaggi.

Lasciai perdere le ballerine.

« Ishikawa? »

Mi voltai e vidi un energumeno in giacca e cravatta coi capelli cortissimi e con un auricolare all'orecchio.

« Mi segua, per favore. » Si voltò senza aspettare una risposta e si diresse verso una porta nell'angolo.

Lo seguii. Salimmo delle scale e raggiungemmo un ufficio. Lui mi tenne la porta aperta, ma non mi seguì all'interno. Chiuse la porta e, mentre la serratura scattava, Shiwa alzò gli occhi verso di me. Sulla sua scrivania c'era una vera scacchiera di *shogi*. Era la partita che stavamo giocando. Quindi giocava su una scacchiera reale. Interessante.

« Ishi! Vecchio cane randagio! Che bello rivederti! »

« Quanto tempo, Shiwa-san. »

« Siediti. » Mi sorrise.

« Sigaretta? »

Scossi la testa. « Ho smesso. »

« E quando? »

« La settimana scorsa. »

« Mi chiedo quanto riuscirai a resistere, eh, Ishi? »

« Per tre giorni chiunque può essere un monaco. »

« Ti dà fastidio se fumo? »

« No, fai pure. »

Accese la sigaretta e sotto i rotoli di ciccia e i baffi sottili riconobbi il viso giovane del mio vecchio compagno d'università. Chissà cosa pensava lui di me. Gli sembravo cambiato? Quando mi guardavo allo specchio, io continuavo a vedermi identico. Lo scorrere del tempo sembrava essere qualcosa che riguardava gli altri.

« Allora, come te la passi, Ishi? »

« Non male. Tiro avanti. »

« Molte indagini? »

« Il lavoro non manca. »

« Bene. Bene. » Fece un lungo tiro e soffiò fuori una nuvola di fumo.

« E come va nel mondo del crimine? » Accavallai le gambe.

« Come al solito. 'Il lavoro non manca.' » Rise. « Ho a che fare con certi imbecilli, tu non hai idea. »

« Non lo so, tra i miei clienti ci sono diversi personaggi, come dire, interessanti. »

« Oh, Ishi, quanto vorrei poterti raccontare certe cose. »

« Anch'io. »

« Cos'è che dovrei dire a questo punto? » Guardò un angolo della stanza, con la fronte che scintillava di sudore. « Ah, già: 'Ma dopo dovrei farti fuori'. »

« Tu sì che sai come smontare gli stereotipi sulla mafia, Shiwa-san. »

Scoppiò a ridere. « Allora, cosa ti porta da queste parti? » Si sporse in avanti e scrollò la sigaretta nel posacenere.

« Scusami se mi presento così all'improvviso, ma sto cercando una persona. »

« Ah, sì? » Guardò la mano appoggiata al posacenere e inclinò leggermente la testa.

« Già. »

« E chi sarebbe questa persona? »

« Un certo Kurokawa. » Trattenni il fiato.

« Kurokawa... » Lui scosse la testa. « Non mi dice niente... »

« Un pesce piccolo. »

« E come mai questo pesce piccolo è così importante per te? »

« Una persona scomparsa. »

Mi guardò negli occhi e si passò un dito sulla gola. « Scomparsa *scomparsa*? »

« No, non in quel senso. » Esitai. « I suoi genitori mi hanno chiesto di ritrovarlo. »

« Mmm. » Shiwa guardò il soffitto. « Ishikawa, sai che mi stai chiedendo molto, vero? »

Mi sporsi in avanti. « Lo so, Shiwa-san. Non sarei venuto da te se avessi avuto altri modi per trovarlo. »

« Quando una persona si unisce alla nostra famiglia, lascia per sempre la sua vecchia famiglia. » Sospirò. « I suoi genitori non lo sanno, questo? »

« Credo di sì. Ma lui non appartiene più alla tua famiglia... »

« Per noi è morto. »

« Lo so. »

« E i morti non tornano in vita, non lo sai? »

« Lo so. »

Fece un lungo tiro dalla sua sigaretta, che mandò un bagliore rosso. Espirò, mi guardò e annuì. « Okay. Solo perché ci conosciamo da una vita. Ma che non diventi un'abitudine, però. »

« Grazie, Shiwa-san. » Feci un inchino.

« Parla con Seiji quando esci, ti aiuterà. »

« Chi è Seiji? »

« Il barista. »

« Grazie, Shiwa-san. » Mi alzai e mi avviai verso la porta. « Ti devo un favore. »

« Lo so e, quando avremo bisogno, ti chiederemo di restituircelo. Comunque, ci sentiamo. »

Posai la mano sulla maniglia.

« Ah, Ishi? »

Mi voltai di nuovo verso di lui. « Sì? »

«Non dimenticarti che tocca a te muovere.» Lanciò un'occhiata alla scacchiera.

⁂

Quando tornai nel locale, Seiji mi stava aspettando al bancone, dal lato dei clienti. Era seduto su uno sgabello e stava fumando una sigaretta. Aveva lunghi capelli ricci e la barba. Sembrava uno di quei cazzeggiatori che passano le giornate sulle spiagge di Shonan a fingere di fare surf e rimorchiare le ragazze. Continuò a fumare e a fissare davanti a sé, con l'altra mano infilata nella tasca dei jeans. Lo osservai. C'era qualcosa di familiare nel suo modo di curvare le labbra quando soffiava fuori dei cerchi di fumo. La musica era meno forte, quanto bastava per consentirci di parlare.

«Seiji? Sono Ishikawa, Shiwa mi ha detto...»

«So chi cazzo sei. Siediti.»

Non mi mossi. «Carino. Vuoi anche invitarmi fuori a cena?»

Il tizio si alzò e mi si piazzò davanti con aria minacciosa. Era bassino, ma nei suoi occhi vidi qualcosa. Di nuovo quella sensazione. C'era qualcosa che mi sfuggiva. Non gli piacevo, e c'era un motivo. «Stammi a sentire, testa di cazzo. Non fare lo stronzo con me o ti rompo il culo, chiaro?» disse a denti stretti.

«Chiarissimo, tesoro.»

«So chi sei, Ishikawa. E so pure che lavoro del cazzo fai. Vai in giro a rovistare nella spazzatura degli altri e a stenderla in bella vista così che tutto il vicinato possa vederla.» La sua voce era quasi un ringhio.

Sorrisi. «Tratti sempre così i tuoi amichetti al primo appuntamento?»

Mi premette con violenza un dito sul petto. «Sei una merda.»

Non mi lasciai intimorire. «Preferisco cominciare con qualche bacio prima di darci dentro.»

Lui mi puntò un dito in faccia. «Sì, io so tutto di te, Ishikawa.»

«Che cosa sai, coniglietto?» Lo fissavo, ignorando il dito.

«Le voci corrono. So che hai fregato la tua ex moglie.»

Come faceva a sapere quello che era successo con la mia ex? «Chiacchiera pure, tesoruccio. Ti distruggerò.»

«Cosa credi di fare, testa di cazzo? Ora sei nel nostro territorio. Se oggi esci di qui tutto intero è solo perché sei amico di Shiwa-san.»

Non replicai.

«Adesso vado a cercare lo stronzo che t'interessa tanto, ma solo perché è mio dovere.» Sorrise. «Vedi, Ishikawa. Persino noi rifiuti della *yakuza* conosciamo la lealtà e l'onore più di una puttana come te: vendere le foto di tua moglie a una cliente e usarle come prova a tuo vantaggio per divorziare da lei senza lasciarle un soldo. Non mi sorprende che ti tradisse.» Mi squadrò dalla testa ai piedi. «Mi fai schifo. Sei la feccia dell'umanità.»

Come faceva a sapere tutte quelle cose su di me? «Non sai di cosa parli, coglione.»

«Sì, sì, come no. Risparmia le tue stronzate per l'altro mondo, figlio di troia.» Fece un gesto sprezzante. «Ti darò notizie del tuo amico scomparso.»

«Grazie, dolcezza.» Stavo per andarmene, ma poi mi venne in mente qualcosa. «Ah, un'ultima cosa, prima che t'intrufoli di nuovo nel mio ufficio: ti lascio la chiave sotto lo zerbino, così la prossima volta non ti disturbi a spaccare la serratura. D'accordo?»

Mi venne addosso molto più rapidamente di quanto mi

aspettassi. Il suo pugno mi colpì lo stomaco e mi gettò tutta l'aria fuori dai polmoni.

Resistetti all'istinto di piegarmi in due e continuai a sorridere.

«Sparisci dal mio locale, cazzo», ringhiò scoprendo i denti.

Tenni duro finché non fui a qualche centinaio di metri dal locale. Solo allora mi piegai in due e cercai di riprendere fiato.

OMATSURI

La gatta calico era stesa al sole sul tetto di lamiera ondulata. Era una mattina d'inizio estate, ma il caldo era già insopportabile. Alzò la testa, sbatté le palpebre nella luce abbagliante e decise che era ora di trovarsi un posto all'ombra. Stava cercando qualcosa... come fosse il ricordo di una vita precedente... un profumo, un'immagine. Era l'uomo con la testa viola? O qualcos'altro?

Balzò sulle zampe e s'incamminò con sicurezza sui tetti della periferia di Tokyo. Saettava lieve da un tetto all'altro come se li conoscesse a memoria. Arrivata davanti a una finestra aperta, la gatta sbirciò all'interno e vide una donna sui trent'anni seduta in una vasca da bagno a leggere un libro di Nishi Furuni.

O meglio, a cercare di leggere un libro di Nishi Furuni.

Era da un mese che Sachiko attendeva con ansia l'*omatsuri*. Leggeva una pagina ed era costretta a tornare indietro e rileggerla da capo perché non ricordava una sola parola. Non era colpa del romanzo, che le piaceva moltissimo. È che non riusciva a pensare ad altro che alla festa di quella sera.

E, ovviamente, al fatto che avrebbe visto Ryu-kun. L'anno prima aveva indossato il suo *yukata* rosso e stava riflettendo su quale scegliere per quella sera. Posò il libro aperto accanto alla vasca e le pagine assorbirono l'acqua della piccola pozza che si era formata in quel punto. Avrebbe potuto mettere quello blu col motivo bianco di fiori di *asagao*, il volto del mattino. Si passò le mani sulle parti del suo corpo che la preoccupavano. Il suo stomaco vuoto borbottò, ma lei ne ignorò le proteste. Quella sera voleva essere bellissima. Restò seduta con gli occhi chiusi per un po', immobile.

Non si era accorta che la gatta la guardava in silenzio.

« Sachiko! »

L'urlo la strappò ai suoi pensieri. Alzò gli occhi al cielo, tirò fuori le mani dall'acqua e si guardò i polpastrelli. Erano raggrinziti come degli *umeboshi*, prugne secche.

« Sachiko! » La voce si fece più forte. Più vicina. « Sacchan! Dove sei? »

Sachiko sprofondò nella vasca.

« Sacchan! Sei in bagno? »

Sentì un colpo alla porta.

« No. Non ci sono. »

Sua madre aprì e la guardò accigliata. « Non dire bugie. Da quant'è che sei lì dentro? Esci immediatamente. Diventerai una prugna secca. »

« Sì, *Okasan*. »

Sua madre le lanciò un'occhiata torva e lei rimase di nuovo sola, o quasi...

La gatta scosse la testa e Sachiko si accorse della sua presenza. Si fissarono attraverso il vapore.

Era quello che la gatta stava cercando?

Sachiko drizzò la testa e schioccò la lingua, guardando i suoi deliziosi occhi verdi e l'aria distaccata e vagamente regale. « Ma quanto sei carina? »

La gatta guardò qualcosa fuori dalla finestra. No, non era quello. Balzò giù dal davanzale e sparì sui tetti alla ricerca di qualcosa da mangiare per colazione.

Dopo essersi asciugata e truccata e avere indossato un paio di jeans e una maglietta, Sachiko andò in cucina.

Sua madre era accanto al frigorifero e nelle mani aveva due grosse radici di daikon. Il tavolo era pieno di sacchetti della spesa stracolmi. Agitò uno dei due daikon verso Sachiko. « Dove credi di andare? »

« Volevo andare al salone di bellezza... A farmi sistemare i capelli per stasera... »

« Non prima di avermi aiutato a mettere via la spesa. » Diede un colpetto a Sachiko con un daikon e con l'altro indicò i sacchetti sul tavolo.

« Sì, *Okasan.* » Sachiko iniziò a mettere via la spesa.

Sua madre continuò a parlare. « E non capisco perché insisti a buttare via i soldi in quel salone, è così costoso. So che è l'*omatsuri,* ma potrei sistemarti io i capelli, come abbiamo sempre fatto. »

Sachiko represse un brivido al pensiero delle acconciature orrende che sua madre le aveva imposto negli anni. « Ma hai così tanto da fare... Non mi sognerei mai di metterti in difficoltà. »

Sua madre si voltò verso di lei e le fece l'occhiolino. « È un giorno importante per te. Non dovrei essere così... »

Qualcuno bussò alla porta d'ingresso e si sentì una voce profonda venire da fuori. « *Gomen kudasai!* La posta. »

Sua madre s'illuminò e andò ad aprire. Sachiko continuò a mettere via la spesa.

« Ah! Shingo-kun! » disse sua madre con voce colma d'affetto.

« Oh! Ciao, Shibata-san. Ti trovo bene. Ecco la vostra posta. »

Sachiko allungò leggermente la testa per guardare il postino sulla soglia. Avrebbe voluto che sua madre non flirtasse così sfacciatamente con lui. Era imbarazzante.

Non solo era troppo giovane per lei, ma era anche piuttosto belloccio. Sebbene si avvicinasse ai quaranta, aveva ancora la testa piena di capelli e, anche se dal suo viso allegro si vedeva che amava uscire la sera, riusciva ancora a tenere a bada la pancetta che gli uomini tendono a mettere su alla sua età. Ma non era adatto alla mamma, ed era per quello che le sue attenzioni erano ancora più disperate.

«Ti va di entrare a bere un tè verde?»

«Oh, che gentile.» Shingo venne avanti nel *genkan*, come se volesse togliersi le scarpe. Poi i suoi occhi si posarono su Sachiko e si bloccò. «Ma ho davvero molto da fare, non posso trattenermi.»

«Che ne dici di un caffè?»

«Grazie, Shibata-san, ma proprio non posso.»

«Non vuoi nemmeno una fetta di *kasutera*?» disse indicando il pandispagna. «Ne ho preso un po' al mercato stamattina. Sacchan, metti su il bollitore. Sbrigati!»

«Oh, no, lascia stare. Sono sicuro che Sacchan ha di meglio da fare che bere un tè con noi.»

«Non ti preoccupare di lei. Sta andando a farsi sistemare i capelli per la festa di stasera.»

Le sopracciglia di Shingo si alzarono un po'.

«Anche tu andrai alla festa, Shingo-kun?» chiese sua madre.

Lui rise. «Oh, no, sono troppo vecchio per queste cose.»

«Non dire stupidaggini! Dovreste andarci insieme!»

Sachiko si bloccò.

«Oh, sono sicuro che Sacchan ha già chi l'accompagna. Comunque, immagino che non accetterebbe mai di andarci con un vecchietto come me.» Shingo sorrise a Sachiko.

«Farà di molto peggio che andarci con te. Guardala. Sono disperata! Ha quasi trent'anni, ormai, e ancora non si è sposata. Quanto vorrei che qualcuno se la prendesse e mi togliesse questo peso. Passa il tempo nella vasca da bagno a leggere libracci.»

«Oh, Shibata-san. Non dire queste cose, non è carino.»

Sachiko voltò le spalle a entrambi mentre la sua faccia virava verso la stessa tonalità di rosso del portapacchi del motorino di Shingo. «Ci vediamo dopo, *Okasan*. Ciao, Shingo-san.» E scivolò lentamente fuori dalla porta senza guardare né l'uno né l'altra.

«Quel salone è uno spreco di soldi!» disse sua madre.

«Ciao, Sacchan», disse Shingo.

Sachiko fece un inchino verso di loro e richiuse piano la porta. Sentì la voce di Shingo attraverso la porta chiusa.

«Shibata-san! Non dovresti essere così dura con Sacchan.»

Sachiko detestava che lui la chiamasse Sacchan.

▲

S'incamminò per la città, decisa a non lasciare che l'ennesimo screzio con sua madre le rovinasse la giornata. Se fosse stato un altro giorno, probabilmente avrebbe chiesto a Mari di vedersi per potersi lamentare della convivenza con la madre. E la sua amica avrebbe fatto quello che faceva sempre: sarebbe rimasta seduta ad ascoltarla annuendo e sospirando ogni tanto. E, una volta che Sachiko si fosse sfogata, le avrebbe detto qualcosa come: «Sacchan, è arrivato il momento che tu vada a vivere da sola».

Ma Sachiko giungeva sempre alla stessa conclusione: non poteva lasciare sola sua madre. In più, sapeva che cambiare casa non avrebbe risolto il problema. Sua madre avrebbe continuato a darle il tormento finché non si fosse sposata e fosse andata a vivere con suo marito. Aveva una mentalità all'antica e non accettava che una donna potesse vivere da sola. Quell'autunno, aveva tenuto nascosto a sua madre il casino che era successo con Ryu-kun. Non aveva detto nulla neppure a Mari, in parte perché Mari stava attraversando un momento difficile. Ma anche perché non le andava di parlare di quelle cose, nemmeno con un'amica.

Anche adesso, cercò di pensare ad altro.

Quello che sua madre si ostinava a non capire era che i tempi erano cambiati. Gli uomini e le donne non avevano più tutta questa fretta d'imbarcarsi in un matrimonio. Bastava pensare alla sua storia con Ryu-kun, per esempio. Erano anni che si frequentavano, ma non avevano mai accennato al matrimonio. A Sachiko non sarebbe mai venuto in mente di parlargliene. In cuor suo sapeva che erano destinati a stare insieme e che presto si sarebbero sposati. Doveva solo avere pazienza.

Tuttavia, dire che Sachiko non fosse ansiosa di sposarsi sarebbe stata una bugia. Il tempo passava anche per lei e, a parte Mari, tutte le sue amiche erano già felicemente sposate. Molte avevano anche dei figli. Ma mettere fretta a Ryu-kun non sarebbe servito. Aveva già avuto modo di rendersi conto che non reagiva bene alle pressioni, e sapeva fin troppo bene come la pensava sul fatto di mettere su famiglia.

Le strade erano ancora semivuote. C'era qualche lanterna appesa a un albero qua e là, pronta per la festa. Si vedeva che c'erano stati grandi preparativi. La via principale dello *shotengai* si era riempita di bancarelle, che ora riposavano coperte da assi di legno, pronte ad animarsi col calare della sera.

Sachiko vide l'affascinante signora occidentale che incrociava spesso mentre portava a passeggio il suo cagnolino. Le fece un lieve inchino e la donna ricambiò, prima di proseguire per la sua strada.

Superò la stazione ferroviaria e sentì il *bip bip* regolare degli abbonamenti che passavano sui lettori, scandendo l'infrangersi delle anime dei *salarymen* in completo nero contro la vita. Il concerto incurante di stridori e tintinnii dei tornelli accompagnava il flusso dei pendolari diretti verso il centro di Tokyo, pronti a rinunciare alla propria umanità per gettarsi nel brodo di *miso* fumante della città. Anche Ryu-kun in quel momento doveva essere su un treno, diretto al lavoro.

Il salone di bellezza era rumoroso e vociante come la stazione. C'erano vari gruppetti di ragazze che spettegolavano e ridevano. Le poltroncine allineate davanti agli specchi erano quasi piene e la sala d'attesa era gremita come una carrozza della metropolitana. Il campanello tintinnò quando aprì la porta e venne travolta da un miscuglio di profumi così forte da sentirne il sapore in bocca. L'odore le penetrò in fondo alla gola e la fece tossire.

«Sachiko-san!» La sua parrucchiera agitò la mano verso di lei.

Le ragazze in attesa le scoccarono delle occhiate colme di risentimento mentre passava loro davanti e si avvicinava a uno degli specchi. Per fortuna aveva prenotato per tempo.

Si sedette su una poltroncina e si mise a sfogliare una rivista mentre la parrucchiera le lavava con cura i capelli, li asciugava e si dedicava alla messa in piega.

Forse era la sua immaginazione, ma le sembrava che una ragazza con due strani occhi verdi la stesse fissando dalla sala d'attesa. Sachiko ogni tanto alzava lo sguardo verso lo specchio e vedeva la testa della ragazza abbassarsi di scatto per non farsi scoprire.

Si spremette le meningi. Non aveva la più pallida idea di chi fosse e la cosa la fece sentire a disagio. Era come un déjà-vu. Si sforzò d'ignorarla. Ripensò a quanto si era divertita alla festa l'anno prima. Ryu-kun aveva comprato una bottiglia di *shochu* e avevano bevuto insieme sul lungofiume alla luce di una lanterna. Ryu-kun reggeva molto bene l'alcol e lei aveva cercato di stargli dietro, ma alla fine le girava un po' la testa. Lui però era stato carino, l'aveva portata nel suo appartamento perché potesse stendersi. Avevano riso e scherzato tutta la notte, fino all'alba. Era davvero un ragazzaccio. Sua madre si era arrabbiata molto perché non era rientrata a casa. Provava un senso di eccitazione al pensiero di cosa poteva succedere quell'anno. Magari le cose sarebbero andate meglio.

Sorprese di nuovo la ragazza a guardarla.

Sachiko pagò e uscì dal salone. Era soddisfatta dell'acconciatura. Si sarebbe intonata alla perfezione con lo *yukata* blu che avrebbe messo quella sera. Dopo, andò dalla manicure e si fece decorare le unghie con un motivo bianco e blu di fiori di *asagao* coordinati con lo *yukata*.

Mentre tornava a casa, il suo cellulare squillò. Lesse il nome sullo schermo e rispose subito. «Ryu-kun!»

«Sacchan...» mormorò lui con voce fievole.

«Ti senti bene, Ryu-kun?»

«Non molto.» Tossì. «Scusami tanto, Sacchan. Non credo di farcela per stasera.»

Lei non sapeva cosa dire. Rimase in silenzio.

«Sacchan? Sei ancora lì?»

«Sì, ci sono.»

«Senti, mi spiace davvero tanto. So quanto ci tenevi. Ma sono stanco morto e sto malissimo. Con l'avvicinarsi delle Olimpiadi, il Grande Capo mi ha costretto a fare gli straordinari e credo di essermi preso un raffreddore. Stasera devo lavorare fino a tardi e non credo che dopo me la sentirò di andare alla festa...» La sua voce si spense.

«Tranquillo. Non ti preoccupare. Spero solo che ti passi presto. Vuoi che ti porti delle medicine, stasera? Oppure potrei venire da te e cucinarti qualcosa.»

« No, no, grazie. Ho solo bisogno di dormire. Sono davvero distrutto. »

« Cerca di riposare bene, stanotte. E di guarire in fretta. »

« Grazie, Sacchan, sei così comprensiva. Mi spiace. Mi farò perdonare. La settimana prossima usciamo a cena. Va bene? »

« Possiamo andare a mangiare sushi? »

« Certo. Quello che vuoi tu. »

Lei sorrise. Era così gentile. « Riguardati, Ryu-kun. *Odaijini.* »

« *Arigato.* »

Dopo aver messo giù, si sentì un po' triste, ma si arrabbiò subito con se stessa. Era un'egoista. Ryu-kun era ammalato e lei pensava solo alla stupida festa di quella sera. Ma come poteva?

Sachiko era molto in pensiero per la sua salute. Ryu-kun era giovane e in apparenza sano, eppure si ammalava davvero di frequente. Forse era perché beveva troppo. Usciva spesso coi colleghi. Le sere in cui si prendeva le peggiori sbronze erano quelle in cui usciva con quei due, Makoto e Kyoko. Quella Kyoko non le era mai piaciuta. Sachiko gli aveva fatto un sacco di domande su di lei dopo aver visto su Facebook una foto delle loro serate. Quel suo maglioncino rosa da precisina e quei pantaloni color crema non la convincevano per niente. Comunque, dopo che l'anno precedente lei e Ryu-kun erano andati alla festa insieme, lui era stato costretto ad annullare diversi dei loro appuntamenti. Quante volte non si erano potuti vedere perché lui stava male? Sachiko odiava il Grande Capo di Ryu-kun, che lo obbligava a partecipare a quelle serate alcoliche coi colleghi. Era un uomo ridicolo! Perché Ryu-kun non chiedeva a suo padre d'intervenire? Ma Ryu-kun era stato molto chiaro: intrattenere i clienti fino a tardi faceva parte del suo lavoro. Suo padre era l'amministratore delegato di un'azienda di pubbliche relazioni incaricata della promozione delle Olimpiadi del 2020, e Ryu-kun aveva il dovere di dare il buon esempio.

Ma la cosa stava iniziando a rovinargli la salute e Sachiko era seriamente preoccupata.

Era ancora persa nei suoi pensieri quando entrò in casa, ma sua madre la riportò subito sulla Terra. « Bleah! Ma come diavolo ti hanno conciata? »

Per Sachiko fu l'ultima goccia. Spinse via la madre e si precipitò in camera sua.

« Ehi! Ma che ti prende? »

Sbatté la porta senza degnarsi di risponderle e si gettò sul letto a peso morto.

Sentì bussare alla porta.

« Sacchan? »

« Per favore, vai via. »

Sua madre aprì la porta. « Sacchan? Cosa c'è che non va? »

« Per favore, *Okasan*. Voglio solo stare un po' da sola. »

« È successo qualcosa? »

« No, voglio solo riposarmi. »

« Come vuoi. »

Sua madre richiuse piano la porta e se ne andò.

Sachiko si addormentò in lacrime e si svegliò che era quasi sera.

Quando si alzò stava meglio, ma si sentiva ancora intontita e debole per il digiuno. Andò in cucina, un po' disorientata dal fatto di avere dormito tutto il giorno.

Sua madre le aveva preparato da mangiare ed era seduta

al tavolo a fare un puzzle. Quando Sachiko entrò nella stanza, alzò gli occhi verso di lei. « Ti senti meglio? »

« Un po'. »

« C'è della zuppa di *miso* con riso e un po' di pesce per te. Ti conviene mangiare alla svelta e andare a prepararti per la festa. »

« Non ci vado. »

« Cosa vuol dire che non ci vai? »

« Lui non viene. Non ho nessuno con cui andarci. »

« Sciocchezze. Lascia fare a me. Mangia. »

« Tanto non mi va più di uscire. »

« Tu mangia, intanto. E poi va' a vestirti. Al resto penso io. »

Sachiko si sedette, mormorò « *Itadakimasu* » e mangiò la zuppa preparata da sua madre, assaporando i deliziosi pezzettini di daikon fresco che ci aveva messo. Mangiò anche il pesce e sentì tornare le forze. Il nodo di delusione che le stringeva la gola iniziò ad allentarsi. Mandò giù con soddisfazione l'ultimo boccone di pesce e congiunse le mani. « *Gochiso sama deshita.* »

« Ora va' a prepararti. Veloce. »

Sachiko indossò lo *yukata* blu con un *obi* azzurro a tinta unita. Ultimamente, le ragazze tendevano a prediligere le cinture con decorazioni elaborate, lei invece preferiva la semplicità di quelle più tradizionali. S'infilò i calzini bianchi e prese nell'armadio i suoi *geta,* i sandali di legno, e li portò nel *genkan,* per indossarli al momento di uscire.

Sua madre la squadrò mentre passava. « Sacchan! Ti sei rovinata l'acconciatura dormendo. »

Sachiko si portò la mano alla bocca.

« Non preoccuparti! Va' a prendere la mia spazzola in bagno, te li risistemo in un attimo. »

« Ma, *Okasan...* »

« Senti. Stasera portali sciolti. Hai degli splendidi capelli lunghi. Perché ti ostini a portarli raccolti come fanno tutte? Vediamo un po' se sciolti ti stanno meglio. »

Mentre sua madre le spazzolava i capelli, Sachiko si calmò. Ma l'idea di andare alla festa da sola continuava ad agitarla. Non aveva nemmeno avuto il tempo di sentire un'amica per chiederle se poteva accodarsi a lei. Alla festa avrebbe incontrato delle persone che conosceva, ovviamente, ma uscire da sola le metteva tristezza.

Sua madre finì di spazzolarle i capelli e andò a prendere uno specchio. « Ecco fatto. Così va meglio. »

Sachiko guardò i suoi lunghi capelli allo specchio e non poté fare a meno di provare un pizzico di fierezza e di stupore. Scioglierli era stata una buona idea. Trattenne un sorriso. « Ma, *Okasan*, non ho nessuno che mi accompagni. »

Sua madre schioccò le labbra. « Senti, non ti arrabbiare, ma l'avevo già capito. Così ho chiamato una persona. »

Qualcuno bussò alla porta. Sua madre si alzò di scatto e andò ad aprire. « Shingo-kun! *Konbanwa.* »

« *Konbanwa*, Shibata-san. »

Sachiko balzò in piedi, allarmata. Neanche per sogno.

Lui portava uno *jinbei* verde scuro e sorrideva timidamente. Guardò le sue gambe muscolose e dorate coperte di peli scuri. L'abito gli metteva in risalto le spalle larghe. Aveva un'aria più forte e sicura che nella divisa da postino.

Shingo la guardò nel suo *yukata* blu.

Era imbambolato. Non riuscì a dire niente.

« E adesso andate a divertirvi, voi due », disse sua madre, raggiante.

▲

Abiti appariscenti, unghie con decorazioni stravaganti, capelli tinti, smartphone stretti nelle mani o infilati negli *obi*. I capelli degli uomini appuntiti dal gel, quelli delle donne raccolti in acconciature elaborate. Nella sera di festa le strade brulicavano di vita. Shingo e Sachiko attraversarono la folla, lui a sinistra e lei a destra. I colori vivaci degli *yukata* vorticavano intorno a un centro di gravità invisibile.

Il caldo estivo continuava ad aleggiare anche dopo il tramonto. I ventagli si agitavano scuotendo le acconciature e ogni tanto qualcuno estraeva un fazzoletto per asciugarsi la fronte.

I capelli sciolti le davano una strana sensazione di sicurezza, come fosse una principessa o un fantasma della *Storia di Genji.* Si accorse che la gente la guardava, che si distingueva dalla massa. Quel tipo d'attenzione le fece piacere e la tirò su di morale. Il suo solo timore era che qualcuno la vedesse con Shingo e mettesse in giro voci maligne. Voci che sarebbero potute arrivare alle orecchie di Ryu-kun.

E anche se fosse successo? Era stato lui a darle buca, no? Lei aveva soltanto bisogno di qualcuno che la accompagnasse alla festa, e lui in fondo era solo Shingo. E poi un pizzico di gelosia non poteva che fargli bene. Sachiko sorrise tra sé.

Lanciò un'occhiata furtiva a Shingo. Forse erano le luci, ma lo trovò molto carino. Aveva un'aria felice, con l'asciugamano appeso al collo che ogni tanto usava per asciugarsi delle goccioline di sudore dalla fronte.

Le lanterne illuminavano le vie. La folla fremeva e ribolliva d'emozione. I profumi del cibo di strada si levavano dagli *yatai* – le bancarelle – che finalmente avevano preso vita, insinuandosi nelle loro narici. Succosi spiedini di carne *yakitori*, spaghetti *yakisoba* unti, calamari fritti, *okonomiyaki* e pollo *karaage*. Tutti mangiavano e bevevano mentre passeggiavano.

« Beviamo qualcosa? » Shingo indicò una bancarella che

vendeva bibite fresche immerse in un secchio pieno di ghiaccio.

« Sì, buona idea. »

« Cosa prendi? »

« Mmm. » Sachiko rifletté. Forse avrebbe preso un Ramune. Era la bibita che beveva sempre con suo padre quando la portava alla festa da bambina.

« Io prendo una birra Asahi. »

« Anch'io. » Tirò fuori la borsetta per pagare.

Shingo la rimise con delicatezza nel suo *obi*.

« *Arigato gozaimasu.* » Sachiko fece un inchino.

Shingo pagò e le porse una lattina di birra. Aveva un sapore fresco e tonificante e Sachiko sentì che la serata cominciava a farsi piacevole.

In strada si danzava. Gruppi di ballerini vestiti con *yukata* coordinati sfilavano sorridenti sotto la luce delle lanterne. Giovani, anziani, tutta la città sembrava essersi riunita per una sera. Un gruppo di uomini portava in spalla un *omikoshi* e girava per la città col palanchino sacro tra le grida e le acclamazioni. Musica, scrosci di risa, fuochi d'artificio. Non mancava niente.

Sachiko e Shingo continuarono a bere birra e a vagare per le strade godendosi l'atmosfera festosa. Chiacchieravano del più e del meno, di conoscenti comuni e dei loro bar, negozi e ristoranti preferiti. Shingo era molto attento a Sachiko e, ogni volta che il suo sguardo indugiava su un cibo o su un qualsiasi oggetto o souvenir, lui prendeva il portafoglio.

Sachiko faceva un gesto con la mano per dire che non occorreva, ma lui la ignorava e ogni volta tornava da lei con qualcosa, un cartone di *yakisoba,* del pollo *karaage,* una granita.

A un certo punto guardarono l'ora e si resero conto che era tardissimo. Sachiko si stupì di come il tempo fosse volato. Molti dei ragazzi più giovani erano spariti ed era rimasto solo qualche gruppetto di uomini più anziani e alticci che cantavano al karaoke e si abbracciavano allegri.

« Ti accompagno a casa », si offrì Shingo.

« Non occorre, Shingo-san. Posso tornare a casa da sola. »

« No, ti accompagno. Non è un problema. »

« Non è che ti faccio allungare troppo la strada? »

« Ma no, figurati. Mi piace camminare. A forza di portare la posta ho le gambe allenate. » Le sorrise.

⁂

Se Shingo non avesse conosciuto così bene la città, le cose sarebbero andate diversamente.

Stavano percorrendo la strada principale mano nella mano. Shingo gliel'aveva presa all'improvviso e Sachiko non aveva saputo come reagire. Era un po' brilla e così l'aveva lasciato fare. Se fosse stata sobria forse non gliel'avrebbe permesso. Ma avevano passato una serata così bella che le era sembrato un peccato rovinarla.

Ora, mentre camminavano mano nella mano, lui a sinistra, lei a destra, ripensò ancora una volta a quando da piccola andava alla festa con suo padre. Prima che lui si ammalasse.

« Possiamo tagliare per di qui. » Shingo deviò dalla strada principale.

« Sei sicuro? » Sachiko era un po' disorientata.

« Sì, questo è il sentiero che passa davanti al tempio, ma si fa molto più in fretta che a seguire la strada principale fino all'incrocio. Fidati! Passo di qui tutte le mattine. Anche il tempio riceve la posta! », disse, col suo solito buon umore.

Il sentiero si fece stretto e buio. Era costeggiato da alberi su entrambi i lati e le lanterne di carta appese ai rami lo rendevano un po' meno scuro del solito. Nelle lanterne di pietra disposte ai lati del sentiero non c'erano candele. Erano semplicemente coperte da un lugubre strato di muschio verde.

Lei trattenne il fiato mentre si avvicinavano al tempio.

Quel posto era legato a dei brutti ricordi.

Le venne la nausea.

Era proprio quel tempio. Per forza.

Il tempio in cui si era recata l'autunno precedente, quando le foglie iniziavano a tingersi di rosso. Lo stesso rosso delle macchie di sangue che per giorni aveva trovato nelle mutande dopo l'aborto. Era andata al tempio e aveva lasciato una statuetta di Jizo che vegliasse sul suo *mizuko,* il suo «bambino d'acqua», il suo feto mai nato. Epurato da una dose di mifepristone e prostaglandina. Portato via da un fiume di farmaci senza possibilità di difendersi. Le anime dei bambini che muoiono prima dei loro genitori non sono in grado di attraversare il fiume Sanzu e sono condannate a rimanere negli inferi. Aveva comprato una statuetta Jizo con indosso un berretto e un bavaglino rosso e l'aveva posata tra le centinaia di altre statuette sparse nel tempio come le foglie rosse degli aceri *momiji,* una per ogni bimbo non nato della città. Aveva pregato Jizo di proteggere il suo piccolo *mizuko* nell'aldilà. Si era chiesta se Jizo avrebbe rispettato il suo voto di non raggiungere il nirvana finché gli inferi non fossero stati vuoti.

Un anno prima aveva chiesto a Ryu-kun di usare il preservativo. E lui le aveva risposto che non ne aveva. Che potevano farne a meno. Lei allora gli aveva detto di non venire dentro di lei. E lui le aveva risposto: «Va bene, non c'è problema». Ma alla fine l'aveva fatto lo stesso. E, quando lei gli aveva annunciato di essere incinta, lui le aveva detto che non si sentiva pronto, che al momento il lavoro lo impegnava troppo, ma una volta avuta quella promozione avrebbero potuto sposarsi e mettere su famiglia. Non poteva fare qualcosa? Sistemare la questione, insomma. Si sarebbe fatto carico lui delle spese.

Era andata in ospedale da sola. A sua madre aveva detto che andava a trovare il papà. Non era del tutto falso, dato che si fermava sempre a guardarlo, disteso nel suo letto, attaccato alle macchine. Il petto che si alzava e si abbassava lentamente accompagnato dal sinistro *bip bip* di un uomo che aveva scagliato la propria anima contro la vita e aveva avuto la peggio.

Ma i suoi pensieri furono bruscamente riportati al presente mentre superavano il tempio alla loro destra e con la coda dell'occhio lei notò un movimento sotto il cornicione.

Si voltò a guardare e vide due figure scure nella penombra.

Un uomo e una ragazza con lo *yukata* aperto che lasciava vedere le sue lunghe gambe. Le mutande le erano cadute alle caviglie. L'uomo le teneva una mano tra le cosce e si stavano baciando. Sachiko represse un sussulto.

Stava per distogliere lo sguardo quando un fuoco d'artificio solitario esplose nel cielo notturno e con la sua luce investì in pieno la coppia che si stava baciando.

Il bagliore di due occhi verdi.

La ragazza del salone di bellezza.

E Ryu-kun.

Non ebbe il tempo di fermarsi. Shingo la trascinò via, ignaro di quello che aveva appena visto nelle tenebre.

Camminarono in silenzio, lui ancora immerso in una beatitudine inconsapevole.

La mano di Sachiko era gelida nella sua.

Arrivarono davanti a casa.

« Bene! Eccoci qui, Sacchan. Grazie mille per la splendida serata. Sono stato benissimo. »

Lei era confusa. Non sapeva cosa dire.

Lui tentennò, nervoso. « Senti, stavo pensando che magari... Se ti va, una volta potremmo andare in quel bar di cui mi hai parlato prima. Ricordi, quello che ti piace tanto? Che ne dici di martedì prossimo? »

Lei si girò dall'altra parte, sforzandosi di non rivelare quello che provava.

« Sacchan? Va tutto bene? »

« Non ti azzardare a chiamarmi 'Sacchan'! » sibilò.

Lui fece un passo indietro e alzò le mani.

Gli occhi di lei furono illuminati dalla luce dei lampioni. « Non voglio rivederti mai più. Verme. Mi fai schifo! » Si voltò e si precipitò in casa sbattendo la porta.

Shingo esitò un istante, abbassò la testa e si allontanò nella notte.

Dall'altro lato della porta, Sachiko si lasciò cadere a terra e si avvolse le ginocchia tra le braccia. Nascose il viso tra le gambe e scoppiò in singhiozzi.

In casa c'era un silenzio di tomba, si sentivano solo i singhiozzi di Sachiko e dei passettini attutiti che venivano dalla porta aperta del bagno.

La gatta calico le venne incontro, curiosa.

Sachiko tremava, la gatta le leccò la mano.

Lei la colpì così forte da spaccarle la mascella.

TROFALLASSI

L'appartamento è molto cambiato da quando la mamma e il papà sono morti. Ora non funziona più come prime. Ho stabilito le mie regole. Non devo più fare quello che dice la mamma. Ho smesso di riporre i vestiti nei cassetti o il cibo negli armadietti, dove le cose sono nascoste e difficili da trovare. Ho smesso di pagare le bollette dell'elettricità e dell'acqua: di sera mi accontento delle candele e la vasca da bagno è il posto ideale per tenere i libri. Cerco di non lavarmi troppo spesso, perché amo il profumo ricco che il mio corpo crea col tempo, specialmente nei mesi più caldi. Mi piace annusarmi le ascelle di nascosto quando sono sul treno. Inoltre mi consente di avere più spazio rispetto a quello che gli altri abitanti di Tokyo riescono a conquistarsi. Emetto un'aura. La gente mi teme e mi sta alla larga.

Quando ho bisogno di lavarmi, il *sento* pubblico dietro l'angolo è più che sufficiente. Sono un uomo grosso che ha la fortuna di avere un grosso pene. So che è stupido vantarsene, ma mi piace entrare nei bagni nudo e osservare gli sguardi sorpresi degli altri uomini quando vedono il mio membro enorme dondolare tra le gambe. Spesso sono talmente intimiditi da andarsene e lasciarmi il bagno tutto per me.

No, le cose andavano bene dopo la morte della mamma e del papà. Ero felice della mia nuova vita.

Ma poi sono arrivate quelle luride bestie nere e hanno rovinato tutto.

▲

Torno a casa e vedo che le formiche si sono moltiplicate. Ogni volta che guardo, ne trovo sempre di più. Entrano da una crepa nella porta d'ingresso. Vedo i cadaveri di quelle che ho calpestato stamattina, ma ne sono arrivate molte di più. C'è una lunga colonna che serpeggia fino in cucina. Sono una specie invasiva, che discende dall'antica famiglia delle vespe e ha colonizzato il mondo. Non c'è Paese in cui non siano presenti. Gli esseri umani ne sono affascinati da secoli, per la loro dedizione al lavoro, la loro tenacia. Per il modo in cui comunicano e collaborano tra loro, ma anche per come convivono con le altre specie. Sono l'invasore finale. Frotte pronte a conquistare tutto.

E ora hanno invaso la mia adorata casa. Sono in guerra. In guerra con le formiche.

Mi sto preparando per una lunga battaglia. Ho iniziato a leggere *L'arte della guerra* di Sun Tzu, che era un uomo molto intelligente, sebbene fosse un muso giallo. *La suprema arte della guerra consiste nel sottomettere il nemico senza combattere.* Quindi per ora non farò niente. Sceglierò il momento adatto e allora le sterminerò dalla prima all'ultima. Il sangue scorrerà, sarà una carneficina, e io mi ergerò trionfante sugli stupri e sui saccheggi, sarò il padrone di tutti coloro che tenteranno di attaccarmi o dominarmi. Eh eh.

Per ora devo riposare. Domattina devo andare al lavoro e devo dare il meglio.

Il mio lavoro conta molto per me.

▲

Il mattino dopo mi sveglio di pessimo umore. Quello stupido gatto si è di nuovo messo a strillare sotto la mia finestra. È andato avanti tutta la notte e neppure quando ho aperto la finestra e mi sono messo a gridare nell'aria calda della notte quella bestiaccia insopportabile ha smesso di miagolare. Ho urlato a squarciagola, ma quello non la piantava. Poi un vicino ha persino avuto la faccia tosta di urlarmi: «Sta' zitto, svitato!»

Da non crederci! Quel gatto si lagna e strilla tutta la notte, e lui viene a dire a me di chiudere il becco? Come osa?

Comunque, alle 5.02 ho preso il treno alla stazione di Kichijoji in direzione del monte Takao, col caffè caldo e con gli *onigiri* per il pranzo comprati al minimarket. Ho dovuto alzare la voce con quell'idiota di vietnamita che c'era alla cassa, che non mi ha dato due sacchetti separati per la merce calda e quella fredda. Dove andrà a finire questo Paese? I minimarket sono stati invasi da questi imbecilli di stranieri! Lasciamo stare. Sta per cominciare uno dei momenti del giorno che preferisco. Raggiungo la stazione e aspetto con pazienza il mio treno. Faccio una foto a un cartello idiota e la carico sul forum.

Re: Stupida bambina
LaoTzu616: Se una bambina è così stupida da far cadere il cappello sui binari, farebbe meglio a buttarsi di sotto anche lei. La gente è proprio cretina.

Amo il mio lavoro. Lo amo e ne vado fiero.

So che molti degli operai che lavorano nella fabbrica di automobili non sono contenti, ma io francamente non capisco perché. Mi piacciono le automobili e mi piacciono i robot. Mi piace poter usare i miei muscoli. La mia forza è apprezzata dai miei superiori e in fabbrica tutti mi conoscono perché sono in grado di fare da solo il lavoro di due uomini.

Mi piace la ripetitività della catena di montaggio.

Lavoro nel reparto saldatura, dove volano le scintille e la scocca delle automobili prende forma. Io sollevo i pezzi pesanti dai carrelli, li poso sulla maschera che tiene in posizione ogni parte per la saldatura, poi premo il pulsante rosso che spedisce il tutto nella gabbia dove si trovano i robot. Lì, i possenti bracci meccanici lavorano i pezzi, si avvitano e si avvolgono intorno allo scheletro soffiando lentamente nell'auto delle scintille di vita. Ogni novanta secondi nasce una nuova automobile, ed è da me che tutto comincia.

Quando vedo le automobili e i taxi che ho prodotto circolare per le strade di Tokyo provo un intenso moto d'orgoglio. L'orgoglio di avere creato qualcosa, di avere preso parte alla nascita di qualcosa di concreto. Qualcosa che si può toccare con mano.

Tutti quegli imbecilli che lavorano sui loro stupidi fogli di calcolo non possono capire cosa significa. E mi fanno pena. Faccio un'altra foto e la carico.

Re: Miserabili tassisti ingrati
LaoTzu616: Ho costruito ENTRAMBE queste auto. E i tassisti cosa fanno? Chiacchierano da un finestrino all'altro invece di lavorare! C'era un grassone che parlava come un buzzurro.

Quando arrivo al lavoro, lascio la mia roba nello spogliatoio. Ignoro gli altri operai seduti intorno ai tavoli di formica a trangugiare caffè e loro ignorano me. Formica. Di nuovo quei luridi insetti. Si torna sempre a loro. Non è il momento di pensare a queste cose. Non qui. Non al lavoro. Mi do un pugno sulla testa e quando mi giro vedo che gli altri operai mi fissano in modo strano. Che cazzo hanno da guardare?

La catena di montaggio si attiva alle sei del mattino e a me piace arrivare con cinque minuti d'anticipo. Vado alla mia postazione. La sirena suona e tutti sono pronti per mettersi al lavoro. Oggi devo svolgere il mio compito in novanta secondi. Occhiali protettivi, guanti antitaglio, casco. Il familiare e penetrante odore di gomma bruciata.

Oh, issa, parte sinistra della maschera, forza, parte destra, sezione posteriore in posizione, traversa in posizione, esci dall'area gialla tratteggiata, premi il pulsante rosso, la luce rossa lampeggia, la maschera entra nella gabbia.

Mi volto verso destra e vedo le scocche finite che hanno attraversato tutto il reparto saldatura e si dirigono verso quello della verniciatura. Noi della saldatura creiamo la scocca, il corpo nudo dell'automobile. Dopo la saldatura, le scocche passano alla verniciatura, dove gli viene dato uno strato d'imprimitura prima di essere finite con le vernici spruzzo. Quando escono sono rosse, lucide e scintillanti, e allora passano nel reparto assemblaggio. Quelli dell'assemblaggio si credono chissà chi, ma la saldatura è meglio. All'assemblaggio aggiungono le ultime cianfrusaglie alla scocca, che a poco a poco prende la forma di un'auto prima di...

La maschera è uscita. Oh, issa, parte sinistra, parte destra, sezione posteriore, traversa, esci dall'area gialla tratteggiata, premi il pulsante rosso, la luce rossa lampeggia, la maschera entra nella gabbia.

Non riesco a togliermi dalla testa quelle fottute formiche.

Sono distrutto. Stanotte quel gatto mi ha fatto impazzire. Perché ce l'hanno tutti con me? Cos'è questa congiura? Anche i robot mi fanno pensare alle formiche. I loro bracci flessibili sembrano enormi zampe di formica e in mezzo a queste formiche giganti mi sembra di essere stato rimpicciolito. Devo pensare ad altro. Non arriverò alla fine del turno se continuo così. Devo pensare a qualcosa di più piacevole.

Esce la maschera. Oh, issa, parte sinistra, parte destra, sezione posteriore, traversa, esci dall'area gialla tratteggiata, premi il pulsante rosso, la luce rossa lampeggia, la maschera entra nella gabbia.

Oggi è giorno di paga. Gli altri operai staranno sicuramente parlando del fatto che stasera andranno di nuovo in una soapland, un bordello. Imbecilli. Non fanno in tempo a mettersi due soldi in tasca che li buttano via in alcol e sesso. Per cosa, poi? Solo perché una scema gli si strusci addosso coperta di lubrificante su un materassino gonfiabile grigio. Io non sono così stupido. Anch'io spendo i miei soldi, ma non per cose idiote come i postumi di una sbornia o un orgasmo. Io cerco piaceri più raffinati. Forse stasera andrò in un nuovo hostess club...

Esce la maschera. Oh, issa, sinistra, destra, posteriore, traversa, area gialla tratteggiata, pulsante rosso, luce lampeggia, maschera nella gabbia.

So che quello che faccio è strano. So che è strano voler dormire accanto a loro. Ed è per questo che devo drogarle. Non è una cosa così brutta, no? Le ragazze non soffrono mai. Il più delle volte si svegliano in uno strano hotel senza ricordare cos'è successo la notte prima. Faccio del mio meglio per non far loro del male. Certo, c'è stata quella volta che... Ma non mi va di pensarci. Meglio concentrarsi sul futuro. Una cosa alla volta. Stasera forse incontrerò una nuova, bellissima hostess. E vicino a lei dormirò benissimo...

Esce la maschera. Oh, issa, sinistra, destra, posteriore, traversa, area gialla tratteggiata, pulsante rosso, luce lampeggia, maschera nella gabbia.

I bracci dei robot sono ipnotici. Se qualcuno rimanesse bloccato nella gabbia quando si attivano, morirebbe nel giro di pochi secondi. I robot sono ciechi: non vedono nulla e si muovono seguendo un percorso già programmato. È a questo che serve la maschera. La maschera è il loro punto di riferimento. Sanno dove si trova ed è grazie a questo che riescono a saldare le sezioni sul telaio dell'auto. Se le varie parti non si trovassero nel punto esatto in cui devono essere, il braccio del robot perforerebbe la scocca. Strappando e lacerando il corpo nudo dell'auto...

Esce la maschera. Oh, issa, sinistra, destra, posteriore, traversa, area gialla tratteggiata, pulsante rosso, luce lampeggia, maschera nella gabbia.

... e se un uomo rimanesse intrappolato nella gabbia (e certe volte siamo costretti a entrare per riparare i robot) verrebbe tranciato in due. Il braccio robotico lo affetterebbe come una *katana* calda una forma di *tofu*... Non è un vero modo di dire. Me lo sono appena inventato. Però mi piace. Certe volte mi diverto a immaginare che la fabbrica sia il teatro di una misteriosa storia di omicidi: un operaio chiude nella gabbia un collega, aziona il robot e guarda mentre l'altro viene fatto a pezzi, maciullato, il sangue schizza da tutte le parti imbrattando le scocche...

Esce la maschera. Oh, issa, sinistra, destra, posteriore, traversa, area gialla tratteggiata, pulsante rosso, luce lampeggia, maschera nella gabbia.

Sì... sarebbe facilissimo uccidere una persona chiudendola nella gabbia. Certo, ci sono le procedure di sicurezza... ma... be'... Per attivare i robot bisogna inserire due chiavi nel circuito stampato: se non le inserisci entrambe, non si accendono. Le chiavi aprono anche la porta della gabbia dei robot. In teoria, quando entri dovresti portare una chiave con te, ma nessuno lo fa mai...

Esce la maschera. Oh, issa, sinistra, destra, posteriore, traversa, area gialla tratteggiata, pulsante rosso, luce lampeggia, maschera nella gabbia.

... tutti lasciano la chiave su un ripiano vicino alla porta. Io non lo faccio mai, ma a quanto pare quasi tutti quelli che lavorano qui lo fanno, come se volessero far vedere che si fidano degli altri. Per me è da cretini, ma se serve a creare le condizioni del delitto perfetto mi sta bene. Già... la prossima volta che qualcuno entrerà ad aggiustare il robot lasciando la chiave sul ripiano, potrei chiuderlo dentro e azionare il robot. Poi potrei sgattaiolare via, o rimanere a guardare tanto per divertirmi! Ci sarebbe sangue ovunque...

Esce la maschera. Oh, issa, sinistra, destra, posteriore, traversa, area gialla tratteggiata, pulsante rosso, luce lampeggia, maschera nella gabbia.

▲▲▲

Alle quattro del pomeriggio suona la sirena e la catena di montaggio si ferma. È ora di tornare a casa. Tanti anni fa, quando ho cominciato a lavorare, alla fine del turno ero tutto indolenzito. Ora non è più così. Ho sviluppato i muscoli giusti nei punti strategici. Il mio corpo è diventato una macchina.

Dopo il lavoro, salgo sul treno e torno in città. Oggi ci hanno pagato. È arrivato il momento di decidere cosa fare stasera. Potrei cenare fuori. Un *ramen*, magari? Avrei una gran voglia di *okonomiyaki*, ma mi rifiuto di tornare in quel ristorante di Hiroshima dopo il modo barbaro in cui mi hanno trattato l'ultima volta. Se ci penso mi esplode il cervello. No, meglio un *gyudon*. Ora posto un'altra foto.

Re: Manzo giapponese
LaoTzu616: Sono felice di vedere che questo posto serve SOLO carne GIAPPONESE. Niente porcherie inglesi grazie! Qui non vogliamo la mucca pazza. Siamo in Giappone!

Poi tornerò a casa, andrò ai bagni pubblici, mi laverò i capelli e mi farò la barba, mi metterò il mio abito migliore e andrò in un hostess bar.

Ho letto su una rivista che dalle parti della stazione di Roppongi hanno aperto un posto nuovo, dove ci sono solo hostess *gaijin*. È un po' fuori mano rispetto a Kichijoji, ma forse vale la pena di andare a dare un'occhiata.

Bar Angel... Il nome mi piace.

⁂

Roppongi è un merdaio schifoso.

Odio camminare per quelle strade piene di giapponesi viziose e mezze nude e di *gaijin* ubriachi che le guardano. Se non fosse che il Bar Angel è qui, non ci sarei mai venuto.

Ecco a cosa si sta riducendo il Giappone: a un parco divertimenti per queste orde di disgustosi ubriaconi stranieri. Noi ogni giorno ci spacchiamo la schiena in fabbrica, mentre quegli idioti di *gaijin* se la spassano di notte con le nostre donne che si comportano come delle puttane. Li supero in fretta, sbuffando più forte che posso, per fargli capire che la loro presenza non è gradita.

Da fuori, il Bar Angel non ha niente di speciale. È uno dei tanti palazzoni con le insegne al neon. Guardo meglio e individuo quella del locale. È al nono piano. Faccio una foto col cellulare e la carico sul forum, per chiedere un parere agli altri clienti.

Re: Bar Angel?
LaoTzu616: Qualcuno è stato al 9F di Roppongi? Com'è?

Dentro, mi sembra di entrare in un sogno. È pieno di ragazze straniere. Donne bellissime, con la pelle bianca, i capelli biondi, gli occhi azzurri, vestite con abiti elegantissimi. È un classico hostess bar, solo che a ogni tavolo ci sono un uomo giapponese e una donna straniera mozzafiato.

Un giapponese basso e tarchiato in giacca e cravatta mi fa un inchino quando entro. « Buonasera, signore. » Sembra educato e rispettoso.

« Buonasera, gentile signore. È lei il proprietario di questo bel locale? »

« *Kyaku-sama*, io sono il gestore. » Fa un altro inchino. « È la prima volta che viene al Bar Angel? »

Fatico a staccare gli occhi dalle ragazze. « Mmm... sì. È la prima volta. »

« Allora mi permetta d'illustrarle come funziona. » Prende una lavagnetta e comincia a scorrere il listino prezzi.

Una bionda vestita di rosso mi passa accanto e mi saluta.

Io inizio a sudare e mi perdo qualche pezzo della spiegazione. « Sì, sì. » Annuisco mentre il tizio continua a parlare.

« Le consiglio di cominciare col nostro pacchetto base *nomihodai*, con consumazioni illimitate per un'ora alla tariffa di ventimila yen. Se desidera offrire da bere alla ragazza, su ogni tavolo c'è una lista di bevande e cocktail con relativi prezzi. Vuole scegliere la ragazza? »

« Sì, grazie. » Dev'essere perfetta.

« La informo che c'è un sovrapprezzo di cinquemila yen per questo servizio... »

« Sì, va bene. » Sono stanco delle sue chiacchiere. Comincia a infastidirmi.

« La prego di avere un attimo di pazienza, vado subito a prendere il catalogo con le fotografie delle ragazze, così potrà fare la sua scelta... »

« Cosa mi dice di quella? » Non ne posso più.

«Quale?»

«Quella laggiù. Col vestito rosso.»

«Natasha?»

«Sì. Lei. Lei andrà benissimo.»

«Ottima scelta, signore.» Si volta verso la ragazza. «Natasha!»

Lei si avvicina con passo sinuoso nel suo lungo vestito rosso e sembra... be', sembra proprio un angelo. I capelli biondi le cadono sul collo e io fatico a guardarla negli occhi. Sono così luminosi da essere quasi abbaglianti. Lei mi sorride. Io le faccio un cenno con la testa e poi guardo il muro.

Sarà più facile starle vicino quando avrà gli occhi chiusi. Sprofonderà velocemente nel sonno e sarà come la Bella Addormentata.

«Natasha, per favore, accompagna questo signore...» Si gira verso di me, aspettando che dica il mio nome.

Io ne dico uno a caso. «Tanaka.»

Dal suo sorriso intuisco che non mi ha creduto. Tanaka è un nome troppo comune. La prossima volta dirò Sugiwara o qualcosa del genere.

«Per favore, accompagna Tanaka-san a un tavolo.»

«Vua bene.»

Puah. Il suo giapponese fa schifo. Non importa. Spero che non parli nel sonno.

«Danaka-zan, vuieni gon me.»

Annuisco e la seguo.

Ci sediamo a un tavolo e lei si sporge leggermente verso di me. Il suo fascino e la sua bellezza mi risucchiano. Mi sorride.

«Cossa voi di buere?»

Non ho la più pallida idea di cos'abbia detto. Parlo lentamente e scandendo bene le parole. «PARLI MOLTO BENE GIAPPONESE.»

« Zcusa? »

« HO DETTO CHE PARLI MOLTO BENE... » Forse se la cava meglio con l'inglese? « Parli inglese? »

« Un po'. Ti va di bere qualcosa? »

Aaahhh. La sua voce. È come una musica che mi entra nelle orecchie rimaste tappate a lungo dal fango. « *Shochu.* Con ghiaccio. »

Lei piega leggermente la testa e con la mano fa un cenno al gestore, che porta un vassoio con una bottiglia di *shochu*, due bicchieri e un secchiello di ghiaccio. Posa il vassoio sul tavolo e io lo fisso torvo finché non sparisce.

Lei prende dei cubetti di ghiaccio dal secchiello e li lascia cadere a uno a uno nel bicchiere. I cubetti tintinnano e ruotano. Le guardo il seno, la pelle nuda e bianchissima lasciata scoperta dal vestito. Il suo profumo mi penetra nelle narici e sposto la mano verso la sua coscia.

Lei si allontana leggermente mentre versa lo *shochu* sul ghiaccio e io sento il piacevole scricchiolio dei cubetti che si crepano e si rompono come delle ossa.

« Tieni », dice lei, porgendomi il bicchiere.

« Grazie. Di dove? »

« Scusa? »

« Ho detto, di dove? »

« 'Di dove' cosa? » Lei aggrotta la fronte e io per la prima volta colgo un lampo di ripugnante stupidità.

« Tu. Di dove? » dico lentamente.

« Oh... Da dove vengo? Sono di Mosca. Russia, tesoro. »

« Vodka. »

« Cioè? Vuoi bere vodka? »

Fa di nuovo un gesto al tizio, ma io alzo la mano per fermarla. « No. La vodka è russa. » Sotto pressione come sono, è la risposta migliore che mi viene in mente. Sarebbe tutto molto più semplice in giapponese. Lei annuisce piano e sembra perplessa. È la prima russa che incontro. Di cos'altro possiamo parlare? Una volta ho letto *Delitto e castigo*. Forse potremmo parlare di questo. È uno dei miei libri preferiti. « Dostoevskij è russo. »

« Sì, è russo, ma io non ho mai letto i suoi libri. » Scoppia a ridere e mi posa la mano sul polso. « Non mi piacciono i vecchi libri, sono così noiosi, tesoro. »

Mi sento travolgere da un'ondata di felicità. Dev'essere molto colpita dalla mia cultura. « Cosa bevi? »

« Vado pazza per la vodka. »

« Sì? Ti piace la vodka? »

« Sì, tesoro. Mi offriresti una vodka? Muoio di sete. »

Mi accarezza il braccio e io mi sento attraente. « Certo. Tutto quello che vuoi. »

« Grazie, tesoro! » Sta già facendo cenno al gestore. « Vodka! » urla.

Io prendo la lista e la scorro rapidamente. Ma porca troia. Settemila yen per una vodka?

Lei mi guarda. « C'è qualcosa che non va, tesoro? »

« Oh... no, niente. » Sorrido mentre quella faccia di culo del gestore le porta il suo bicchiere su un vassoio. Come cazzo si fa a far pagare settemila yen per un merdoso bicchierino di vodka... Calmati... Devi stare calmo... Magari la farà ubriacare. Magari se si distrae un attimo posso versarle qualcosa nel bicchiere. Comincio a escogitare un piano per farla uscire di qui e portarla in un albergo.

I suoi capelli biondi, gli occhi azzurri, il suo corpo bianco e sinuoso sotto il vestito rosso aderente... Sono in paradiso. Lei mi mostra delle stupidissime foto del suo cagnetto, un botolo orrendo, e continua a cinguettare su quanto sia carino. Ma io la lascio fare e intanto bevo, bevo, felice che la serata stia andando così bene. Poi vedo un maledetto gatto sul mio bicchiere. Natasha va in bagno e io prendo il cellulare.

Re: Gatti!!!
LaoTzu616: Gatti!!! Non posso girarmi un attimo in questo Paese senza vedere un fottuto gatto di merda!!!

Dopo qualche bicchiere si mette a parlare di quando va a fare shopping a Ginza e con la coda dell'occhio vedo qualcosa di scuro che si muove sul pavimento sotto il bancone del bar. Quelle bestie schifose sono arrivate fin qui?

« Scusa? » Lei mi guarda con aria vagamente preoccupata.

« Cosa? » Sono ubriaco? Ho esagerato con lo *shochu*?

« Hai appena detto 'formiche'. »

« Formiche? E perché avrei dovuto dirlo? »

« Non lo so, stavi guardando di là e a un certo punto hai detto 'formiche'. »

« Ah... Nel mio appartamento ci sono delle formiche. Niente di che. »

« Non è un buon segno... » Mi guarda come se fossi un marziano.

Devo rimediare. « Come si dice 'formica' in russo? »

« муравей. »

Io annuisco e faccio finta di aver capito. « Sai come si dice 'formica' in giapponese? »

« Oddio! Sì, lo so! » Fa un piccolo balzo sul divanetto e lo spacco della gonna mette in mostra le sue lunghe gambe bianche.

« Si dice... »

« No! Non me lo dire, lo so, lo so. » Storce il viso nello sforzo di concentrarsi e mi tocca il braccio. Le piaccio.

Apre gli occhi dopo avere riflettuto e mi guarda con occhi speranzosi. « *Mushi?* »

« No. Quello vuol dire 'insetto'. »

« Cavolo. Ero sicura si dicesse *mushi.* »

« No. Ti sbagli. Si dice... »

« No! Ti prego! Ti prego! Lascia che indovini! »

« Si dice *ari* », dico, con un pizzico d'orgoglio.

« Oh... *ari*! Lo sapevo! »

Ora mi sento più sicuro. Lo *shochu* mi ha aiutato a rilassarmi.

« La conosci, questa? » Prendo un tovagliolo e disegno dieci puntini neri. È un giochetto scemo che tutti i bambini giapponesi imparano a scuola, ma mentre disegno i puntini l'immagine di quelle orribili formiche nere che strisciano sul mio bel pavimento s'insinua nella mia mente. Sento che ricomincio a sudare, sulla fronte, sotto le ascelle. Forza... devo resistere... mantenere il controllo. Non posso permettere che vada di nuovo tutto a rotoli. Devo concentrarmi.

Finisco di disegnare i puntini neri e le mostro il tovagliolo.

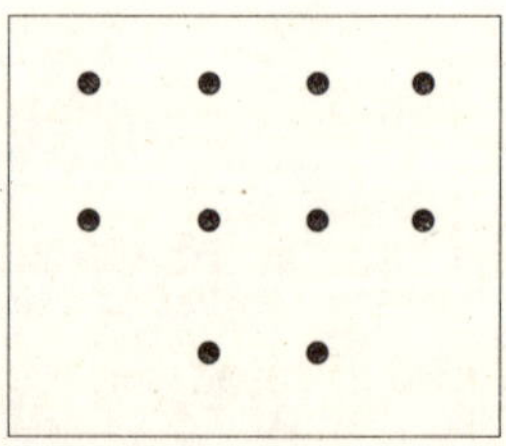

« Che cosa c'è scritto? » le chiedo.

« Mmm. Non lo so... »

« Ti arrendi? »

« Sì. Cosa c'è scritto, tesoro? »

« C'è scritto *arigato* », dico, in tono trionfante.

« *Arigato?* 'Grazie?' »

« Sì, ma. No. No. No. » Non ha capito. Stupida russa. « Guarda, sono dieci formiche. *To* è un altro modo per dire 'dieci'. *Ari* vuol dire 'formica', *ga* significa più o meno... 'ci sono', tipo... e *to* vuol dire 'dieci'. *ARIGATO!* Capito? »

Lei mi guarda, spiazzata. « Divertente. » Finisce la sua vodka e sorride. « Oh, tesoro, ho finito il mio bicchiere. Posso averne un altro? »

« Certo. Perché no. » Magari riesco a infilarle qualcosa nel prossimo.

Ma, quando quel bastardo del gestore le porta il suo drink, m'informa gentilmente che il mio tempo sta per scadere. Voglio prolungarlo per altri diecimila yen? Io faccio un inchino educato, rispondo che per stasera mi sono divertito abbastanza e poco dopo lascio il locale. La porterò via la prossima volta.

Mentre aspetto il treno per tornare a casa, controllo i messaggi per vedere se qualcuno ha risposto alla mia domanda sul Bar Angel. C'è una sola risposta.

Re: Re: Bar Angel?
Aho80085: fighe gaijin.

Rientro nell'appartamento ed è pieno di formiche.

Provo a masturbarmi pensando a Natasha. La immagino mentre dorme tranquilla al mio fianco, ma le formiche camminano su tutto il suo corpo e io mi accorgo che non sta dormendo, ma è in putrefazione. Il suo corpo si sta decomponendo e le formiche coprono la sua pelle chiara. Lunghe colonne si riversano fuori dalla sua bocca, scendono verso il petto, strisciano sulla pancia e sui seni, giù, fino alle unghie dei piedi pitturate di rosso. L'erezione se ne va e non torna più.

Un'altra giornata di lavoro. E io sono distrutto.

Quel gatto di merda ha di nuovo miagolato per tutta la notte, come stesse per schiattare. Non riesco a dormire. Le formiche continuano a tormentarmi.

Il prossimo gatto che vedo si becca una bella pedata.

Esce la maschera. Oh, issa, sinistra, destra, posteriore, traversa, area gialla tratteggiata, pulsante rosso, luce lampeggia, maschera nella gabbia.

Mi sono informato su Internet. Devo avvelenare la regina. Non c'è altro sistema. Se non la uccido le formiche continueranno a tornare. Devo fare in modo che le formiche mangino un'esca avvelenata, con cui si nutriranno l'un l'altra fino ad arrivare alla regina. Si chiama trofallassi. Divertente: sfrutterò il loro stesso istinto a cooperare per sterminarle. Devono morire tutte. Non posso vivere con le formiche. *Fa' in modo che i tuoi piani siano oscuri e impenetrabili come la notte, così quando farai una mossa essa cadrà come un fulmine.* Sono parole di Sun Tzu...

Esce la maschera. Oh issa, sinistra, destra, posteriore, traversa, area gialla tratteggiata, pulsante rosso, luce lampeggia, maschera nella gabbia.

Devo assolutamente rivedere Natasha. Stavolta andrà meglio. So che posso farcela. Ho solo bisogno di un po' più di tempo e di una seconda occasione. Ce la farò. Ma prima devo sbarazzarmi delle formiche. All'inizio erano solo dieci. Ora sono decine di migliaia, le incontro ovunque. *Così, in guerra, la regola è evitare ciò che è forte e attaccare ciò che è debole.* Devo distruggere le formiche. Prima che loro distruggano me...

Esce la maschera. Oh, issa, sinistra, destra, posteriore, traversa, area gialla tratteggiata, pulsante rosso, luce lampeggia, maschera nella gabbia.

Stavolta andrà meglio. Non ci saranno imprevisti. Devo solo rispettare il mio piano. Una grossa dose di sonnifero, così non si svegliano. Non devono svegliarsi, altrimenti ti tocca dargli un pugno sulla bocca e pagarle perché non dicano niente. Sarò prudente. Userò una dose di sonnifero molto maggiore del necessario. Le farà addormentare in fretta e io potrò dormire accanto a loro, come quando da piccolo avevo gli incubi e dormivo tra la mamma e il papà...

Esce la maschera. Oh, issa, sinistra, destra, posteriore, traversa, area gialla tratteggiata, pulsante rosso, luce lampeggia, maschera nella gabbia.

Ma non è solo una questione privata. Mi piace andare agli *onsen* e fare l'esibizionista. A volte la gente mi urla contro – come quella ragazza a Yufuin sull'isola di Kyushu – e questo mi eccita ancora di più. Mi piace riprenderli quando urlano e riguardare i video in seguito. Anche loro sono delle cazzo di formiche.

... Ultimamente però non riesco più a capire cos'è reale e cosa no. Vedo delle cose. Le vedo ovunque. Le formiche strisciano in tutto questo cesso di città e il gatto non smette mai di urlare. Non so se sono sveglio o se sono in un sogno. Non mi sento né vivo né morto. Sono all'inferno? O sto sognando? Non so più cos'è reale...

Esce la maschera. Oh, issa, sinistra, destra, posteriore, traversa, area gialla tratteggiata, pulsante rosso, luce lampeggia, maschera nella gabbia. Suona l'allarme. Il caporeparto grida. Io cado in ginocchio e piango.

E i robot ora stanno lacerando il corpo nudo. Il gatto lancia il suo grido selvaggio. E le formiche strisciano nella mia mente. Strisciano sulle tombe di mia madre e di mio padre, abbandonate alla rovina nel cimitero.

Dallo sguardo del mio caporeparto, questo sì molto reale, capisco di aver perso il lavoro.

Ma le formiche non si fermano.

HIKIKOMORI, FUTOKO & NEKO

Tic, tic... Gocce rosse cadono sull'asfalto.

Un picchiettio di dolore che avanza a zig-zag fino a una gatta calico raggomitolata. La testa ciondola e ondeggia. La gatta prova ad alzarsi, ci riprova. La mandibola penzola, molle. Oggi non ha la forza di azzannare un bastoncino di granchio. Alla fine, si arrende.

La gatta alza lentamente la testa e guarda la strada principale. Le bancarelle della festa sono ancora lì, ma già tutte spente.

La vista è annebbiata, scheggiata. Il frammento di una scena tremolante. Tre figure vestite di nero, come a un funerale. Passano davanti all'ingresso del vicolo. Forse una famiglia. Una madre, un padre e una figlia. Camminano vicini, un'unità compatta. La madre si gira per sgridare qualcuno. I tre proseguono, spariscono. Poi passa una figurina nera sfocata. È goffa, trascina i piedi nelle scarpe troppo grandi.

Un bambino.

Kensuke vide il gatto che sanguinava in fondo al vicolo. Corse oltre le bancarelle di cibo sbarrate della festa della sera prima e guardò l'animale con occhi curiosi. Non c'era nessuno in giro. Solo la porta di un appartamento al piano terra. Kensuke non fece caso agli strani avvisi appesi alla porta. Era troppo concentrato sull'animale.

Il gatto lo guardò e sbatté le palpebre, sofferente.

Piccolo, dolce e non ancora indurito dalla crudeltà. Mascella paffuta e occhi gentili. Avvolto in un abito di tristezza e lutto. Un completo nero troppo maturo per un bambino delle elementari.

Kensuke prese in braccio il gatto, che miagolò debolmente.

«Ciao, *neko*-san. Ti sei fatto male?»

Il bambino strinse con delicatezza l'animale e rincorse la sua famiglia. Erano già saliti sulla Lexus nera, sbattendo le tre portiere con equilibrata impazienza.

Kensuke tenne il gatto nell'incavo di un braccio mentre con l'altro apriva la portiera posteriore destra. Senza volerlo, gli fece un po' male. Balzò sul sedile posteriore e non appena ebbe richiuso la portiera l'auto si mise in movimento.

«Com'è possibile che arrivi sempre per ultimo?» Un'imbarazzante traccia di accento coreano si ostinava a venare la voce della madre.

«Scusa.»

Kensuke strinse il gatto al petto. Sentì il cuore della bestiolina battere, e il suo che palpitava per la corsa appena fatta. Aveva un po' di fiatone.

Seduta accanto a lui, con indosso un completo nero in netto contrasto con la sua solita divisa - maglioncino Polo rosa e pantaloni color crema -, sua sorella Kyoko gli sussurrò scherzando: «*Baka*».

Lui la ignorò. Lei lo guardò nervosamente per vedere la sua reazione. Fu allora che notò il gatto. Nei suoi occhi apparve uno sguardo di disapprovazione.

«Oh, Ken! Che ci fai con quel gatto?»

Il padre inchiodò.

Entrambi i genitori si voltarono.

« Kensuke! »

« Come ti salta in mente di raccogliere un gatto randagio! » urlò la madre.

« Ma... perdeva sangue. È ferito alla mandibola. Ha bisogno d'aiuto. »

« Kensuke. Quel gatto non è tuo. Riportalo dove l'hai trovato. Va' », disse il padre in tono categorico.

« Ma, *Otosan*, morirà. Come *Obasan*. »

« Kensuke. Riportalo subito indietro. »

Il padre era sempre composto. Ma qualcosa aveva toccato un nervo scoperto.

Kensuke aprì la portiera e scivolò giù dai sedili di pelle bianca. Richiuse la portiera dietro di sé.

« Kyoko, c'è sangue sul sedile? » chiese il padre.

« No, è pulito. »

« Bene. » Il padre guardò Kensuke nel retrovisore: le sue gambette scalciavano mentre correva lungo la strada col gatto tra le braccia. « Quel bambino diventa ogni giorno più strano. »

La madre gli posò la mano sul braccio. « Dobbiamo essere pazienti con lui. Se vogliamo che torni a scuola il prossimo trimestre. Dobbiamo avere pazienza. »

« Voi due gli mettete troppa pressione », disse Kyoko dal sedile posteriore.

« Sta' zitta, Kyoko », disse la madre.

∴

Quella mattina, Naoya era seduto nel solco del divano a giocare a *Puyo Puyo Monster Mayhem* e bere una bottiglia di Pocari Sweat, quando d'un tratto sentì dei colpi alla porta. Li ignorò. Poi il campanello suonò.

Chi poteva essere?

Mise in pausa il gioco e bevve nervosamente un sorso. Nessuno veniva mai a casa sua, eccetto i fattorini, che però sapevano di non dover suonare il campanello. Se avesse fatto finta di niente, pensò, se ne sarebbero andati. Fece ripartire il gioco, e continuò a premere i tasti e a guardare i mostri a forma di palla muoversi sull'enorme schermo al plasma.

Non c'era molto spazio nell'appartamento di Naoya.

Non con tutti i cartoni, le lattine, le bottiglie di plastica, la carta oleata, le bacchette rotte, i telecomandi appiccicosi, le scatole abbandonate dei DVD di anime e tutti gli altri detriti. Il condizionatore ronzava dolcemente in un angolo, tenendo fuori l'estate. Pile di manga si ergevano con fierezza a ridosso delle pareti, ingrigite dal tempo. Spazzatura nascosta sotto altra spazzatura, roba sopra roba sopra altra roba ancora. Un solco impresso nel divano a forza di stare seduto. I piatti giacevano nel lavello della cucina, coperti da uno strato solido d'incrostazioni, dimenticati. Cose che si aggiungevano, si accumulavano, si stratificavano.

Naoya aveva messo a punto delle strategie.

Al minimarket ordinava solo cibi che non richiedessero nessuno sforzo aggiuntivo. Non aveva bisogno di stoviglie, né di tazze, né di piatti. Si faceva portare solo cartoni di cibo usa e getta, da mettere nel microonde tali e quali e mangiare con un paio di bacchette *waribashi* monouso. Usava molto il bollitore, per lo più per versare acqua calda nelle tazze di *ramen* istantaneo. L'importante era non dover lavare niente. L'importante era non dover uscire di casa. Aveva deciso che non l'avrebbe fatto mai più.

Neppure l'appartamento sarebbe stato più lo stesso senza Naoya, la sua presenza fissa.

Testa rotonda e barba corta. Si radeva cranio e volto regolando i pettini del rasoio sulla stessa lunghezza. Aveva ordinato il rasoio elettrico online per non dover più andare dal barbiere. I capelli rasati gli stavano bene. Portava abiti larghi, sempre la stessa tuta verde pisello di Uniqlo. Non era mai stato grasso, ma ora, a metà fra i trenta e i quaranta, le conseguenze dell'inattività cominciavano ad accumularsi sul girovita. L'elastico della tuta a ogni modo si adeguava alla pancia in espansione e Naoya cominciava a non farci più caso.

Uno dei suoi passatempi preferiti – oltre ai videogiochi – era masturbarsi sulle riviste delle AKB48. La sua cantante preferita era Itano Tomomi. Gli sarebbe piaciuto tantissimo incontrarla. Se fosse andato a uno dei tanti eventi organizzati per i fan avrebbe potuto incontrarla facilmente, ma, per farlo, avrebbe dovuto lasciare l'appartamento.

Ed era fuori questione.

Così preferiva guardarla sulle pagine delle riviste e lavorarsi il *chinchin*, godendosi la sensazione dei rotolini che ballonzolavano sul ventre. Immaginava che lei si mettesse a cavalcioni su di lui e gli strizzasse i capezzoli. Che gli sussurrasse: « Naoya, *ai shiteru* », ti amo. Alla fine si puliva con dei fazzolettini di carta. Dopo si sentiva depresso, perché sapeva che una come Itano Tomomi non sarebbe mai andata con uno sciattone come lui. A volte piangeva. Poi giocava coi videogiochi e beveva una bibita. Di solito, quello lo faceva stare meglio. Aveva preso appuntamento online con qualche squillo, ma si era stufato di vederle storcere il naso quando entravano in casa. Neppure loro riuscivano a nascondere il disgusto. Ora, a fargli compagnia erano rimaste solo le sue ragazze immaginarie.

Le uniche cose che lo facevano *davvero* stare meglio, che cancellavano il dolore, erano i manga, gli anime, i libri e i videogiochi. Aveva alcuni amici nelle chatroom di *hikikomo-*

ri, ma faticava a sopportare anche loro. C'era quel tipo simpatico nelle chat di *Street Fighter II,* ma Naoya non sapeva quasi nulla di *Street Fighter II*: il suo gioco era *Puyo Puyo Monster Mayhem.* E, comunque, quel ragazzo non si collegava più da anni.

Quella mattina stava giocando contento. Ma eccolo di nuovo. Quel tintinnio odioso che gli trivellava il cervello. Mise di nuovo in pausa e guardò la porta.

Vattene via. Vattene via. Lasciami in pace.

Ma il campanello continuò a suonare.

Chi poteva essere? Lasciò cadere il joystick e avanzò il più silenziosamente possibile verso il *genkan.* Sbirciò attraverso lo spioncino. C'era troppa luce fuori. Naoya si sentiva come un ninja. Si muoveva nell'ombra, invisibile. I suoi occhi si abituarono al chiarore e vide che c'era un bambino vestito di nero. Con un gatto in braccio.

Che diavolo ci fa un bambino con un gatto fuori dalla mia porta? Cos'è, pazzo? Che sta succedendo ultimamente a questo quartiere? L'altra notte ho dovuto gridare a uno svitato che urlava a squarciagola di chiudere il becco. Sono diventati tutti matti?

« Ti prego. Lo so che sei dietro la porta. Ti ho sentito giocare a *Puyo Puyo Monster Mayhem.* Ti prego, apri. Il gatto rischia di morire. *Issho onegai.* Per favore, aiutami », disse il bambino attraverso la porta.

Naoya respirava senza far rumore. Accidenti. Le sue abilità di ninja l'avevano tradito. Il volume della TV era troppo alto.

Un clacson suonò e Naoya sentì una voce gridare: « Kensuke! »

« Ti prego. Ti prego. Aiutami. » Sembrava sull'orlo delle lacrime.

Per favore, vattene, lasciami in pace, ti prego. Perché, Kensuke? Tutto quello che voglio è essere lasciato in pace.

Il bambino si mise a singhiozzare. « Per favore. Ti supplico. Se non mi apri il gatto morirà. Tornerò a prenderlo domani. Ti prego... »

Non indossava nemmeno la maschera antigas che aveva fabbricato per proteggersi dai germi che circolavano nell'aria esterna. Ma quel bambino di nome Kensuke aveva qualcosa di speciale. Trattenne il fiato e aprì la porta.

Il volto del bambino s'illuminò.

« Grazie, *Onisan*! Tornerò domani. Adesso devo andare. Per favore, occupati del gatto! *Arigato!* »

Naoya non riuscì né a parlare né a respirare. La luce del sole gli ferì gli occhi. L'umidità e il caldo dell'estate lo travolsero e per poco non gli tolsero il fiato. Stava già sudando. *Devo chiudere la porta. Devo tornare dentro.*

Il bambino mollò il gatto tra le braccia di Naoya, si girò e filò via. Naoya richiuse immediatamente la porta. Boccheggiò, con la schiena appoggiata alla porta, abbracciando il gatto per trovare conforto.

Merda. Il bambino sarebbe tornato il giorno dopo. Avrebbe dovuto aprire di nuovo la porta. Cazzo. Si era cacciato in un gran casino aprendo quella porta. Che errore.

Naoya portò il gatto in salotto e lo mise in una cesta improvvisata fatta con abiti sporchi e vecchi manga. Gli lanciò un'occhiata veloce. Non aveva la più pallida idea di cosa fare.

« Hai fame? »

Poteva provare a dargli del *ramen*. Andò in cucina e accese il bollitore.

Poi tornò indietro e osservò la bestiola. E sul suo volto riconobbe il dolore.

Una cosa che Naoya conosceva fin troppo bene.

▲

Per colpa del traffico, ci misero un po' a tornare a Shinagawa-ku. Il padre era di pessimo umore. Anche la madre era arrabbiata.

«Ti sei sporcato la camicia, Kensuke. E guarda cos'hai combinato al vestito. Appena arriviamo a casa, la camicia fila dritta in lavatrice.» Guardò il padre. «Domani bisognerà portare il vestito in tintoria.»

«Mmm?» Il padre era concentrato sul traffico.

«Scusa, non volevo fare la spia», sussurrò Kyoko a Kensuke sul sedile posteriore.

Kensuke avrebbe voluto risponderle che non faceva niente, ma non ci riuscì. Ritrasse la mano quando Kyoko cercò di stringerla.

Kensuke scosse la testa e guardò fuori dal finestrino. Dal suo punto di vista ribassato, vide le cime degli edifici crescere gradualmente fino a trasformarsi in grattacieli via via che attraversavano il centro di Tokyo. Lasciarono Kyoko alla stazione così che potesse prendere il treno per Chiba e proseguirono in auto, solo loro tre. Quando raggiunsero la zona della baia, gli uffici lasciarono il posto ai palazzi residenziali.

Era in uno di quei palazzi che Kensuke abitava insieme con sua madre e suo padre. Kyoko era andata a vivere da sola quando aveva iniziato a lavorare e il fratello maggiore di Kensuke si era trasferito a Gunma con la moglie e i figli diversi anni prima. Kensuke sentiva la mancanza dei suoi fratelli. Quand'era piccolo, gli piaceva guardarli giocare a *Street Fighter II*. Era divertente vedere Kyoko vincere, ridevano sempre tantissimo. Ma loro erano molto più grandi di lui e Kensuke aveva sempre avuto l'impressione di osservarci da lontano. Il suo turno di giocare non era mai arrivato. Li aveva guardati impacchettare *Street Fighter* e andare via. Ora, non gli restava altro da fare che guardare fuori dalla finestra. La vista dal loro appartamento abbracciava tutta la baia. Era un ambiente piuttosto asettico rispetto alla zona della periferia occidentale da cui venivano. Di sera, Kensuke amava guardare al di là della baia, per vedere le luci della città al tramonto. La costa s'illuminava e le acque scure e il cielo nero erano punteggiati dai bagliori lampeggianti degli aerei che scendevano verso l'aeroporto di Haneda.

Quella sera, però, Kensuke non riusciva a pensare ad altro che al gatto. Aveva già deciso che il giorno dopo sarebbe tornato di nascosto a casa dell'uomo vestito di verde. Avrebbe detto ai suoi genitori che andava a giocare con degli amici. Non sapevano che non ne aveva nemmeno uno.

⁂

Il mattino seguente, Kensuke uscì di casa e andò alla stazione. Prese la monorotaia a Tennozu Isle e scese dopo una fermata alla stazione di Hamamatsucho. La monorotaia collegava l'aeroporto alla città. Kensuke vide che sulla carrozza c'erano alcuni stranieri con dei nasoni grossi come le loro valigie. Si chiese se la cucina giapponese gli sarebbe piaciuta. Sperò di sì. Vide una bellissima ragazza coi capelli biondi e gli occhi azzurri. Lei gli sorrise e si rimise a leggere un libro in giapponese. Indossava un tailleur e sembrava felice.

Prese la linea Yamanote nell'ora di punta e fu orribile ritrovarsi schiacciato in mezzo agli altri passeggeri. Non vedeva altro che abiti neri. Scese alla stazione di Tokyo e prese la linea Chuo in direzione ovest verso Kichijoji. La folla era un po' diminuita perché si stava allontanando dal centro, ma notò che i treni che viaggiavano nella direzione opposta erano pieni fino a scoppiare. Il viaggio andò bene, a parte che a un certo punto apparve un tipo strano che borbottava tra sé. Puzzava così tanto che Kensuke si spostò nella carrozza vicino.

Fu abbastanza facile ritrovare l'appartamento dell'uomo vestito di verde. Kensuke si ricordava dov'era, ma non si era accorto che sulla porta erano incollati diversi cartelli che dicevano di non suonare il campanello. Quando il tipo aveva aperto la porta in effetti Kensuke aveva sentito un odore insolito e si era chiesto perché se ne stesse lì imbambolato. Si era limitato a gonfiare le guance e a diventare tutto rosso. Kensuke sperò che non fosse un pazzo: aveva sentito delle storie inquietanti su certi psicopatici che catturavano e ammazzavano i gatti randagi. Ma nei suoi occhi c'era qualcosa. Ed era per quello che Kensuke si era fidato di lui.

Stavolta, quando Kensuke suonò il campanello, Naoya aprì quasi subito.

▲

« Ehi. Entra. »

« Come sta il gatto? »

« Entra. Ora ti spiego tutto. »

« Sta bene? »

« Be', ci sono delle buone e delle cattive notizie. Vieni. »

« Dov'è? »

« Adesso sta dormendo. »

« Sta bene? »

« Non proprio. »

« Che cos'ha? »

« Sbava. E non riesce a mangiare. Credo abbia la mandibola rotta. »

« Pensi che morirà? »

« No. Mi sono informato su Internet. Qui vicino c'è una

clinica veterinaria. Ho telefonato. Dicono che possono operarlo. Possono fissare la mandibola.»

«Bene!»

«Ho prenotato un appuntamento per oggi. Potresti portare là il gatto? Ci siamo messi d'accordo al telefono. Ti daranno una fattura e tu dovrai portarmela. Il veterinario ha detto che non c'è problema.»

«Va bene. Quando andiamo?»

«Mi spiace, ma io non posso venire.»

«Perché, *Onisan*?»

«Non chiamarmi così. Chiamami Nao.»

«D'accordo, Nao. Io sono Ken.»

«Insomma, sì. È tutto sistemato. Devi solo portare il gatto a questo indirizzo. Dopo l'operazione, puoi riportarlo qui. Si rimetterà in un paio di giorni. Poi tra un mese dovrai riportarlo alla clinica, così potranno togliergli il filo metallico dalla mandibola.»

«Perché non vieni anche tu?»

«Non posso e basta, va bene?»

«Quando il gatto starà meglio, posso venire a trovarlo?»

«Certo. Però non venire troppo spesso. Sono molto impegnato.»

KEN SUKE'S
HIKIKOMORI
FUTOKO
+ NEKO
01
NEKO
Atlantic Books

NAO?
CHE C'È?
POSSIAMO GIOCARE INSIEME A PUYO PUYO MONSTER MAYHEM?
CERTO. PERÒ TRA UN PO' DEVI ANDARTENE.

NAO?
CHE C'È?
COME FAI A ESSERE COSÌ FORTE A PUYO PUYO?
MI SONO ESERCITATO MOLTO.
NON HAI UN LAVORO?
EHI, GUARDA UN PO'.
GIOCO IL LIVELLO 30 ALLA DIFFICOLTÀ MASSIMA.
NON CI CREDO!
NAO
NEKO
チビ!
GUARDA E IMPARA, chibi.
NON CHIAMARMI COSÌ.
SCUSA.

NAO?
CHE C'È?
POSSO APRIRE LA FINESTRA? C'È UN ODORE STRANO.
NON ESSERE MALEDUCATO. A SCUOLA NON V'INSEGNANO PIÙ LE BUONE MANIERE?
ORA DEVO ANDARE A CASA.
AH, OKAY. CI VEDIAMO DOMANI?
FORSE.

NAO?
CHE C'È?

PERCHÉ HAI TUTTE QUESTE RIVISTE DELLE AKB48?
SMETTILA DI FARE DOMANDE.
PREMI START.
POCARI SWEAT

NAO?
CHE C'È?
TU LEGGI UN SACCO DI MANGA E DI LIBRI, VERO?
SÌ.
QUAL È IL TUO PREFERITO?
MI PIACE TEZUKA OSAMU.
MA SE VUOI LEGGERE UN BEL LIBRO DOVRESTI LEGGERE NISHI FURUNI.
HA SCRITTO DEI RACCONTI MERAVIGLIOSI.
IO LI HO LETTI QUANDO AVEVO LA TUA ETÀ. TI PIACE LA FANTASCIENZA?
CHE COS'È?
DICI SUL SERIO, BIMBO? PRENDI QUESTO LIBRO. IMPARA QUALCOSA.

NAO?
CHE C'È?
HAI RIMESSO IN ORDINE.
VABBE'.
MONSTER
COSÌ È MOLTO PIÙ BELLO.
DATTI UNA MOSSA!
SCEGLI UN PERSONAGGIO E PREMI START.
NEKO

KEN?
SÌ?
COSA STAI DISEGNANDO?
NIENTE. DISEGNAVO CASA TUA E LA GATTA.
FAMMI VEDERE.
EHI!
RIDAMMELO! NON HO ANCORA FINITO!
KEN! MA SEI BRAVISSIMO.
NON È FINITO.
SEI BRAVO, PICCOLO. CONTINUA COSÌ.

KEN?
SÌ?
TRA POCO RICOMINCIA LA SCUOLA, VERO?
LA GATTA OGGI SEMBRA PROPRIO IN FORMA.
SCUSA. NON TI VA DI PARLARE DELLA SCUOLA, VERO?
PROPRIO NO.
HAI SMESSO DI AN-DARCI?
NON CI VOGLIO TORNA-RE PIÙ.

COS'È SUCCESSO?
NON HO VOGLIA DI PARLARNE.
NON SEI OBBLIGATO...
GLI ALTRI BAMBINI HANNO SCOPERTO CHE LA MAMMA È COREANA. MI CHIAMANO «CHON».
NON È CARINO. A VOLTE LA VITA È DURA, VERO?
SÌ.
MONSTER
TI VA DI GIOCARE A PUYO PUYO?
OH, SÌ.
KEN
NAO

KEN?
SÌ?
ANCH'IO A SCUOLA ERO STATO
PRESO DI MIRA DAI BULLI.
COME MAI?
NON LO SO. NON HO ANCORA CAPITO COS'HO FATTO PER MERITARMELO.
COSA TI È SUCCESSO?
RICORDO IL GIORNO IN CUI SONO TORNATO A SCUOLA.
ERO STATO A CASA QUALCHE GIORNO DOPO CHE MIO FRATELLO È MORTO.
ANCHE LUI SI CHIAMAVA KENSUKE.
È STATO INVESTITO DA UNA MACCHINA MENTRE TORNAVA A CASA IN BICICLETTA.

NON FA NIENTE. NON DEVI DISPIACERTI, PICCOLO. COSÌ È LA VITA, NO?
È SUCCESSO MOLTO TEMPO FA. LA GENTE MUORE. GLI INCIDENTI POSSONO CAPITARE.
QUELLO CHE MI HA FATTO SOFFRIRE DI PIÙ È STATO IL GIORNO IN CUI SONO TORNATO A SCUOLA. ERO SEDUTO IN FONDO ALLA CLASSE, NELL'ORA DI INGLESE. I MIEI COMPAGNI RIDACCHIAVANO E SI PASSAVANO UN BIGLIETTINO.
MI SPIACE.
ALLA FINE IL BIGLIETTINO È ARRIVATO AL MIO BANCO. IO L'HO APERTO E L'HO GUARDATO. QUALCUNO AVEVA DISEGNATO MIO FRATELLO, AVEVA SCRITTO IL SUO NOME E GLI AVEVA DISEGNATO TRACCE DI PNEUMATICO SULLA TESTA.
NON SONO PIÙ VOLUTO TORNARE A SCUOLA PER SETTIMANE.
NAO...
È TERRIBILE.
LE PERSONE A VOLTE SONO CRUDELI.
QUANDO HO LASCIATO LA SCUOLA, LE COSE SONO ADDIRITTURA PEGGIORATE.

KEN?
SÌ?
TU CREDI AI VIAGGI NEL TEMPO?
NON LO SO.
VOGLIO DIRE, NE AVRAI LETTO NEI RACCONTI DI FANTASCIENZA CHE TI HO PRESTATO?
CREDO DI SÌ.
E SE IO VENISSI DAL FUTURO?
IN CHE SENSO?
VOGLIO DIRE, MAGARI SONO VENUTO DAL FUTURO PER DIRTI CHE SE NON TORNI A SCUOLA FINIRAI COME ME, CI HAI MAI PENSATO? FORSE POTRESTI CAMBIARE IL TUO FUTURO.
SE TU TROVASSI LA FORZA E IL CORAGGIO DI TORNARE A SCUOLA, POTRESTI AVERE UNA VITA MIGLIORE, TROVARE UN BEL LAVORO, UNA FIDANZATA CARINA.
NON DIVENTERESTI UN POVERO SFIGATO COME ME.

TU NON SEI UN POVERO SFIGATO, NAO. E SEI UN FENOMENO A PUYO PUYO.
KEN, DICO SUL SERIO. A NESSUNO IMPORTA DI PUYO PUYO.
A ME SÌ.
ASCOLTAMI!
TI STO ASCOLTANDO, NAO. SOLO CHE NON CAPISCO COSA VUOI DIRE.
BAH, LASCIA PERDERE.

NAO?
CHE C'È?
DOMANI VIENI DAL VETERINARIO CON ME?
Mmm?
DEVONO TOGLIERE IL FILO METALLICO ALLA GATTA.
AH, GIÀ. NON PUOI ANDARCI DA SOLO?
CERTO. PERÒ PENSAVO CHE MAGARI TI FACEVA PIACERE VENIRE.
FORSE HO UN IMPEGNO.

MONSTER
QUALE IMPEGNO? PUYO PUYO?
NO, UN ALTRO.
NAO, PERCHÉ NON ESCI MAI DI CASA?
FATTI GLI AFFARI TUOI, chibi.
チビ!

TI HO DETTO DI NON CHIAMARMI COSÌ.
SCUSA. ASCOLTA, DOMANI VERRÒ CON TE.
DAVVERO?
SÌ.

KEN?
SÌ?
SCUSA.
NON CE LA FACCIO.
NON POSSO USCIRE.
MA AVEVI DETTO CHE VENIVI.
LO SO. LO SO. MA NON CI RIESCO. SCUSAMI.
NEMMENO PER LA GATTA?
NON CE LA FACCIO.
PERÒ DICI A ME CHE DEVO TORNARE A SCUOLA.
È DIVERSO. È MOLTO DIFFICILE PER ME.

PER ME È DIFFICILE.
OKAY. OKAY. LASCIA STARE.
CI SI VEDE DOPO.
QUANDO TORNI SE VUOI CI FACCIAMO UNA PARTITA.
VA BENE.

KEN?
SÌ?
HO UNA BRUTTA NOTIZIA.
CHE NOTIZIA?
LA GATTA È SCAP-PATA.
IN CHE SENSO È SCAP-PATA?
NEL SENSO CHE È SCAP-PATA.

COME?
DEV'ESSERE USCITA DALLA FINESTRA. L'HO LASCIATA APERTA PER CAMBIARE L'ARIA COME MI HAI DETTO TU.
NO!
MI SPIACE. ADESSO PERÒ STA DI NUOVO BENE. SE LA CAVERÀ.
NON SONO NEMMENO RIUSCITO A SALUTARLA.
KEN!
ASPETTA!
KEN, MI SPIACE.

Dopo quel giorno, Kensuke non venne più.

Naoya pensò che fosse perché la gatta era sparita. Non avevano più un'amica in comune. L'ultimo mese era passato in fretta e, mentre l'estate volgeva verso l'autunno, Naoya sentiva di essere cambiato. I primi tempi, la presenza della gatta lo aveva infastidito, così come quella di Kensuke. Ma a poco a poco aveva iniziato ad attendere con impazienza le visite del bambino. Anche la gatta lo rendeva felice. L'accarezzava ogni volta che si sentiva solo e si sentiva invadere da un senso di complicità che non provava da molto.

Ma le settimane passarono e, con l'arrivo di settembre, Naoya scivolò di nuovo nelle sue vecchie abitudini. Finché Kensuke era venuto a trovarlo, si era sentito in dovere di curare il proprio aspetto, farsi la doccia, radersi, rendersi presentabile. Ora stava riprecipitando nella sciatteria di un tempo.

Credeva di avere trovato due nuovi amici. Invece avevano solo confermato quello che aveva sempre pensato: che nella vita non puoi mai contare su nessuno. Adesso che i suoi genitori non c'erano più, Naoya era solo. E poteva contare solo su se stesso. I soldi dell'eredità gli bastavano. Stava bene per conto suo. È vero, la compagnia del bambino e della gatta gli aveva fatto provare un po' di calore e di conforto. Ma alla fine tutti e due avevano mostrato il loro vero volto.

No. Stava meglio da solo.

▲▲▲

Naoya sentì il fischiettio di Shingo, il postino, prima ancora che la posta cadesse dalla buca delle lettere. Le solite bollette. Dato che non aveva fretta di raccoglierle, si preparò un *ramen* istantaneo e accese la TV.

Andò a prendere la posta solo nel pomeriggio e fu allora che vide il pacchetto.

Che strano.

Lo strappò e tirò fuori un libretto fotocopiato e una lettera piegata a metà. La aprì e si mise a leggere.

Nao,

mi spiace di essere scappato via quel giorno. E mi spiace anche di non essere più venuto a trovarti. Ho seguito il tuo consiglio. Sono tornato a scuola. All'inizio è stata dura, ma poi ho conosciuto degli amici. Nella mia classe c'è un altro bambino mezzo coreano, si chiama Yusuke. È veramente forte. Quasi più forte di te. Io e lui siamo diventati amici e adesso nessuno ci prende più in giro perché siamo coreani. Secondo me è perché hanno paura che Yusuke li picchi. Diventa matto quando qualcuno ci chiama chon. *La scuola adesso mi piace molto di più.*

Mi sento in colpa di non essere più venuto a trovarti. Lo sai come funziona quando ti senti in colpa, stai sempre peggio, però sai pure che dire « mi dispiace » non basta, perché le parole non servono a molto in queste situazioni.

Mi dispiace. Forse non riesco a dirtelo in faccia. Però è la verità.

Comunque, spero tanto che tu non sia arrabbiato con me.

Ho disegnato un manga in cui ci siamo io, te e la gatta. L'ho fatto vedere alla mia maestra di disegno e lei mi ha fatto un sacco di complimenti. Dice che è bellissimo, ma secondo me non è vero. Ci sono dentro alcune delle cose che ci siamo detti. La maestra mi ha convinto a fare altri disegni e mi ha aiutato a metterli insieme per fare un libro. Abbiamo partecipato a una gara di manga. Non ho vinto il primo premio. Ci sono rimasto un po' male, però sono arrivato secondo. La maestra dice che è fantastico, io però non sono tanto convin-

to. Io volevo vincere. Comunque, ho vinto dei buoni per comprare dei libri. Penso che prenderò altri libri di fantascienza di Nishi Furuni.

E continuerò anche a disegnare. Ho deciso che da grande voglio fare il disegnatore di manga.

Lo sai perché voglio disegnare manga? Per te. So che dentro stai tanto male. E so che i manga ti rendono felice. Se imparo a disegnare i manga, forse potrò aiutare le persone come te a essere felici. So che sembra stupido, ma non c'è nient'altro che voglio fare da grande. E, come hai detto tu, non posso mica passare la vita a giocare a Puyo Puyo.

Una volta mi hai detto che forse venivi dal futuro o qualcosa del genere. Ci ho pensato molto. Magari è per questo che ho deciso di tornare a scuola. Quindi direi che mi hai aiutato tanto.

Poi però ho capito una cosa. E se il te stesso del futuro, tipo, un Naoya di sessant'anni, venisse a trovarti oggi? Cosa ti direbbe? Non pensi che ti direbbe di uscire di casa? Che ti direbbe le stesse cose che tu hai detto a me? Ci ho pensato un sacco ultimamente e penso proprio che farebbe così. Penso che cercherebbe di aiutarti.

Comunque, scusa di nuovo se non sono più venuto a trovarti. E scusami se ho sbirciato il tuo indirizzo quand'ero a casa tua. Ti ho scritto l'indirizzo dei miei genitori, così se vuoi puoi scrivermi anche tu.

Spero che il manga che parla di te, di me e della gatta ti piacerà.

Stammi bene,

KEN

P.S. Per favore, se la gatta torna dimmelo.

Naoya lesse la lettera due volte. Andò a sedersi sul divano e sfogliò e risfogliò il libretto in bianco e nero. S'intitolava *Hi-*

kikomori, Futoko & Neko. In copertina c'era un disegno di loro tre. Raccontava la storia del mese che avevano trascorso insieme. C'erano tutti i discorsi che avevano fatto, e in ogni vignetta si vedeva anche la gatta, che piano piano ritrovava le forze. E, a mano a mano che la storia proseguiva, il suo appartamento era sempre più pulito. Era disegnato benissimo. C'era il suo appartamento, c'era la gatta, c'era Kensuke e c'era Naoya. E tutti e tre erano felici e sorridenti.

Ma lui ora stava piangendo.

▲

La gatta era più in forma che mai. Si era completamente ripresa dall'incidente e aveva ricominciato a fare il giro dei suoi posticini alla ricerca di cibo e di quel ricordo che sembrava appartenere a una vita precedente, quella cosa che restava da fare.

Una mattina si stava godendo un'altra bella giornata d'autunno, quando d'un tratto vide un uomo con una familiare tuta verde pisello che si trascinava lentamente per la strada. Avanzava di lampione in lampione, aggrappandosi ai pali. Quando la gatta si avvicinò, vide che si dirigeva verso una cassetta della posta rossa.

Sul volto aveva un sorriso teso.

E nella mano stringeva una lettera.

DETECTIVE ISHIKAWA: APPUNTI D'INDAGINE III

Diverse settimane dopo avere fatto visita a Shiwa nel suo locale, annunciai a Taeko che avrei preso l'auto per andare fuori città. Partii di prima mattina e inserii nel navigatore l'indirizzo del complesso nella prefettura di Yamanashi dove si trovava il figlio scomparso di quella coppia, Kurokawa.

Il traffico in uscita dalla città era scorrevole. Il paesaggio si faceva sempre più verde e, a ogni galleria che attraversavo, mi sembrava di allontanarmi da tutto. Eppure, non riuscivo a togliermi dalla mente quello che Seiji aveva detto sulla mia ex moglie. È una sensazione che mi prende a volte a notte fonda, mentre cerco di addormentarmi. Sono stanco, le articolazioni mi bruciano e mi fanno male, ma nella testa una voce insiste a rimproverarmi e ad accusarmi delle mie azioni. Ripenso a tutti gli errori che ho commesso, a quello che avrei dovuto dire durante quella discussione, a come mi sarei dovuto comportare per essere una persona migliore, a tutte le persone che ho ferito involontariamente e a tutte quelle che ho ferito per scelta. Credo si chiami « rimorso ». E, in quel momento, mi sembrava che il mio rimorso fosse seduto sul sedile del passeggero, con un pacchetto di patatine e una grossa bibita, e mi stesse facendo una bella lavata di capo.

Non avrei mai dovuto accettare quell'incarico. Mi ha portato solo disgrazie.

Eh, già. ***Slurp***

Ma stavo solo facendo il mio lavoro.

Oh, poverino, stava solo facendo il suo lavoro.

Ho il dovere di fare quello che mi chiede il cliente.

Uh, cavolo, queste patatine sono fantastiche.

Ci sono molti modi di essere leali.

E tu perché non sei stato leale con lei?

Perché lei non è stata leale con me?

Ma sentilo, come alle elementari: ha cominciato lei!

Le cose non stanno così.

Allora come stanno? Sei così freddo e senza cuore da non riuscire a rinunciare a un caso che coinvolgeva tua moglie?

Ex moglie.

È stata una ex fin dall'inizio. Tu per lei non c'eri mai.

Dovevo lavorare.

Lavorare? Intendi appostarti per fotografare di nascosto le persone?

Quelle persone sono disoneste. Hanno quello che si meritano.

Molto liberale. Da quando in qua sei diventato il guardiano della morale?

Io faccio solo il mio lavoro.

Mi pare di avere sentito che anche nella Germania nazista c'era un sacco di gente che «faceva solo il suo lavoro».

Smettila! Smettila! Esci dalla mia testa.

Io sono la tua testa, Ishikawa. Farai meglio ad abituartici. ***Slurp***

Puoi stare zitto un secondo?

Come vuoi.

Grazie.

Però così mi annoio. Che ne dici se ripercorriamo insieme una bella scenetta? Ti ricordi quella sera in cui sei uscito, dopo avere accettato l'incarico di Sugihara Hiroko? Ti ricordi di lei? Quella bella donna ricca sfondata col marito che la tradiva, sì?

Piantala.

Sì che te la ricordi. Quella sera sei uscito con uno dei tuoi soliti travestimenti, berretto double face e telecamera nascosta. Come sempre.

Perché mi fai questo?

Hai scritto un messaggio a tua moglie per dirle che quella sera saresti tornato tardi e lei ti ha risposto di non preoccuparti perché sarebbe uscita con degli amici dell'università. Te lo ricordi?

Certo che sì.

Ti sei nascosto dietro delle fioriere ad aspettare il marito fedifrago, Sugihara Ryu. L'avevi pedinato, vero? Era il figlio dell'amministratore delegato di un'azienda importante, pieno di soldi da far schifo. Lo seguivi da settimane. Quel playboy aveva tante di quelle ragazze per le mani che era stato un po' complicato, vero? Ma tu conoscevi i suoi orari a memoria, dico bene?

Li conoscevo meglio di lui.

Sì, è vero. Così ti sei nascosto dietro le fioriere. E, quand'è passato ciondolando ubriaco a braccetto con quella donna, tu hai provato un brivido d'eccitazione, dico bene?

Ho sempre avuto una passione per gli inseguimenti.

Già, ti sono sempre piaciuti, vero? Il cuore accelera, la conclusione dell'affare è a un passo.

Chiudere un caso è sempre una soddisfazione.

Giusto. Hai lavorato sodo per riuscirci.

Io lavoro sempre sodo per i miei clienti.

E ricordi cos'è successo quella sera? Quando ti sei avvicinato per scattare una foto. L'hai scattata, non è così?

Se l'occasione si presenta, non me la lascio sfuggire.

Ma quella volta c'era qualcosa di diverso, vero?

Ho guardato lei.

E cos'hai visto?

Lei.

Chi?

Mia moglie.

E come ti sei sentito?

Per un istante, mi sono sentito arrabbiato.

E poi?

Mi sono sentito libero.

Sì. Esatto. Ti sei sentito libero. Sapevi che potevi liberarti di lei e tenerti tutti i tuoi soldi.

È quello che ho fatto.

Sei una brutta persona, Ishikawa.

Non è vero.

Sì, invece. Mettila pure come ti pare. Tu sei uno dei cattivi.

No. Io sono uno dei buoni.

Se lo dici tu.

Io sono uno dei buoni.

Tu sei uno dei cattivi.

Ma ce la metto tutta per essere uno dei buoni.

▲▲▲

Posteggiai all'interno del complesso, una fabbrica dismessa con sbarre a tutte le finestre. Il luogo era costellato di cartelli con la scritta PIAZZA PULITA. In che razza di posto ero finito? Il parcheggio era praticamente vuoto, a parte una manciata di furgoni anch'essi con la scritta PIAZZA PULITA. Osservai il logo e notai che in un angolo compariva un minuscolo simbolo delle Olimpiadi di Tokyo 2020. Mi diressi verso l'ingresso principale, ma prima di arrivare alla porta due tizi in giacca e cravatta mi vennero incontro.

Uno stecchino dall'aria viscida con un completo fastidiosamente alla moda e un portablocco sotto il braccio guidava un piccolo corteo di energumeni. «Posso aiutarla, signore?

Si è forse perso?» mi chiese, con la tipica arroganza di un omuncolo che sa di poterti scatenare contro i suoi mastini.

«Sto cercando una persona.»

«È al corrente che questa è una proprietà privata?» Mi guardò negli occhi come se fossi un deficiente e batté lentamente le palpebre.

Sostenni il suo sguardo. «Sì. E non ho intenzione di creare problemi.»

Lui sorrise scoprendo i denti bianco perla. «Oh, ne sono lieto.»

«Sono venuto per conto dei genitori del signor Kurokawa, che credo risieda attualmente nella vostra struttura.»

Lui studiò il suo blocco, si morse il labbro e si grattò la testa con l'angolo del blocco. «Capisco. Bene. Prima di tutto, non sono autorizzato a rivelarle se il signor Kurokawa sia ospitato o no nella nostra struttura, per questioni di privacy. In secondo luogo, anche nel caso in cui si trovasse qui, non potrei affidarlo alla sua custodia, a meno che lei non abbia un documento scritto che attesti che agisce per conto dei genitori. Mi spiace, ma ci sono delle regole. Io faccio solo il mio lavoro.»

Rimasi in silenzio. Presi una sigaretta e l'accesi. «Capisco.» Mi voltai e m'incamminai verso la macchina.

«Grazie della visita», mi urlò.

Aprii la portiera del passeggero, infilai la mano nel cassetto del cruscotto ed estrassi un foglio. Mentre tornavo sui miei passi, lo spiegai con cura e lo lessi attentamente. Poi glielo porsi. «Questo può bastare?»

«Oh...» Lo appiattì sul suo portablocco e lo spulciò da cima a fondo, per un tempo interminabile, come fosse alla ricerca di un qualche errore. «Be', suppongo sia meglio entrare. Se vuole seguirmi...»

«Obbligatissimo.»

Mi accodai al corteo che rientrò nell'edificio, ma dal modo in cui trascinavano i piedi capii che non erano affatto entusiasti.

▲

All'interno, la struttura era bianca e asettica. Sbarre alle finestre, porte chiuse a chiave. Ogni dettaglio faceva pensare a una prigione, ed era probabilmente per questo che insistevano a definirla «struttura». Mi condussero in una sala d'attesa, mi fecero accomodare e mi portarono un caffè. Poi mi dissero che sarebbero andati a prendere Kurokawa.

Non appena entrò nella stanza, notai subito la somiglianza. Le stesse spalle larghe del padre. Sembrava forzuto. Indossava una tuta arancione e aveva persino le manette ai polsi. Teneva le mani davanti a sé e così vidi che aveva due dita mozzate. Aveva l'aria di chi se l'è vista brutta, ma sembrava allegro.

«Kurokawa-san?»

Lui sorrise. «Sono io. E tu chi diavolo sei?»

La guardia fece per dargli uno schiaffo, ma io alzai la mano.

Gli sorrisi anch'io. «Il detective Ishikawa. Sono qui per conto dei tuoi genitori.»

Quando nominai i suoi genitori, lui si grattò il naso con un dito e mi guardò con aria mansueta. «Piacere di conoscerti, detective.»

«Il piacere è mio.»

«Sei venuto a portami via da questo cesso?»

«Sì, precisamente.»

«Grazie a Dio!» Si voltò verso la guardia che l'aveva portato lì. «Ehi, scimmione. Che ne dici di togliermi queste manette, visto che adesso sono un uomo libero?»

La guardia uscì dalla stanza.
Kurokawa mi guardò con un ghigno insolente.
« Ti ho portato dei vestiti. »
Lui annuì.
« Qualche scartoffia da firmare e poi possiamo andarcene. »
« Dio, grazie. »
Mentre eravamo seduti in silenzio nella sala d'attesa, dentro di me scattò qualcosa. Una volta firmate quelle carte, Kurokawa si sarebbe potuto ricongiungere con la sua famiglia. Non volevo fare il sentimentale, ma in quel momento capii che mi sarei potuto abituare a quel tipo di lavoro. Forse ero più tagliato per essere il tizio che riunisce le famiglie, piuttosto che quello che le distrugge.
L'uomo col portablocco tornò e io assaporai ogni singolo tratto di penna tracciato su quei documenti.

In macchina, mentre tornavamo a Tokyo, Kurokawa e io ascoltammo un po' di musica e scambiammo due chiacchiere ogni tanto. Il cielo si stava rannuvolando e per essere pieno giorno c'era ben poca luce. Ci fermammo a un minimarket per comprare delle lattine di caffè e qualche *onigiri* per il viaggio, poi risalimmo in auto e lo lasciai parlare. Mi raccontò soprattutto della vita che aveva fatto in quello strano inferno. Aveva passato dei brutti momenti, ma nonostante tutto sembrava felice. Continuava a parlarmi del suo compagno di stanza, che chiamava semplicemente « Sensei ». Doveva nutrire un profondo rispetto verso di lui.
« E insomma secoli fa ho lasciato la *yakuza*. Dopodiché ho vissuto per strada coi miei amici e con Sensei », disse in tono allegro.

« Sì? »

« Poi la polizia ci ha catturato e ci ha rinchiuso in quel buco di merda. »

« Già, sembrava proprio un postaccio. » Mi chiesi come mai Sensei vivesse per strada con questo tizio.

Rimase zitto un attimo, poi mi guardò con una faccia seria. « E così tu sei una specie di detective, giusto? Come quelli dei film. »

« Penso si possa dire così, Kurokawa-san. » Misi la freccia e superai un camion che arrancava nella corsia più lenta.

« Chiamami Keita. »

« D'accordo, Keita. » Lasciai la corsia di sorpasso e cominciò a piovere.

« Quindi sei capace di trovare le persone? » C'era una nota di speranza nella sua voce.

« Faccio del mio meglio. »

Guardai le gocce che striavano il parabrezza, separandosi e unendosi. Si ricongiungevano e si dividevano. La città apparve all'orizzonte e io pensai a tutte quelle famiglie, che si riunivano, si sfaldavano.

Keita tossì, strappandomi ai miei pensieri. « Ho bisogno che trovi una persona per me. »

« E chi sarebbe questa persona, Keita? » chiesi, incuriosito.

Lui guardò davanti a sé, oltre il vetro del parabrezza, al di là delle gocce di pioggia che s'infrangevano sul vetro pulito dal movimento ritmico dei tergicristallo. Guardavamo entrambi la città tentacolare in lontananza, che si faceva sempre più grande, sempre più vicina. « Il suo nome è Taro. E fa il tassista », disse.

CERIMONIA D'APERTURA

Ryoko guardò fuori dal finestrino dell'aereo e in lontananza scorse il profilo del monte Fuji.

Il cielo era di un azzurro brillante, che le ricordò le calde giornate estive di quand'era bambina. La visibilità era perfetta e riusciva a vedere la città all'orizzonte, il suo groviglio esteso, tentacolare. Si lasciò sfuggire un sospiro: Gen dormiva tranquillo nella culla da viaggio davanti a lei. Era stato un angelo per tutta la durata del volo, nemmeno un balbettio.

Cercò la mano di Erik. Lui la prese e l'accarezzò dolcemente con l'indice e il pollice senza staccare gli occhi dal suo libro, assorbito dalla lettura. Era bravissimo a godersi il presente, a concentrarsi su quello che stava facendo. Tutto il contrario di lei. Ne osservò i lineamenti: i capelli di un biondo scandinavo, eredità degli antenati svedesi, il viso sottile coperto da un velo di barba, cresciuto sorprendentemente in fretta durante le quattordici ore di volo da New York. Erano partiti al mattino; avevano preso dei bagel alla cipolla e un caffè in un bar del JFK in attesa d'imbarcarsi sul volo diretto all'aeroporto di Haneda.

« Haneda è molto più vicino alla città », aveva detto Ryoko mentre si sedevano l'uno di fronte all'altra a un tavolino del bar. Aveva bevuto un sorso di caffè cullando Gen nella fascia. Aveva parlato a voce bassa, titubante. Aveva fatto un respiro per calmarsi. « So che è un po' più caro, ma quando arriveremo mi ringrazierai. »

Erik aveva masticato il suo bagel e aveva deglutito. « Mmm. La differenza di prezzo non è poi tanta, piccola. »

« È che l'aeroporto di Narita è così lontano », aveva proseguito, mentre continuava a cullare Gen.

Erik le aveva sfiorato la mano e le aveva sorriso. « Ehi, rilassati. »

« Lo so, lo so. » Ryoko si era morsa un labbro. Da quando aveva prenotato i biglietti per Tokyo, settimane prima, l'ansia che le stringeva lo stomaco non l'aveva più abbandonata.

Il volo le era sembrato eterno. Erik si era addormentato con la bocca spalancata, la testa piegata all'indietro, gli occhi coperti dalla mascherina e il cuscino da viaggio schiacciato dietro il collo. Ryoko gli aveva scattato una foto col cellulare, ridacchiando al pensiero della sua reazione quando gliel'avrebbe mostrata. Si addormentava ovunque: magari Gen aveva preso da lui. Poi aveva scorso con impazienza il touchscreen dell'aereo alla ricerca di qualcosa da guardare. Cominciava un film, si stancava e ne iniziava un altro. Non riusciva a trovare niente di adatto, niente che riuscisse a tranquillizzarla. Aveva deciso che in volo avrebbe guardato un film giapponese, ma la scelta era scarsa e le poche proposte disponibili non l'allettavano molto. Alla fine, aveva optato per *Father and Son* di Kore-eda Hirokazu, che aveva già visto, ma che riguardò lo stesso sino alla fine.

I sottotitoli in inglese si attivarono automaticamente e lei non si era presa la briga di toglierli, nonostante un vago senso di colpa: una giapponese che metteva i sottotitoli in un'altra lingua? Due bambini scambiati alla nascita che anni dopo si ricongiungono con le loro famiglie biologiche. Drammi familiari, conversazioni tese, persone incapaci di dire quello che pensano. Aveva pianto a dirotto. Aveva dovuto chiudere gli occhi e trattenere il respiro per reprimere i singhiozzi che salivano dal profondo del suo petto. Era davvero colpa degli ormoni? Fino a quando quella scusa le avrebbe permesso di continuare a ignorare i suoi sentimenti? Aveva cercato di ricordare se si sentisse così anche prima della gravidanza.

Gli altri due, invece, avevano dormito per tutto il viaggio. Guardò per l'ennesima volta Gen, che sonnecchiava beato, poi si girò di nuovo verso Erik, che ora stava leggendo.

Stavolta lui si accorse del suo sguardo, alzò gli occhi di scatto e chiuse il libro. Si stiracchiò leggermente e sbadigliò. « Non riesco a credere che l'abbia scritto tuo nonno. » Agitò il libro verso di lei.

Lei lo guardò di nuovo: era la stessa edizione che stava leggendo una passeggera del loro volo. Si era sentita fiera e preoccupata insieme. Aveva lanciato delle occhiate furtive sia a Erik sia alla donna dall'altro lato del corridoio. « Posso sbirciare? »

« Certo. Vado in bagno, prima che accendano il segnale delle cinture di sicurezza. » Lui le passò il libro e slacciò la cintura. Si alzò e superò educatamente le gambe del passeggero addormentato seduto dal lato del corridoio, facendo attenzione a non svegliarlo.

Per fortuna che si ricorda che odio il posto di mezzo, pensò Ryoko.

Abbassò gli occhi sulla copertina cartonata del libro di Erik.

Racconti di fantascienza di Nishi Furuni.

Lo aprì all'ultima pagina e vide la fotografia in bianco e nero di suo nonno che aveva visto ovunque, in tutti i materiali promozionali, fin da quand'era bambina. Avevano chiamato il bimbo Gen in onore di suo nonno: un'abbreviazione di Gen'ichiro. Da grande avrebbe scritto poesie o racconti di fantascienza? Avrebbe parlato inglese o giapponese? Avrebbe almeno accettato d'impararlo, in uno di quei corsi cui gli altri genitori giapponesi che vivevano a New York iscrivevano a forza i figli? L'avrebbe odiata perché lo costringeva a studiare i *kanji*? O, al contrario, ce l'avrebbe avuta con lei perché non gli aveva insegnato il giapponese? Passò il dito sul volto di suo nonno. Crescendo Gen sarebbe somigliato a lui? Nella foto, suo nonno era l'immagine sputata di suo padre adesso.

Gen'ichiro. C'era un motivo se aveva omesso la seconda parte del nome. Ichiro era un nome che Ryoko non voleva mai più sentire. Suo zio Ichiro. Gen non avrebbe avuto nulla a che vedere con lui. Lei non l'avrebbe mai permesso.

I suoi occhi scesero lungo la sovraccoperta fino a un'altra foto sotto quella di suo nonno, quella di una donna bionda con gli occhi azzurri, sulla trentina.

La traduttrice
Flo Dunthorpe è nata e cresciuta a Portland, Oregon. Si è laureata al Reed College, specializzandosi in Letteratura inglese. Attualmente vive a Tokyo...

Trasferirsi a Tokyo! E per scelta! Ryoko aveva un solo rimpianto, quello di essere riuscita a fuggire solo così tardi. Ryoko non era mai stata a Portland - troppo lontana, sulla West Coast - e immaginava che la vita culturale là fosse molto diversa rispetto a quella newyorkese. Eppure era più che sicura che avrebbe lo stesso preferito Portland a Tokyo, anche senza averla mai vista. Guardò la fotografia di Flo e una parte di lei invidiò quella ragazza americana per il suo aspetto perfetto, il suo inglese e giapponese perfetti, ma soprattutto perché era capace di vivere ed essere felice nella città natale di Ryoko, mentre lei non ci era riuscita.

Erik tornò a sedersi. Lei chiuse il libro e glielo restituì.

« È davvero bellissimo », disse lui, infilandolo con cautela nella tasca del sedile davanti. « Questi racconti sono incredibili. Tu li hai letti tutti? »

« Praticamente. Il nonno li leggeva a me e a mia cugina Sonoko quand'eravamo piccole. Anche il papà lo faceva. » Guardò di nuovo il nome in copertina, lo pseudonimo di suo nonno, che spuntava dal sedile davanti a Erik in caratteri latini neri, mentre i *kanji* che formavano il suo nome risplendevano nella sua mente in mille colori. Le famiglie, che gran casino! « Me li leggeva prima di andare a dormire. Sono i racconti che il nonno ha scritto per Sonoko, lo sapevi? »

« L'ho letto nella Prefazione. » Le posò una mano sul braccio. Sapeva quanto Ryoko fosse stata legata alla cugina. Lei serrò le labbra e non disse nulla. Guardarono entrambi Gen, che continuava a dormire. Dopo un po', Erik proseguì: « Potremmo leggerle al piccoletto quando sarà cresciuto abbastanza. Ho appena finito di leggere quello strano racconto sulla gatta robot. Che rapporto aveva coi gatti? »

Ryoko sorrise. « Oddio, li adorava. Andava matto per i gatti. Diceva sempre che si poteva giudicare una società dal modo in cui trattava i gatti. Non ho mai capito se... »

Furono interrotti da un annuncio. « Signore e signori, presto inizieremo la procedura di atterraggio. Vi preghiamo di allacciare le cinture di sicurezza, di ripiegare i tavolini e di riportare i sedili in posizione verticale. *Mina san, kore kara...* »

Ryoko si distrasse quando la voce passò al giapponese. La lingua aveva ormai un suono estraneo e distante per lei. Il suo orecchio si era abituato all'inglese, che stava diventando la lingua con cui si sentiva più a suo agio. Era in inglese che preferiva esprimere le sue emozioni, e le sembrava che il giapponese avesse sempre soffocato i suoi sentimenti. Poco prima aveva risposto alla hostess in inglese, sebbene lei le avesse parlato in giapponese. Ora si sentiva stupida e il rimorso la fece arrossire, ma il suo era stato un piccolo gesto di sfida. *Non etichettarmi in base all'aspetto*, aveva pensato. *E se fossi una cinese americana diretta a Tokyo per le Olimpiadi?* Ora però si sentiva in colpa nei confronti della hostess. Stava solo facendo il suo lavoro. Che importanza poteva avere se aveva dato per scontato che fosse giapponese?

Ryoko guardò di nuovo l'immensa città sotto di lei.

Quella città terribile, spaventosa, solitaria. Era fuggita da lì per stare con Erik, per vivere a New York. Non ci tornava dal funerale di sua madre e, se non fosse stato per suo padre, avrebbe preferito non tornarci mai più. Aveva cercato di convincerlo a trasferirsi a New York, a venire a vivere più vicino a lei, Erik e Gen, ma lui aveva scosso la testa su Skype e aveva chiuso così l'argomento.

L'aereo s'inclinò. Per un attimo intravide un tetto rosso nella zona di Asakusa, una minuscola macchiolina color sangue in un mare di cemento, vetro e metallo, sparita in un baleno.

▲

« I viaggiatori non giapponesi da questa parte, prego », disse l'anziano addetto aeroportuale a Erik, in inglese, indirizzando i passeggeri nelle varie file del controllo passaporti. L'addetto si trovava sotto un enorme cartello con la scritta:

BENVENUTI A TOKYO 2020

L'uomo guardò Ryoko, che cullava Gen nella fascia, e si rivolse a lei in giapponese: « *Nihonjin no kata wa, kochira no retsu ni onegai itashimasu* ».

« Cos'è che ti ha detto? » sussurrò Erik a Ryoko.

« Devi metterti in coda lì. Io invece devo andare di qua

con Gen, perché siamo giapponesi. Non capisco perché non ci facciano passare i controlli insieme.» Le sembrava assurdo separare le famiglie sulla base di quello che c'era scritto su un documento. Che importanza aveva che lei fosse nata in un posto ed Erik in un altro?

Erano una famiglia, era quella l'unica cosa che contava.

«Non ti preoccupare, piccola. Ci vediamo dall'altra parte.» Erik le lasciò la mano e salutò il piccolo Gen, che sorrise e gorgogliò.

«Fa' ciao al papà», disse Ryoko muovendogli la manina. «Di': 'Ciao ciao. Ci vediamo dopo'.»

Gen guardò turbato suo padre allontanarsi e lanciò un gridolino.

Ryoko lo dondolò dolcemente su e giù. Il minimo segno di agitazione del bimbo la turbava. Era normale o stava esagerando? Anche sua madre si sentiva così quand'era piccola? Erano tutte domande che non aveva mai avuto il coraggio di porle, e ormai era troppo tardi. Pensare a sua madre la faceva stare male. Scacciò il pensiero. «Ssst, Gen-chan. Tra poco il papà torna da noi», sussurrò.

Guardò Erik andare verso la fila lunghissima di stranieri venuti per assistere alla Cerimonia d'apertura delle Olimpiadi l'indomani. La fila dei viaggiatori giapponesi era molto più breve.

«Ehi, piccola! Com'è che si dice 'grazie'?» gridò oltre le transenne che separavano le due file.

«*Arigato gozaimasu*», disse lei scandendo bene le parole.

Un agente della polizia di frontiera li guardava.

«*Arigato gozaimasu*», ripeté Erik, facendo un inchino. «*Arigato gozaimasu.*»

Lei sorrise, stupita dalla sua ottima pronuncia.

▲

Recuperarono i bagagli al nastro trasportatore e superarono senza intoppi la dogana. Ryoko cercava le indicazioni della monorotaia con cui avrebbero raggiunto la stazione di Hamamatsucho, dove avrebbero preso la linea JR Yamanote per andare a ovest verso la nuova casa di suo padre. Il chiacchiericcio eccitato e composto delle persone intorno a lei le riempì le orecchie. Non riusciva a ignorare le conversazioni e si sentì stordita e sopraffatta. Dovette strizzare gli occhi per concentrarsi.

« Ryoko », disse Erik tirandole la manica della camicetta.

Lei si voltò e vide che indicava qualcosa. Seguì il dito con gli occhi. Era rivolto verso una persona. Un uomo. Un uomo che zoppicava verso di lei.

Si portò istintivamente la mano alla bocca.

Era la prima volta che lo vedeva in carne e ossa (per così dire) con la protesi di metallo alla gamba. Non gliel'aveva mai mostrata su Skype, non l'aveva mai neppure menzionata. Ryoko aveva saputo cos'era successo parlando coi medici e con gli infermieri dell'ospedale, ma non era preparata alla realtà. Si vergognò, non solo dello choc che provò, ma anche di non riuscire a nasconderlo. Gli sarebbe dovuta stare vicino quand'era successo. Perché aveva aspettato tanto per andare a trovarlo? Si sentì arrossire per la vergogna.

« Ryo-chan! » Suo padre agitava freneticamente la mano e guardava Gen con un sorriso da orecchio a orecchio. Superò Erik e baciò Ryoko sulle guance, senza smettere di sorridere estasiato a Gen. « *Okaeri nasai* », le sussurrò. Bentornata a casa.

Lei sentì una lacrima formarsi in un occhio e un nodo stringerle la gola. Tutto quello che riuscì a dire fu: « *Tadaima* ». Sono a casa.

Suo padre d'un tratto si rese conto di avere completamente ignorato Erik. Si voltò per stringergli la mano e nel frattempo Erik gli fece un inchino. Andarono avanti con quel balletto ridicolo per un po', incerti se stringersi la mano o fare un inchino.

Alla fine, suo padre strinse Erik in un abbraccio vigoroso e gli disse in inglese: « Erik-san! Benvenuto! »

« Salve, Taro-san. » Erik si voltò verso Ryoko, a disagio. « Ehm... piccola... com'è che si dice: 'Da quanto tempo non ci vediamo'...? No. Aspetta. Ce l'ho! » Si girò di nuovo verso Taro. « *Hisashiburi!* »

« Sì! *Hisashiburi,* Erik-san. Tu giapponese... molto bravo! »

Erik si grattò la guancia, perplesso. « Non è vero, faccio pena. Non mi ricordo mai niente. »

« Sai quale... segreto... migliorare giapponese? »

« No. Qual è? »

« *Shochu* », disse bevendo da un bicchiere invisibile. « O birra! »

Scoppiarono entrambi a ridere.

Ryoko sorrise, felice di vedere che si capivano nonostante la barriera linguistica.

Suo padre si voltò verso di lei e Gen, e fece il solletico sotto il mento al bimbo. « Ma guardalo... Il mio nipotino! Che bel giovanotto! Guarda che occhi. E che bel nasino! Venite, di qua », disse in giapponese.

« Papà... Ti avevo detto che non dovevi disturbarti a venire. Potevamo benissimo prendere il treno », rispose Ryoko, anche lei in giapponese.

Taro scosse la testa. « Col piccolo Gen? E con tutti quei bagagli? Neanche per sogno. In taxi sarete molto più comodi. »

« Sei venuto col taxi? » chiese Ryoko.

Taro la guardò, ignorando l'evidente sottinteso della sua domanda.

Ma come fai a guidare con una gamba sola?

« Ovviamente! » disse lui afferrando la maniglia della valigia di Ryoko e allungandola con un gesto esperto. Tornò all'inglese. « Erik-san. Seguimi. Mio taxi... di qua! »

▲

Taro indicò il finestrino. « Erik-san! Guarda! Tokyo Tower! »

« *Sugoi desu ne* », disse Erik cercando di riutilizzare la formula che Ryoko gli aveva insegnato in aereo. *Fantastico, vero?*

Ryoko guardò suo padre, che guidava agevolmente con un'espressione felice. Strinse a sé Gen, mentre Taro ed Erik chiacchieravano sui sedili davanti. Che stupida era stata a non pensarci: aveva ancora la gamba destra. La protesi alla gamba sinistra giaceva immobile nel vano piedi mentre la destra si muoveva tra freno e acceleratore. Per fortuna era un tassista giapponese e non europeo: non avrebbe mai potuto continuare a guidare un'auto con cambio manuale. Ma americani e giapponesi preferivano le automatiche. Studiò l'articolo di giornale appeso dietro il sedile di suo padre, con una foto di lui orgogliosamente in piedi davanti al suo taxi con la sua gamba di metallo. Il titolo diceva: A TOKYO C'È UN TASSISTA CON UNA GAMBA SOLA!

Il traffico quel giorno era intenso, ma suo padre conosceva a memoria tutte le scorciatoie e le strade secondarie. Conosceva la città come le sue tasche: non c'era da sorprendersi che non volesse andarsene. Guidava con prudenza, come al solito, ma qualcosa le diceva che quel giorno c'era una delicatezza aggiuntiva nel suo stile di guida, sicuramente dovuta a Gen.

Ryoko sentì le palpebre farsi pesanti. Gen si era addormentato di nuovo e il sole che entrava dal finestrino la intontiva. Il nervosismo stava lasciando il posto al jet lag. Ma non voleva appisolarsi. Voleva godersi il piacere di vedere suo padre ed Erik andare così d'accordo. Era fiera di tutti e due.

Abbassò gli occhi verso il piccolo Gen che dormiva. *Guarda, Gen. Diventerai così anche tu.* Si concentrò su quelle parole più intensamente che poté, spingendole con la forza fuori dai suoi occhi, come se potessero prendere vita e formare una barriera protettiva intorno a suo figlio. *Guarda e impara da loro, e un giorno anche tu diventerai un uomo perbene. Un uomo buono, Gen. Impara da loro e non diventerai mai come tuo zio.*

Arrivarono a casa di Taro dopo un lungo viaggio in macchina. Lasciarono il taxi sotto una tettoia. Taro insistette per portare i bagagli da solo. Convinse Erik ad accompagnare subito dentro Ryoko e Gen, che crollavano entrambi dal sonno.

« Andate a riposarvi », disse Taro estraendo agilmente le valigie dal baule. « Vi ho preparato la mia camera da letto al piano di sopra. C'è anche un lettino per Gen, la stanza è più grande, sarete più comodi. Io dormirò nella camera al piano di sotto. Su! Entrate! »

Erik prese Gen e andò subito di sopra, senza fare domande. Ryoko invece si trattenne nell'ingresso per parlare con suo padre.

Lui entrò coi bagagli e li posò nell'ingresso. « Cosa ci fai ancora qui? Fila a letto. Domani mattina avremo tutto il tempo di parlare. »

Lei represse uno sbadiglio. « 'Notte, papà. »

« Buonanotte, Ryo-chan. È bello averti di nuovo qui a casa. »

Mentre saliva le scale, Ryoko vide una fessura di luce sotto la porta della camera al piano terra e si stupì. Suo padre stava invecchiando, cominciava a scordarsi di spegnere le luci.

Si addormentò in fretta, cullata dal suono rassicurante del respiro di Gen ed Erik, che russavano coordinati, e dal rumore occasionale dei passi al piano di sotto.

⁂

Ryoko si alzò presto, non appena sentì che Gen si agitava. Uscì dal letto e lo prese in braccio. Erik dormiva ancora. Scese con passo leggero le scale facendo attenzione a non svegliare nessuno. Raccolse il giornale mentre andava in cucina e richiuse la porta alle sue spalle. Dopo avere allattato Gen, si preparò un caffè. Era il giorno della Cerimonia d'apertura.

Ryoko si versò una tazza di caffè nero e si sedette al tavolo della cucina col giornale.

Sfogliò rapidamente le pagine che parlavano delle Olimpiadi.

Quando si trovò davanti questo titolo, si fermò:

FAMOSO TATUATORE DI ASAKUSA TROVATO MORTO

« **Ojima Kentaro**, un uomo di 46 anni (nella foto), ieri è stato trovato morto nel suo studio di tatuaggi ad Asakusa. L'artista, molto schivo, era noto per essere uno dei migliori tatuatori della zona di Asakusa. La polizia invita chiunque sia in possesso d'informazioni utili a farsi avanti.

Il sergente Fukuyama della polizia metropolitana di Tokyo ha smentito le voci secondo cui il tatuatore sarebbe stato trovato con un coltello conficcato nella schiena e ha chiesto alla popolazione locale di evitare 'speculazioni' e 'pettegolezzi' sull'argomento. Ha dichiarato: 'Stiamo conducendo un'indagine approfondita sull'accaduto'. »

Doveva ricordarsi di mostrarlo a Erik più tardi. Gliel'avrebbe tradotto. Erik amava ripetere che il Giappone, col suo tasso di criminalità bassissimo e con le leggi restrittive sulle armi, era un posto più «sicuro» degli Stati Uniti. *Hai visto?* gli avrebbe detto. *Il Giappone non è come te lo immagini. Non è perfetto. Nessun posto lo è (... e neanche io lo sono).* L'ultima parte l'avrebbe tenuta per sé.

La porta della cucina si aprì e suo padre entrò stropicciandosi gli occhi, assonnato. Si avvicinò per fare il solletico dietro l'orecchio a Gen. «Buongiorno.»

«Buongiorno.» Lei gli passò il bimbo, riempì di caffè una tazza presa dall'armadietto e la diede a suo padre.

«Grazie.» Lui prese la tazza con la mano libera mentre faceva le boccacce a Gen. Guardò il tavolo e vide il giornale che Ryoko stava leggendo. «Dovremo conservarlo come ricordo. Non capita tutti i giorni che Tokyo ospiti le Olimpiadi! L'ultima volta è stata nel '64. Tu non eri nemmeno nata! Pensaci, il piccolo Gen potrà dire di essere stato qui per Tokyo 2020.»

Ryoko bevve un sorso di caffè. «Ti sei dimenticato di fare la spesa? Il frigo è praticamente vuoto.» Fece una risatina nervosa. Perché trovava così faticoso parlare giapponese? Le sembrava di essere un'altra persona. Voleva prenderlo in giro come aveva sempre fatto, ma parlare di nuovo giapponese la faceva sentire troppo formale.

«Bada a come parli, signorina!»

Ryoko si sentì sollevata. Aveva capito che stava scherzando.

«Potremmo fare un salto al supermercato quando Erik si sveglia, eh, che ne dici, Gen?» Taro guardò il bimbo, poi alzò gli occhi verso il soffitto, come se si fosse appena ricordato qualcosa. «Cosa mangia Erik?»

«Qualunque cosa.»

« E bravo il nostro Erik. Non sopporto gli schizzinosi. »

Rimasero in silenzio, senza sapere cosa dire. Ryoko si fissava le mani. Taro faceva le pernacchie a Gen, che gorgogliava e ridacchiava, facendo ridere anche il nonno.

Pensò di prenderlo in giro un altro po'. « Sai che ieri hai dimenticato la luce accesa di sotto? Quando sei venuto a prenderci all'aeroporto. » Ryoko scosse la testa. « Qua c'è qualcuno che perde colpi... »

Stavolta lui non rise. La battuta era venuta male? L'aveva ferito? Aveva davvero dei problemi? Ryoko sentì un peso nello stomaco.

Suo padre posò la tazza e spostò Gen nell'altro braccio. « Ryoko... C'è una cosa che devo dirti. »

Lei lo guardò. Qualcosa nel suo tono le disse che era importante.

« Scusami se non te ne ho parlato prima, ma tu ed Erik eravate stravolti per il viaggio. E... be', immagino che ora sarebbe il momento giusto per dirtelo. Ma forse è più facile se lo vedi coi tuoi occhi. » Si alzò lentamente, appoggiandosi al bordo del tavolo con la mano libera. « Vieni con me. »

Suo padre uscì dalla cucina e lei lo seguì. La protesi ticchettava sul pavimento. Il corridoio era privo di finestre e ancora buio. Lui andò verso la porta della camera al piano terra e bussò delicatamente.

Dall'altra parte, una voce mormorò: « Avanti ».

Suo padre aprì la porta e le fece cenno di entrare.

Ryoko obbedì. Dentro di lei, tutto si era ammutolito. Davanti a sé vide una figura seduta per terra, inginocchiata dietro un tavolino *kotatsu*. C'erano due *futon* piegati e riposti ai piedi dell'armadio, pronti per essere messi via per il giorno.

L'uomo seduto al *kotatsu* si alzò sulle ginocchia. « Ryoko-chan. »

Lei lo fissò, con gli occhi sgranati. Non riusciva a parlare.

« Ryoko-chan. » L'uomo fece un inchino profondo, fino a toccare il *tatami* con la fronte. La sua voce tremava. « Ti chiedo perdono. »

« Ryo-chan... » Stavolta era la voce di suo padre. « Noi... »

Lei scosse la testa.

L'uomo seduto per terra la guardò, nervoso.

Con che coraggio. Con che coraggio aveva osato tornare.

Ryoko lo superò e andò verso la porta scorrevole. Suo padre teneva Gen in braccio e lei voleva disperatamente riprenderlo e uscire da quella stanza. Ma si sentiva in trappola. Sentiva gli occhi di suo padre e quelli di suo zio sulla schiena, e sapeva che si aspettavano una risposta. Ma cosa poteva dire? Voleva solo prendere Gen ed Erik e fuggire via. Tornare a New York, lontano da tutto quel dolore e quella confusione. Dove le cose erano semplici.

Dopo tutto quello che aveva fatto. Come osava.

Fece scorrere la porta e uscì in giardino richiudendola dietro di sé.

Il giardino era più piccolo di quello della vecchia casa di Nakano.

Il sole era appena sorto e Ryoko guardò i grattacieli in lontananza oltre i tetti delle case basse. Sentì un miagolio delicato. Abbassò lo sguardo e vide una gatta calico che le si strusciava contro le caviglie. Si accovacciò per accarezzarla e lei fece le fusa, felice.

« Che gran casino, eh, micetta? » La gatta la guardò coi suoi strani occhi verdi. Sulle chiazze bianche del suo pelo notò qualche traccia di sangue. « Anche tu hai litigato con qualcuno, vero? »

La gatta miagolò mentre le dita di Ryoko lisciavano la sua soffice peluria.

Ryoko la osservò. Era identica alla gatta preferita di suo

nonno, Naomi. Anche Sonoko la adorava. Quand'erano piccole, pregava sempre il nonno di lasciarla dormire con loro nel *futon*. La gatta s'infilava sotto le coperte, specialmente d'inverno, per stare al caldo. Il suo rifugio preferito era tra le gambe di Sonoko. La piccola Sonoko, morta senza che suo padre fosse con lei. E ora lui era lì, era tornato, e si aspettava pure che lo perdonasse. Be', poteva marcire all'inferno.

La porta scorrevole si aprì alle sue spalle, ma lei non si voltò per vedere chi fosse.

« Piccola? » Il suo cuore fece un lieve guizzo quando sentì che era la voce di Erik.

La gatta si spaventò e balzò sul muretto di cinta del giardino, ma rimase a guardarli da lì. In attesa.

Lei si voltò verso Erik, con Gen appeso al collo nella fascia. Aveva due tazze di caffè in mano e gliene allungò una. Lei la prese e ne bevve un sorso. Era freddo e amaro.

« Ti senti bene? Tuo padre mi ha chiesto di venire a parlarti. »

« Non proprio... »

Erik indicò la casa con un cenno. « Immagino che quello sia tuo zio Ichiro. »

« Già. »

« Mmm. » Suo marito si sedette sulla soglia, posò il caffè e fece saltellare dolcemente Gen.

« Non so cosa fare. » Ryoko guardò il faccino sereno di Gen e si tranquillizzò un po'.

« Se vuoi possiamo andare via. Non sei obbligata a occupartene. »

Lei immaginò di lasciare la casa con Gen ed Erik, ma poi pensò a suo padre, a come si sarebbe sentito. « Non posso fare questo a mio padre. »

« Già... Hai parlato con tuo zio? »

« Non voglio. »

« Forse però dovresti. Anche solo per dirgli quello che pensi. »

« Tu non capisci, Erik. » Il suo cuore prese a battere più forte. Sentì il battito accelerare e scosse la testa con violenza. « Questa non è la tua famiglia. Non è la tua cultura. Non sono affari tuoi. Tu non capisci come funziona in Giappone. »

« Scusami. Non voglio dirti cosa fare. Ci sono molte cose che non capisco del Giappone », disse lui in tono calmo. Poi rimase in silenzio, come se stesse scegliendo attentamente le parole. « Ma so come sono fatte le persone. E so che se non ci parliamo, se non ci ascoltiamo, non capiremo mai niente l'uno dell'altro. Sono sicuro che lui ha delle cose da dirti, ma, soprattutto, so che dovrebbe ascoltare quello che *tu* hai da dirgli. È giusto che sappia cosa provi. » Posò la sua mano grande sulla spalla di lei e l'accarezzò dolcemente. « Questa situazione non è colpa tua, Ryoko. E io sono dalla tua parte, a prescindere. Qualunque cosa tu scelga di fare, puoi contare sul mio sostegno. »

Ryoko sentì una lacrima formarsi nell'occhio e la asciugò. « Scusami. Non dovrei prendermela con te. Gli parlerò. »

« Raggiungici solo quando ti senti pronta. Prenditi tutto il tempo che ti serve. » Erik si alzò e si diresse verso la casa.

« No, aspetta. » Guardò Erik, che si fermò davanti alla porta. Lei fece un respiro profondo e proseguì: « Voglio parlargli fuori. Qui, in giardino. Mi sembra più adatto ». Si alzò in piedi. « Puoi dire a mio padre di farlo venire qui? »

« Certo. »

Erik rientrò e chiuse la porta. La gatta, seduta sul muretto, continuava a osservare la scena.

Ryoko andò verso lo stagno. Guardò l'acqua e sulla sua superficie vide riflessi i bagliori dorati del mattino. La carpa koi nuotava pigramente nella luce screziata, scintillante.

Un pensiero oscuro e terribile le s'insinuò nella mente. Avrebbe potuto scappare. Ora. Lei e basta. Scavalcare il muretto che delimitava il giardino e sparire per sempre. Così non sarebbe stata costretta a fare i conti con quel dolore. Sarebbe stata sola. E libera. Come la gatta randagia che la guardava appollaiata sul muretto. Avrebbe potuto perdersi nella città. E diventare tutto ciò che aveva sempre odiato.

Diventare come *lui.*

Sentì la porta scorrere.

Ryoko chiuse gli occhi e in quell'istante una raffica d'immagini di Tokyo le attraversò la mente. Di colpo prese coscienza dei milioni e milioni di vite intorno a lei. Tutte quelle vite, tutto quel dolore. Tutte quelle famiglie, ognuna chiusa in se stessa. Le vedeva chiaramente, e vedeva lo Stadio Olimpico crescere negli anni, sempre di più, gli edifici della città sbocciare e appassire come fiori sulle paludi di Edo, ancora e ancora, sino alla fine dei tempi.

Questa città non si fermava mai, continuava ad andare avanti incurante di tutto.

Cercò di aprire gli occhi, ma non ci riuscì. Perché quando li avrebbe aperti si sarebbe trovata di fronte un problema molto concreto, e che solo lei avrebbe potuto affrontare. Tenne le palpebre serrate mentre nella sua testa il sangue pulsava furioso, e in sottofondo sentì l'urlo della città. Tutte quelle anime sole, derelitte, ferite. Rinchiuse nelle loro prigioni private.

Urlavano nella sua testa, con una voce che era tante ed era una. Una voce che era la sua, di cui era parte anche lei. Lei e loro, i milioni e milioni di persone che si muovevano all'interno e fuori dai suoi confini, attraverso le stazioni della metropolitana e gli edifici, i parchi e le autostrade, impegnate a vivere le loro vite. La città ne pompava gli escrementi nelle tubature, ne trasportava i corpi in scatole di metallo, ne custodiva i segreti, le speranze, i sogni, il dolore, la sofferenza.

Perché anche lei era parte di tutto questo, giusto? Era collegata a tutto quanto, e lo sarebbe stata per sempre. Nemmeno nascondersi dietro lo schermo del suo portatile su Skype, a migliaia di chilometri di distanza, avrebbe cambiato le cose. Lei era Tokyo.

Fece un respiro profondo e aprì gli occhi. Si voltò. Suo zio era inginocchiato sotto un ciliegio, un ciliegio molto più giovane di quello della casa di Nakano. Era estate e le sue foglie erano verdissime, ma in autunno sarebbero cadute a terra e si sarebbero decomposte. In inverno i suoi rami si sarebbero coperti di neve, poi in primavera sarebbero sbocciati di nuovo. Lo guardò in faccia. Una lacrima gli rigava una guancia. Si era spaccata a metà e scendeva in due rivoli divisi. Era vecchio e magro. Gli mancava qualche dente.

Una persona. Come lei. Come tutti gli altri. Sola e smarrita.

Le mani di Ryoko tremavano quando le unì. S'inginocchiò davanti a lui, nella tradizionale posa del *rakugoka*. Ora toccava a lui ascoltare. Ma la sua storia non era divertente. Non ci sarebbe stata nessuna ironia. Gli avrebbe raccontato la storia vera e sincera di come aveva distrutto la loro famiglia, di come aveva lasciato morire sola sua cugina, di come aveva fatto soffrire suo padre. Gli avrebbe detto quanto lo odiava, e che non l'aveva perdonato, che forse non l'avrebbe mai fatto, ma che ora aveva un figlio, e che nel viso di Gen rivedeva quello di suo zio, e che le famiglie dovrebbero perdonarsi, e che forse, forse, un giorno, se avesse iniziato ad assumersi il ruolo che avrebbe dovuto svolgere in questa famiglia, forse un giorno l'avrebbe perdonato anche lei.

Ma, prima d'iniziare la sua storia, aveva il dovere di dirgli una cosa. Così prescriveva la cultura giapponese, e non importava da quanto tempo vivesse a New York, questa regola avrebbe sempre fatto parte di lei. Fece un inchino profondo a suo zio, toccando il suolo con la fronte. Ma parlò a voce alta, chiara, senza un'ombra d'incertezza. « *Okaeri nasai.* » Bentornato a casa.

Lui rispose con un inchino profondo, e un'altra lacrima cadde sull'erba. « *Tadaima.* »

« Ora ascoltami. »

▲

I muscoli della schiena della gatta si contrassero e presero vita.

D'un tratto si stancò di guardare la ragazza che parlava con l'uomo con la testa viola. Aveva fatto il suo dovere, non c'era più motivo di restare lì. Si alzò e balzò con indolenza su un tetto vicino, quindi si allontanò di tetto in tetto nella luce mattutina.

E ancora una volta sparì, perdendosi nella città.

RINGRAZIAMENTI

Uff! Quanto è lungo viaggio che va dal momento in cui da bambino gonfi il petto e affermi spavaldamente «io da grande farò lo scrittore!» a quello in cui pubblichi davvero il tuo primo libro. Per fortuna, nei viaggi lunghi s'incontrano un sacco di persone fantastiche e preziose, e io ci terrei a ringraziarle tutte. Perciò siate pazienti.

Ringrazio la mia straordinaria editor Poppy Mostyn-Owen. Questo libro era un gran casino, ma tu hai sistemato tutte le parti che non funzionavano e non sarebbe mai diventato quello che è senza il tuo aiuto. Non so da dove cominciare per spiegare quanto mi hai aiutato, in particolare assecondando le mie idee folli sulle note a piè di pagina, le fotografie, i manga e il mio discutibile senso dell'umorismo. *Cerimonia d'apertura* è dedicato a te. Al mio agente, Ed Wilson, per l'entusiasmo, la competenza e l'allegria che hai dimostrato fin dal nostro primo incontro da Foyles: grazie. Grazie anche a Helene Butler della J&A. A Mariko Aruga per il suo delizioso manga. A Tamsin Shelton per la sua revisione attentissima. A Carmen Balit per la bellissima copertina felina. E a tutta la redazione della Atlantic per la passione, la gentilezza e per avermi fatto sentire a casa.

Giles Foden e Stephen Benson meritano un ringraziamento speciale. Giles, questo libro è nato soprattutto grazie a te. Stephen, il tuo sostegno e i tuoi consigli in questo periodo della mia vita sono stati inestimabili. Grazie a entrambi.

E a tutti i miei insegnanti: Trezza Azzopardi (avevi ragione), Vesna Goldworthy (avevi ragione anche tu), Amit Chaudhuri, Henry Sutton, Philip Langeskov, Anna Metcalfe, Jon Cook, a tutti gli insegnanti della specialistica e del dottorato, grazie di cuore a tutti voi. Molte grazie alla Great Britain Sasakawa Foundation per l'aiuto e il sostegno durante la scrittura di questo libro e il dottorato.

Le persone che sto per citare mi hanno aiutato moltissimo, molto più di quanto immaginano, probabilmente. Grazie a: Dennis Horton, Calvin Ching, Brian Blanchard, Theresa Wang, James Philip (qual è il nome e quale il cognome, amico?) Alexis McDonnell, Tim Yellowhammer, Ash Jones, Ryan Benton, Si Carter, Jon Ford, Bobo, Philbo, Slimer, Anda, The Claw, Stupot, Rufus, Garman, Cheese, Suzie Crossland, Andre Gushurst-Moore, Nigel Millington, Stephen Buglass, Carla Spradbery, Cherry Cheung, Shaun Browne, Neil Docking, Michael Rands, Maki Koyama, Chris Amblin, Ayu Okakita, Seb Dehesdin, Yoko Tamai, Sarang Narumi, Vincent Gillespie, Jill Rudd, Brendan Griggs, Matsu, Hori-san, Tsuruoka-sensei e la vera Ogawa-sensei. Alla memoria di uno dei miei primissimi compagni di scrittura, Luke McDuff.

Alle persone che seguono, grazie per esservi offerte di leggere le mie pagine e per gli ottimi consigli che mi avete dato: Hiroko Asago, Jacob Rollinson, Paul Cooper, Matthew Blackman, Naomi Ishiguro, Susan Burton, Deepa Anappara, Ross Benar, Dave Lynch, Felicity Notley, Rowan Hisayo Buchanan, Lizzie Briggs, Sara Sha'ath, Sam West, Will Nott, Sharlene Teo ed Elyssa.

Un ringraziamento affettuoso e di cuore anche a tutti quei gran chiacchieroni della famiglia Bradley: papà (questo libro è soprattutto per te), mamma (grazie di tutto), Bob (*Copy Cat* è dedicato a te), Tim (per te niente, invece), AJ, Clare, Meg, Molly, Floss, Lizzie (alle anime della nonna, del nonno, dello zio Bob, di Tom, Jake, Suzie, e Tess, RIP). Un grazie di cuore a Nana e Gramps, la banda della Compsty. Un ringraziamento altrettanto caloroso a Douglas, Jacqui, Daniel, Bethy, Thomas e Edgar. Grazie anche a Mummy e Willie e a Osmaston.

Ogni eventuale errore nella traduzione della poesia *Aoneko* di Hagiwara Sakutaro citata in apertura del libro è una mia licenza poetica (sono certo che Flo avrebbe fatto un lavoro migliore: per favore, scrivetele un'e-mail per dirglielo), così come i molti errori che (con ogni probabilità) saranno presenti nel romanzo. Me ne scuso e mi giustifico dicendo che credo siano dovuti più a un eventuale errore umano che a ignoranza o negligenza. *Poor People* di William T. Vollman è stato una lettura fondamentale per la scrittura di *Parole cadute*, così come il film d'animazione *Tokyo Godfathers* di Kon Satoshi. Un'altra risorsa importante è stata il documentario intitolato *SANYA, Tokyo, Broken city*, che si può trovare su YouTube. I due haiku che George legge nel suo libro di poesie sono rispettivamente di Matsuo Basho e Natsume Soseki (il padrino dei libri giapponesi sui gatti).

Vorrei ringraziare, oltre alla folta schiera di registi, musicisti, scrittori e artisti che ogni giorno mi danno ispirazione (sarebbero troppi per elencarli qui), anche tutte le persone meravigliose e accoglienti che ho conosciuto in Giappone nel corso degli anni, che mi hanno ispirato coi loro racconti e con le loro spiegazioni riguardo a un Paese che ho imparato ad amare molti anni fa.

Infine, questo libro sicuramente non esisterebbe senza Julie Neko e Pansy Pusskins (miao!)

Anika Scott

QUELLO CHE RESTA

Il potente ritratto di una nazione e di una donna pronta a tutto per salvare la propria famiglia

La chiamavano la «Fräulein di ferro», la giovane e bella ereditiera a capo dell'impero dei Falkenberg, una delle fonderie più importanti per lo sforzo bellico del Reich. Un anno dopo la resa della Germania, Clara Falkenberg non è nessuno. Col padre in prigione e le proprietà confiscate, è costretta a vivere sotto falso nome, in fuga dalle truppe angloamericane che vorrebbero assicurare anche lei alla giustizia. Quando un ufficiale inglese arriva pericolosamente vicino a scoprire la sua vera identità, Clara decide di rifugiarsi dalla sua vecchia amica Elisa, l'unica persona di cui possa fidarsi. Perciò torna a casa, a Essen, solo per trovare la città distrutta ed Elisa scomparsa. Vagando tra le macerie, Clara incontra Jakob, un reduce che la guerra ha privato di tutto, e che ora traffica al mercato nero per sfamare le sorelline. Anche lui sta cercando Elisa e sembra essere disposto ad aiutarla. Forse lui non la considera una criminale, ma una figlia devota, che ha fatto quanto era necessario per sopravvivere; che ha nascosto il suo odio per il regime per timore delle rappresaglie; che ha obbedito agli ordini per salvare l'impresa di famiglia. Forse lui la crede innocente eppure, più si guarda indietro, più Clara si sente colpevole. E si rende conto che, se vuole davvero cominciare una nuova vita, dovrà prima fare i conti con quello che resta del suo passato e con le conseguenze delle sue azioni...

EDITRICE NORD

Alexa Hennig von Lange

INDOMABILE

IL ROMANZO DI GIOVANNA LA PAZZA

La regina che ha osato sfidare il suo tempo.

«Se vuoi sopravvivere, non cercare di cambiare il mondo, ma te stessa.» È questo l'ultimo consiglio che Giovanna di Castiglia lascerà alla figlia.
Nata nel 1479, Giovanna si dimostra ben presto una giovane sensibile e intelligentissima, che sogna di diventare una sovrana tollerante ed equa. Al contrario della madre, Isabella la Cattolica, contro la quale Giovanna si ribella in ogni modo possibile: la accusa di utilizzare la fede come strumento per ottenere ricchezza e potere, le contesta le atrocità commesse nelle colonie, condanna il tribunale dell'Inquisizione e rifiuta il sacramento della confessione. Solo dopo la morte di Isabella, Giovanna si rende conto che la madre non era affatto una nemica, bensì la sua unica alleata. Infatti il marito Filippo - sposato per ragion di Stato, ma non per questo meno amato - e il padre Ferdinando stanno già tramando alle sue spalle, ritorcendo contro di lei la sua nota irruenza e il suo anticonformismo religioso. Sostengono che Giovanna sia pazza e, in breve, la fanno rinchiudere lontana dagli occhi del mondo. A spingerli è il timore di essere di nuovo relegati sullo sfondo da una regina caparbia e volitiva, la cui unica follia è credere in un mondo più giusto. Perché in realtà Giovanna è una donna in anticipo sui tempi, una donna che ha avuto il coraggio di combattere per quello in cui credeva, senza lasciare che le delusioni e i rimpianti le indurissero il cuore. Una donna forte e sorprendentemente moderna, di cui questo romanzo ci offre un ritratto profondo e coinvolgente, restituendole la dignità e l'onore che merita.

EDITRICE NORD

Questo libro è stampato col sole

Azienda carbon-free

Fotocomposizione Editype S.r.l.
Agrate Brianza (MB)

Finito di stampare
nel mese di aprile 2021
per conto della Casa Editrice Nord s.u.r.l.
da Grafica Veneta S.p.A. di Trebaseleghe (PD)
Printed in Italy